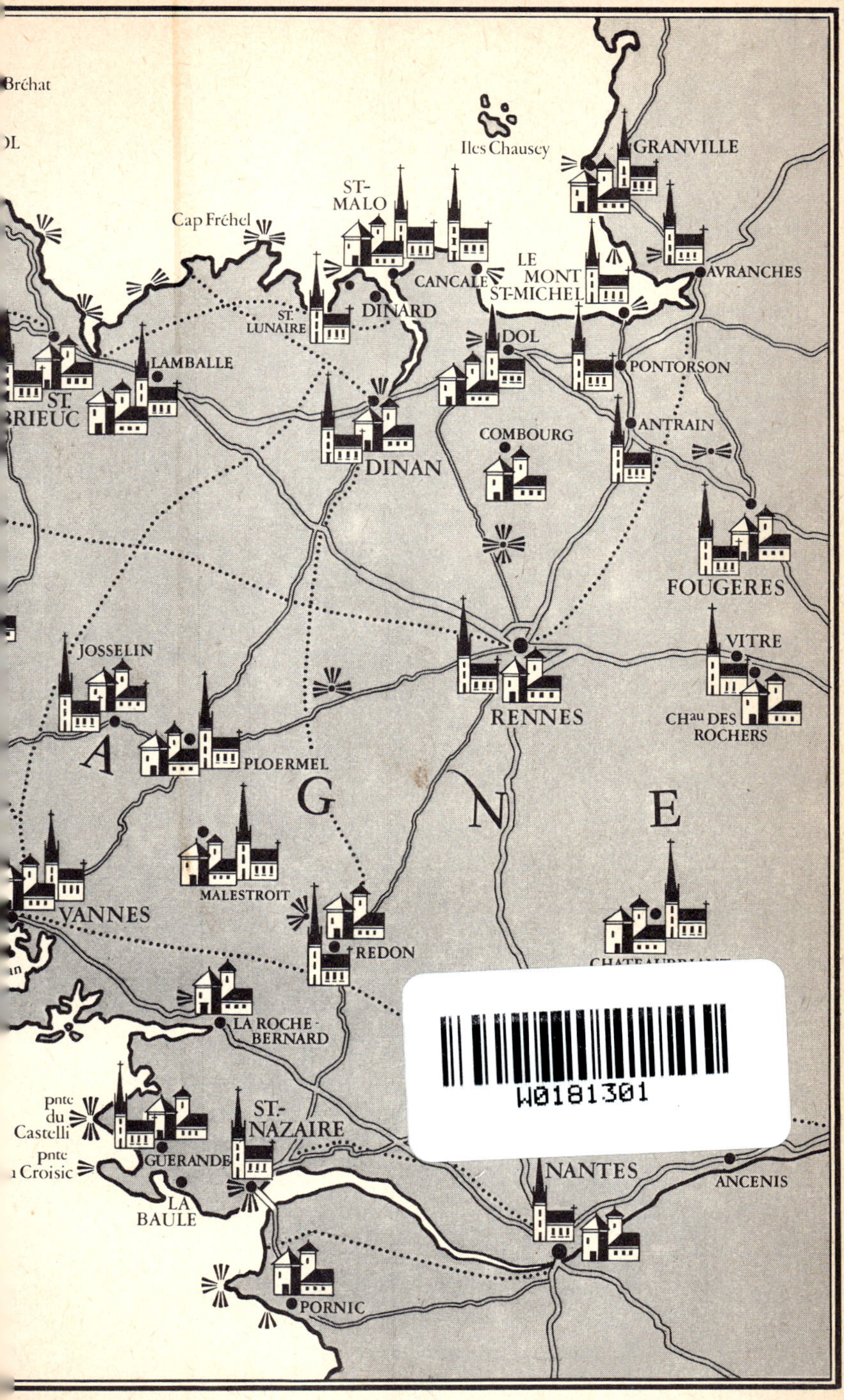

Bréhat
Iles Chausey
GRANVILLE
ST-MALO
Cap Fréhel
LE MONT ST-MICHEL
CANCALE
AVRANCHES
ST. LUNAIRE
DINARD
DOL
PONTORSON
LAMBALLE
ST. BRIEUC
COMBOURG
ANTRAIN
DINAN
FOUGERES
VITRE
JOSSELIN
RENNES
CHau DES ROCHERS
PLOERMEL
A
G
N
E
MALESTROIT
VANNES
REDON
LA ROCHE-BERNARD
pnte du Castelli
ST-NAZAIRE
pnte
Croisic
GUERANDE
LA BAULE
NANTES
ANCENIS
PORNIC

Schreiber DIE BRETAGNE

Hermann Schreiber

DIE BRETAGNE

Keltenland am Atlantik

mit 47 Abbildungen nach Photographien von
Klaus-Dieter Meyer

Süddeutscher Verlag

Schutzumschlag von Rudolf Miggisch unter Verwendung
eines Photos von Klaus D. Meyer
(Motiv von der Pointe de la Jument)

Alle veröffentlichten Photos wurden
exklusiv für dieses Buch angefertigt

Die Vorsatzkarten zeichnete Christel Aumann

Februar 1978 · 1–6. Tausend
April 1978 · 7–11. Tausend

ISBN 3-7991-5967-3

Printed in Germany. Schrift: Palatino Antiqua
Satz: May & Co, Darmstadt
Druck: Wenschow GmbH, München
Bindearbeit: Spiegel, Ulm

Inhalt

Das Erlebnis

Eine Reise in die Bretagne und ein längerer Aufenthalt auf der Halbinsel sind, meiner festen Überzeugung nach, die stärksten Erlebnisse, die unser kleines Europa für den Touristen bereit hält – auch dann und gerade dann, wenn er andere Länder schon sehr gut kennt. Die Bretagne nämlich ist ganz anders als etwa die Halbinseln des Mittelmeeres, aber auch des skandinavischen Raumes; sie unterscheidet sich selbst vom übrigen Frankreich sehr deutlich, und sie bleibt unvergleichlich und ein selbständiger Eindruck, ganz gleichgültig, was man vorher oder nachher gesehen und erlebt hat.
Diese Eigenart und Deutlichkeit der Impressionen hat verschiedene Ursachen, ist aber aus ihnen nicht völlig zu erklären, wie überhaupt manches Unerklärliche und Widersprüchliche zum Reiz eines bretonischen Sommers gehört. Da ist zunächst das Land, das im Innern so friedlich vor uns liegt in seiner pastoralen Stille, an den Rändern aber mit Klauen und Zähnen aus schwarzem Granit gegen den Ozean kämpft, und das seit Jahrmillionen. Da ist ein Volk, das französisch zu nennen niemandem einfallen wird, das aber auch mit seinen keltischen Brudervölkern an der Irischen See und jenseits des Pikten-Walles nicht mehr sehr viel gemeinsam hat. Und da ist schließlich eine offensichtlich seit Urzeiten wurzelnde eigenständige Kultur, die deutlichere heidnische Elemente aufweist als die jedes anderen europäischen Landes, daneben aber Zeugnisse eines mittelalterlich-innigen Christenglaubens vor uns hinstellt, wie wir sie ergreifender und überzeugender weder aus Spanien noch Italien kennen – Bauten, in denen heidnischer

Aberglaube aus Urzeiten sich zu einem Mystizismus ganz besonderer Art gewandelt hat, einem Einssein mit Gott *und* den Elementen, einem Glauben an den Schöpfer *und* die Schöpfung.
Diese räumlich kleine und im Geistigen so gefestigte Keltenwelt am Westrand des zentraleuropäischen Kulturbereichs hat ihre Sonderart bewahren können, aber es war ein Bewahren in Kämpfen; es war kein kokettes Liebäugeln mit Facetten und Nuancen einer Stammeskultur, sondern es ist der Selbsterhaltungstrieb eines am Meer hart gewordenen Reststammes, dem wir hier begegnen. Gegen Valois, gegen die Bourbonen und gegen das Haus Orléans hat man hier ebenso standhaft gekämpft wie gegen Normannen und Engländer, gegen die Revolution und den modernen Zentralismus. Ja man hat selbst den schwersten aller Kämpfe bis heute in der Schwebe gehalten und sich der glitzernden Versuchung finanzieller Überfremdung, optischer Zerstörung widersetzen können: Nur am Ostrand der Bretagne finden sich jene Hotelgiganten und Appartementblocks, die längst die schönsten Gegenden Europas verunzieren, die selbst im stolzen Korsika entstanden und im stillsten Savoyen.
Dennoch sind die Menschen, denen wir in der Bretagne begegnen, keineswegs abweisend: sie umschmeicheln uns nur nicht, sie bleiben auch in unserer Zeit so, wie die früheren Jahrhunderte sie werden ließen, nämlich hart ohne Kälte, bescheiden ohne Demut. Vieles von dem, was andere Länder und Völker Europas inzwischen verlernt haben, findet sich hier noch so rein und beinahe zart, als wären wir Autotouristen der späten Siebzigerjahre überhaupt die ersten Fremden, die Breizh betreten, das Keltenland am Atlantik.

Die heilige Insel

Das normannische Städtchen Avranches öffnet seine engen Gassen unvermittelt auf einen luftigen Park, und dort, wo man nun Bäume und Bänke und gepflegte Beete erwartet, überfällt uns auf einmal das weite Meer: Eben noch im geruhsam schlagenden Herzen einer Kleinstadt befangen, stehen wir plötzlich der unendlichen Weite des Meeres, im Nebel versinkenden Küsten gegenüber, und aus den Schwaden, die auf den Wellen liegen, erhebt sich das geheimnisvolle Kleinod einer heiligen Insel, der Mont Saint-Michel.

Es ist der erste Blick, den wir auf die Bretagne werfen dürfen, und wir tun es, noch ehe wir ihre alten Grenzen erreicht haben. Diese Minuten im Angesicht der weiten Bucht, in der sich die Polder und die Strömungen, die Sandbänke und die Priele zusammengetan haben, um eine ehrwürdige Klosterinsel eineinhalb Jahrtausende lang zu schützen, sagt uns schon sehr viel über dieses bretonische Land. So wie wir uns eingestehen, dergleichen noch nicht gesehen zu haben, so wie wir beinahe in Trance durch den Sucher des Photoapparats blicken und fürchten, das einzigartige Bild werde sich auf dem Film in Dunst und Schleier auflösen, als habe man eine Fata Morgana zu photographieren versucht, ganz so wird es uns in diesem Land immer wieder ergehen. Wir werden alles tun, was wir auf anderen Reisen auch getan haben; wir werden tanken und fahren, essen und schlafen, besichtigen und notieren. Aber wir werden immer, vom Mont Saint-Michel bis hinaus zur Pointe du Raz, das Gefühl haben, zwischen Märchen und Legenden zu leben, das Gestern mit dem Heute zu schauen und hinter den

Lebenden die Gesichter der Toten zu erblicken, von denen man so lange glaubte, sie seien hier, im äußersten Westen Galliens, zur ewigen Ruhe gegangen.
Die sandige Bucht, über die wir vom *Jardin des Plantes* in Avranches hinblicken, deckt viel Vergangenes. Aus römischen Straßenkarten wissen wir, wieviele Dörfer hier lagen. Von Granville auf der Cotentin-Halbinsel führte eine Römerstraße nach Rennes, und von Avranches eine andere nach der Handelsmetropole Corseul. Beide durchquerten jene Bucht, die sich heute zweimal im Tag bis an ihre Ränder mit der Meeresflut füllt. Dörfer, die an diesen Straßen lagen, deckt heute der Meeressand: Thomen wie Porspican, La Feuilleste wie Maury, La Croix-Morel wie Colombel. Einzelne der versunkenen Dörfer hatten christliche Namen: Sainte-Anne, Saint-Louis, Saint-Etienne-de-Paluel, woraus wir erkennen, daß diese Straßen und Dörfer noch im frühen Mittelalter existierten. Und drüben, auf der heute englischen Kanalinsel Jersey, wird zu diesen Geschichten von versunkenen Küstenstreifen die passende Anekdote erzählt: Wenn der Archidiakon der Stadt Coutances das Kloster von Saint-Hélier auf Jersey besuchen wollte, brauchte er dazu keineswegs ein Schiff, sondern lediglich ein Brett. Dieses trug ein Diener mit, um damit einen einzigen tieferen Priel zu überbrücken, in dem der Ebbstrom zum Meer abfloß; von dieser Stelle abgesehen, waren also die Kanalinseln bei Ebbe trockenen Fußes zu erreichen.
Wann dies alles anders wurde, glaubt man genau zu wissen: im Mai des Jahres 709 nämlich erschütterte ein schweres Erdbeben den ganzen ungeheuren Felsen, den die Bretagne ins Meer hinausreckt, und eine gewaltige Flutwelle brach zwischen Saint-Malo und Avranches gegen das Land vor. Damals wurde die Küstenlinie bis

zu dreißig Kilometer landeinwärts verlegt, und zu den begrabenen, unter Sand und Flut versinkenden Gebieten gehörte auch der Wald von Sessiacum, in dessen Mitte sich der kleine Felsen des späteren Klosters erhob. Kleine Landstädte wie Pontorson, wo heute die Besucher des Mont Saint-Michel Unterkunft finden, oder Saint-Broladre wurden damals zu Häfen . . .
Die drei markanten Felsen der Gegend – der spätere Klosterberg, der Mont Dol und das Riff von Tombelaine – trugen in keltischer und vermutlich auch in römischer Zeit Heiligtümer, galten den christlichen Bewohnern der Landschaft daher lange Zeit als unheilige oder gar verrufene Orte. Erst im Jahre 708 entschloß sich Saint Aubert, der zweite Bischof von Avranches, auf dem Felsen im Wald von Sessiacum eine Kapelle errichten zu lassen, und als wenige Monate später der Wald mit seinem ganzen Umland in den Fluten versank, da war es diese Kapelle auf dem Felsen, die der später heiliggesprochene Bischof, von der Terrasse seiner Stadt Avranches aus, die Fluten überragen sah. Der Bau im Morgenlicht nach der Katastrophennacht, ein kleines Kirchlein inmitten einer Stätte ungeheurer Verwüstungen, das mußte ein gläubiger Mann für einen Fingerzeig Gottes nehmen, und so kam zu der Kapelle das erste Kloster auf den meerumspülten Felsen. Tombelaine soll schon hundert Jahre vorher ein Kloster getragen haben, und auch der Mont Dol, der seit 709 von Wasser umgeben war wie der Mont Saint-Michel, erhielt (gegen den Widerstand der teilweise noch heidnischen Bevölkerung) ein kleines Heiligtum.
Diese Entstehung der Klöster und Kapellen auf heidnischen Kultstätten und aus dem Chaos einer Erdbeben- und Sturmflutnacht hat den Mont Saint-Michel und

seine weniger bekannten Nachbarfelsen vom ersten Augenblick an mit einer mythischen Aura umgeben und mit einem ganzen Kranz von Legenden, der allein ein Buch zu füllen imstande wäre. Von Druidesses sprechen die Quellen, also von keltischen Priesterinnen, von Jünglingsopfern, von Flutbeschwörungen der Kelten (obwohl der Felsen damals doch noch von einem Wald umgeben war) und von handfesten Ermahnungen des Erzengels Michael, der den säumigen Bischof Aubert einmal sogar mit einer kräftigen Kopfnuß zur Weiterarbeit an dem Klosterbau ermuntert haben soll.
Wer sich in dieses gewiß reizvolle Gespinst versenken will, tut gut daran, sich auf dem Mont Saint-Michel selbst einzumieten, wo die Hotels zwar etwas teurer und die Zimmer rarer sind als etwa im Hotelstädtchen Pontorson, wo man aber, von den Büchern aufblickend oder beim nächtlichen Erwachen, die Flut mit atemberaubender Geschwindigkeit in die flache Bucht hereinschießen sieht. Sind Legenden auch keine Geschichte, ist die örtliche Tradition vom Erdbeben und vom versunkenen Wald auch geologisch noch nicht völlig abgesichert, so sind es doch diese alten Erzählungen, aus denen der Zeithintergrund, auf dem wir uns die Entstehung des einzigartigen Klosters denken müssen, mühelos deutlich und gut erfaßbar wird. Die Felsen waren uralt, das Christentum jung, und die Begegnung, deren steinerne Zeugnisse wir vor uns sehen, vollzog sich in dem großartigsten Rahmen, der sich denken läßt, zwischen Ebbe und Flut, zwischen den Nebeln über der Bucht und der himmlisch-milden Sonne, die von oben herab die Klostergebäude erleuchtete wie der Gnadenstrahl Gottes.

Vor den Genuß all dieser Herrlichkeiten hat unsere Zeit allerlei Hindernisse gesetzt, und wenn vor Pontorson eine Tafel darauf hinweist, daß die kleine Stadt auf viele Jahrhunderte Beherbergungstradition zurückblicke, so geht daraus in erster Linie hervor, daß man hier seit dem Mittelalter gut von den Pilgern lebt und nicht, daß auch die Pilger hier sonderlich gut leben. Zwar ist unsere Situation heute insofern einfacher, als der Mont Saint-Michel nicht mehr den Briten gehört, sondern zu Frankreich, man braucht also nicht einmal den Paß zu zücken. Um so öfter zückt man die Brieftasche . . .

Hat man nicht vorbestellt, so daß die Zimmer auf dem Mont selbst gesichert sind, so ist es ratsam, auf der Durchfahrt durch Pontorson fest zu buchen, denn die wenigen Hotels, die sich in Beauregard – einer fast ausschließlich aus Gaststätten bestehenden Straßensiedlung – durch Zufall noch finden mögen, sind vergleichsweise teuer. Deutsche Gäste stehen dabei vor der bizarren Situation, daß sie ein Einzelzimmer auch dann nicht bekommen können, wenn sie für das Grand Lit den Doppelbett-Preis zu bezahlen bereit sind: Der Wirt will nämlich in jedem Zimmer mindestens zwei Personen beherbergen, *pour faire marcher le restaurant*, wie mir einer dieser Minipatriarchen offen sagte, also ganz schlicht, weil zwei Gäste eben mehr essen und trinken als einer. Da hilft es auch nichts, zu erklären, man sei den Doppelschlaf auf einer einzigen munter schwingenden Matratze nicht gewöhnt; Pilger sind nicht auf der Welt, um angenehm zu schlafen, sondern um Pontorson das sanfte Ruhekissen wohlgerundeter Bankkonten zu verschaffen. Auf mitteleuropäische Weise wohnt man jedoch in dem neuen Motel nahe dem Auffahrt-Damm, das leider nur sechzig Zimmer hat.

Kaum hat man Pontorson nach Norden verlassen, hebt sich schon die bekannte Silhouette des Inselklosters über Straße und Bäumen verheißungsvoll in den Himmel, und ehe man sich's versieht, ist man auf dem Damm, der durch die Marschwiesen auf die Insel zuführt. Bevor es ihn gab, hatten die Fuhrwerker hier ein einträgliches Geschäft, und mancher Fahrgast bezahlte willig den dreifachen Preis, wenn der Kutschwagen angeblich stecken blieb und sich die Flut näherte. Sie erfüllt den flachen Grund rings um den Felsen mit annähernd 20 Stundenkilometern Geschwindigkeit, überholt also auch langsamere Pferdefuhrwerke mühelos und ist so gefährlich, daß selbst Kenner der Gegend in ihr schon zugrundegingen.

Heute hat der Nepp die Gestalt eines Parkwächters angenommen, der sich eine polizeiähnliche Uniform zugelegt hat und mit großen Gebärden in einen teuren Parkplatz einweist, während vor dem gebührenfreien Parkplatz rechts vom Damm das schreckenerregende Schild eines von blauen Wellen gebadeten PKWs prangt. Tatsächlich ist in Vollmondnächten Vorsicht geboten, und auch in Neumondnächten gab es schon nasse Sitze und verschlammte Motoren, wenn die Flut die freien Parkplätze erreicht.

All das aber ist vergessen, sobald wir den Fuß auf die heilige Insel selbst setzen, uns in den Sog des aufwärts drängenden Besucherstroms ziehen lassen, um ein paar Stunden in einer anderen Welt zu verbringen.

Die mächtigen Mauern, die wir in drei Toren durchschreiten, zeugen noch heute von der Doppelrolle der Abtei als Wallfahrtsort und als Festung. Bald saßen die Engländer dahinter und die Franzosen belagerten, bald war es umgekehrt und die Briten ersannen die verrück-

testesten Stückchen, um auf heimlichen Wegen auf den Mont zu gelangen. Danach kam die düstere Periode, in der auf der Insel Staatsgefangene untergebracht wurden, zum Teil in qualvollster Haft. Ein Pamphletist, der König und Mätressen geärgert hatte, brachte Jahre in einem hängenden Käfig zu, andere Häftlinge verschwanden überhaupt. 1790 wurde das Kloster als solches aufgehoben, 1863 hörte der Mont Saint-Michel auf, Gefängnis zu sein, und seit mehr als hundert Jahren ist er nur noch Sehenswürdigkeit, Klosterfestung unter staatlichem Denkmalschutz, wobei die Besucherzahlen in den frühen Siebzigerjahren unseres Jahrhunderts erstmals die halbe Million überschritten.
Der besondere Reiz dieses Zieles, seine Lage, hat sich naturgemäß auch baugeschichtlich ausgewirkt und zu der Erhaltung dieser hier übereinander geschichteten Anschauungsfülle aus dem Mittelalter geführt. Denn so wie man bei uns in die Höhe baut, wenn der Platz nicht ausreicht, so waren die Mönche genötigt, im Lauf der Jahrhunderte Schicht um Schicht übereinanderzubauen, wobei dennoch jeder Bauabschnitt lebendig blieb und erhalten werden mußte als Verbindung zu den neuen darüberliegenden Komplexen. Äußerlich ein himmelstürmendes Kloster, ist der Mont darum innen eine Art Fuchsbau, und schon heute gibt es niemanden mehr, der all die Kasematten und Verliese, die Keller, Gänge und Treppen, die Stollen und Schächte vollständig kennen und zuordnen könnte.
Es begann mit einem karolingischen Bau, auf den seit 1017 die romanische Abtei gesetzt wurde, so daß die alte Kirche fortan Notre-Dame-sous-Terre hieß und als Krypta benützt wurde. Um dem neuen größeren Kirchenbau erweiterte Fundamente zu geben, mußten je-

doch auch neue Krypten geschaffen werden und ragen seitdem über die Felsen-Silhouette hinaus.
Zweihundert Jahre darauf begann der Bau der gotischen Abtei mit der bewundernswerten Schöpfung der von Anfang an auf Repräsentation berechneten Gebäude des Merveille-Komplexes (1211-1228). Ihnen entsprechen im Süden die schlichteren, auf solide Dauer geplanten Gebäude der Verwaltungstrakte, in denen auch die Privatgemächer des Abtes lagen (der in der Regel mehr Offizier als Mönch war) und die Kasernenräume. Diese Bauten zogen sich in ihrer Entstehung vom 13. bis zum 15. Jahrhundert hin, weil die kriegerischen Ereignisse den Ausbau der Festungsanlagen (Chatelet und vorgeschobene Mauern) als dringender notwendig erscheinen ließen. Überhaupt scheint man auf dem wehrhaften Klosterberg so gut wie ständig gebaut zu haben, und wenn es nicht die feindliche Artillerie war, die Zerstörungen verursachte, so waren es die Fluten, die nicht selten die untersten Bollwerke erreichten und über die *Porte de l'Avancée* in den ummauerten Bereich eindrangen; oder es brach ein Brand aus wie jener des Jahres 1203, der – obwohl die Abtei doch mitten im Meer liegt – fürchterliche Verheerungen anrichtete.
Die Gotik der Abteikirche und der Merveille-Gebäude ist nicht bretonisch, sondern normannisch, und wenn es stimmt, daß der Couesnonfluß als Grenze zwischen Normandie und Bretagne anzusehen ist, hätte der Mont Saint-Michel in diesem Buch eigentlich nichts zu suchen; aber alle Bretagne-Führer behandeln ihn mit, und ob der Stil auch normannisch ist, die spröde Schönheit dieser Klosterinsel, die im Morgenlicht wie ein nebelumwalltes Schlachtschiff vor der Küste auftaucht, hat zweifellos eine bretonische Seele.

Der Mont Saint=Michel, die Felseninsel in der Bucht von Saint=Malo mit ihrem zwölfhundert Jahre alten Kloster. Rechts im Bild die Dammstraße.

Das stilgetreu wiederaufgebaute Saint=Malo

Château Bonne=Fontaine bei Antrain

Und wie bei allen Erlebnissen, die so außerordentlich sind, daß sie uns ebenso erheben wie bestürzen, sind alle diese Zuordnungen und Überlegungen letztlich völlig gleichgültig. Man kann auf dem Mont Saint-Michel die Kunst genießen, die Kirchen, die Architektur; man kann auf den Wällen um die Abtei herumgehen und die ganze imposante Anlage als Festung erleben. Man wird aber nur dann einen Schritt in den Bannkreis dieses Mysteriums tun, wenn man mindestens vierundzwanzig Stunden auf dem Mont zubringt und den ganzen Kreislauf des Daseins durchlebt, wie er hier die Mönche und ihre Soldaten beschäftigte, jahrhundertelang.
Das Inbild dieses Lebens ist die Grande Rue, die steilansteigende Budenstraße, der mühsame und doch von so gut wie allen bevorzugte Anstieg, an dem nur an sehr warmen Tagen gelegentlich ein schwer bepackter Familienvater aufgibt und sich hinter ein kühles Bier zurückzieht. Hier, zwischen den Fassaden aus dem fünfzehnten und dem sechzehnten Jahrhundert, ist das Mittelalter mit seiner fröhlichen Zudringlichkeit so gegenwärtig wie nur selten auf dörflichen Jahrmärkten. Es verschlägt nichts, daß in den Souvenirläden und Boutiquen oft keine Bretoninnen stehen, sondern gewandte Pariserinnen, die eine spezielle Verkaufsschulung hinter sich haben. Neben dem üblichen Tand kann man doch sehr hübsche alte Stiche vom Mont kaufen, aus jener malerischen Epoche, da der Damm noch nicht existierte und das Kloster sich aus einer unsicheren Sandebene mit großen, bei der Ebbe zurückbleibenden Pfützen erhob; daneben gibt es Alençon-Spitzen, Handweben aus Locronan, Töpferwaren unterschiedlicher Qualität und selbst an alten Büchern so manchen Zufallsfund. Nirgendwo in Frankreich wird nämlich so dichtes Legen-

dengarn weitergesponnen wie hier, wo Merlin und die Druiden sich in das fabulierfreudige christliche Mittelalter eingeschlichen zu haben scheinen.
Zu diesen Legenden gehören auch die verschiedenen Zuschreibungen auf dem Mont selbst wie das Logis Tiphaine, wo die Frau des Connetables Duguesclin gelebt haben soll, während er für den König die Armeen führte, oder die Geschichte von der *Cloche de brume*, der Nebelglocke, die geläutet wurde, wenn sich Pilger oder Träger im Nebel verirrt hatten und Gefahr liefen, von der Flut überrascht zu werden. Ein Seigneur de Fougères, der gegen seinen Ehebund schwer gesündigt hatte, läutete diese Glocke durch viele Jahre so standhaft, daß er schließlich vor Entkräftung tot im Glockenstrang hängen blieb.
In Krieg und Frieden, in Sünden und in Gnaden war man hier stets ein wenig der Erde entrückt und dem Himmel näher. Sank das Tageslicht ins Meer, schoben sich die Fluten gegen die Insel heran, während der Mond als stummer Herrscher über die Gezeiten am Nachthimmel aufging, dann wurde der Mont Saint-Michel vollends zu einer Geisterstadt über den Wassern, zu einer Ebene zwischen den Welten. Erst am Morgen, mit den ersten Sonnenstrahlen, schien sie sich wieder lautlos und behutsam auf die Erde niederzusenken. Wer Frankreich so erleben will, wie es früher war, das Reich des heiligen Ludwig, das Reich der Könige, die Notre Dame gebaut hatten und die Sainte Chapelle und noch keine Revolutionen kannten, der muß überlegen und planen: rechtzeitig bestellen und eine der Flutnächte wählen! Dafür darf man sich dann auch, wenn alles ganz richtig zugegangen ist, mit einem Abendessen bei *Mère Poulard* selbst belohnen, mit Hummer oder einem

Lammbraten von den salzigen Weiden, die das Meer nur widerwillig freigegeben hat.
Da es aber nicht leicht ist, den Mond und die Zimmerbestellung und das Wetter und die eigenen Reisetermine übereinzustimmen, kann es durchaus sein, daß zum Beispiel das nahe britische Regenland sehr zur Unzeit Wolken gegen die Burg des Erzengels schickt. Dann füllt sich die steile Grande Rue mit vielen schwarzen und einigen bunten Regenschirmen; das uralte Pflaster wird gefährlich glatt, und die Besichtigungen finden im wesentlichen im Saal statt. Das ist durchaus kein Grund zur Verzweiflung, ja man muß sich nicht einmal mit den 25000 alten Ührchen und Uhrenteilchen trösten, wie sie im *Musée historique* gezeigt werden: daneben stehen Wachsfiguren, die freilich erst zu uns sprechen, wenn wir die Dioramen studiert und uns einige Kenntnisse aus der Geschichte der heiligen Insel erworben haben. Vor allem aber gibt es die Kirchen, das Refektorium, die anderen Säle wie etwa den der Garden und, außerhalb der Saison gezeigt, die Kellerräume und die schauerlichen Verliese. Im schwachen Regenlicht über der Bucht gewinnt dies alles einen anderen, den zweiten Aspekt des Mont Saint-Michel, die graue und einförmige Düsternis einer langen und schweren Vergangenheit, in der die sorglosen Tage selten waren und die Gefahren niemals schwanden.
Fröstelnd betritt man die warme, beinahe glanzvoll erleuchtete *Salle à manger* des Hotels Montgomery in Pontorson, nach dem gefährlichsten Gegner der Abtei, dem hartnäckigsten aller Belagerer benannt und damit gleichsam eine Hand der Versöhnung, die der Klosterberg nach blutigen Kämpfen den einstigen Gegnern entgegenstreckt: Der harte Montgomery nämlich war es,

der in einer Septembernacht vor vierhundert Jahren versuchte, sich durch Verrat der Abtei zu bemächtigen und selbst dabei in eine Falle ging. Nicht weniger als achtzig ausgesuchte Krieger, die an einem Seil über die Mauern emporgewunden wurden und sich der Festung bemächtigen sollten, wurden einzeln, wie sie ankamen, niedergemetzelt, ehe Montgomerys Page sterbend *Trahison* schreien konnte. Verrat der Verräter, Blut in heiligen Hallen, und über allem die schweigende Majestät dieser einzigartigen Kirchenburg zwischen Meer und Himmel.

Das Korsarennest

Sie wohnten nahe beisammen, die wehrhaften Mönche und die Raubritter der See, denn zwischen dem Erzengel-Berg und dem Hafen von Saint-Malo liegt nur eine kleine Meeresbucht und ein Stück Küstenstraße, das die Autos heute in Minuten bewältigen. Fuhren die Korsaren gegen England oder gegen Spanien, so konnten sie bei klarem Wetter einen letzten grüßenden Blick auf die Inselfestung vom Mont Saint-Michel werfen, und kehrten sie heim, so grüßten Felsen, Kirchen und Kreuze die mutigen Männer, die sich in fernen Meeren für ihren König geschlagen hatten.

Denn der Korsar – das muß man sagen, ehe man überhaupt von Saint-Malo zu sprechen beginnt –, der Korsar ist kein Pirat. Er ist kein Verbrecher, der auf eigene Rechnung einen Krieg gegen jedermann führt, sondern er hat einen Kaperbrief seines Souverains an Bord und bekämpft, auf sich gestellt und meist mit einem eigenen und selbst ausgerüsteten Schiff, jene Nationen, die als militärische Gegner oder wirtschaftliche Konkurrenten der Heimat anzusehen sind. Ein fester Beuteanteil gehört der Krone.

Frankreich hatte einen Dauergegner in den nahen Briten. Normannen und Bretonen saßen schließlich seit Jahrhunderten diesseits und jenseits des Ärmelkanals. Sie waren einander zu gleich, sie waren vor allem zu tüchtig, zu tapfer und zu entschlossen, um sich die stark befahrene Meeresstraße zwischen Dover und Calais oder auch zwischen Plymouth und Saint-Malo friedlich zu teilen. Das gab ein Jahrtausend mörderischer Kriege mit schnellen, nächtlichen Überfällen auf die Küstenstädte und mit einem durch nur kurze Friedensphasen unterbrochenen Kaperkrieg im Indischen oder Atlantischen Ozean. Die Briten führten ihn hart und mit jener Erbitterung, zu der Inselvölker gelangen müssen, weil ihnen die Seefahrt nun einmal lebensnotwendig ist; die meist adeligen französischen Korsaren hingegen bewiesen oft ein spätes Rittertum der See, kämpften nicht weniger tapfer als die Briten, aber doch oft recht chevaleresk und setzten die Beute nicht in den Schenken und Bordellen um, sondern wurden Reeder wie Surcouf oder Burgherren und Großkaufleute wie die Ango von Dieppe.

Es wird sich heute nicht mehr ausmachen lassen, welcher der französischen Korsarenstädte der größte Ruhm gebührt, denn wenn auch im geschichtlichen Gewicht Dieppe und Saint-Malo den anderen manches voraushaben, so erlangte dafür Lorient in der südlichen Bretagne besondere Bedeutung im Indienhandel und Honfleur wurde die klassische Pforte der Könige, wo sich schon im Mittelalter britische wie französische Monarchen zu ihren Fahrten über den Kanal einschifften. Während jedoch das normannische Honfleur uns noch in seinem ältlichen Charme begrüßt, ist seine bretonische Schwester Saint-Malo in den Invasionskämpfen des Jahres 1944 schwer mitgenommen worden und präsentiert sich uns heute zwar glanzvoll rekonstruiert, aber doch eben ein wenig allzu neu, zu glatt, zu schön. Die Patina wird wiederkehren, wie sie sich an den übrig gebliebenen Türmen und an den erhaltenen Teilen der Stadtmauer gebildet hatte, und die Wohnviertel selbst, die haben sich – wenn man die Sache nüchtern ansieht – wenigstens die Sanierung erspart, die ja doch fällig gewesen wäre. Auch als Tourist darf man nicht vergessen,

daß diese alten und schönen Städte nicht nur zum Betrachten, sondern eben auch zum Leben da sind. Und leben läßt sich's im neuen Saint-Malo zweifellos besser als in den alten Häusern und Gassen, deren Mauern und Fundamente bis zu sechshundert Jahre alt waren, eine unverdrängbare Feuchtigkeit in sich aufgenommen hatten und nicht viel mehr Licht in die Zimmer ließen als eine Ladeluke . . .
Fügen wir uns also einer Entwicklung, die stärker war als alles, womit Saint-Malo bisher fertig werden mußte. Denken wir nicht nur an das alte Städtchen, das man so, wie es war, liebte, sondern denken wir an die anderen alten Städte im Gebiet der alliierten Invasion, die vernichtet wurden und nicht mehr wiederauferstanden: das in der Mitte durchgerissene trostlose Falaise, das schrecklich gleichgültige Laval.
Saint-Malo begrüßt uns mit einer stolzen und schönen Silhouette, mit einer langen, homogenen und doch nicht eintönigen Häuserzeile am Hafen, vor der einzelne Schiffe liegen, mit der reizvollen Unterbrechung alter Türme und mit einem beinahe festlichen Eingang durch ein sehr altes Tor. Warum innerhalb der Mauern nicht radikal Fußgängerbereich proklamiert wurde, ist nicht einzusehen, und leider mißachten auch viele Touristen die deutliche Aufforderung *Saint-Malo se visite à pied*. Die meisten freilich begreifen, lassen die Wagen an den Quais und geben sich an das Abenteuer hin, das in einer Wanderung auf den Stadtmauern rund um das alte Korsarennest besteht, im Flanieren durch die engen und bisweilen noch recht toten Gassen.
Darin hat sich manches geändert. Man nimmt Saint-Malo heute nicht mehr so ernst, nicht mehr als Selbstzweck, sondern als eine zusätzliche Attraktion zum Ba-

deurlaub, so wie ja auch das ehrwürdige Aigues-Mortes im Süden sich mit dem bunten Strandvölkchen aus den Camarguebädern füllt. Die Gäste der Korsarenstadt sind unangemessen fröhlich, das haben Gäste manchmal so an sich. Sie brauchen nicht unbedingt zu wissen, welches Inferno hier 1944 ausbrach, denn die Strandhotels von Saint-Malo-Paramé, aus denen die Fremden in die alte Stadt herüberspazieren, die gab es damals noch gar nicht. Man promeniert auf den Mauern, von denen sich alle fünfzig Meter ein neuer Blick durch Schießscharten oder über Brüstungen hinweg auf Hafenbecken, auf Nachbarorte und auf vorgelagerte Forts bietet, und die sehr ausführlichen historischen Erläuterungen, die man sich an den Bastionen vorspielen lassen kann, hören sich weder Briten noch Franzosen, weder Deutsche noch Holländer (dies die vier gespeicherten Sprachen) auch nur minutenlang an.

Dabei würde die kluge und gut formulierte Information unser Interesse verdienen, weil sie auf Charakterzüge hinweist, die bei französischen Städten selten sind. Flüchtlinge einer von Piraten zerstörten galloromanischen Stadt siedelten sich im frühen Mittelalter auf dem halbinselförmig vorspringenden und damit gut zu verteidigenden Felsen an, der heute die *Ville close*, den Altstadtkern, trägt. Ohne Feldbau, ohne Industrie, mußten sie vom Meer leben, von der Fischerei, vom Handel, von ihrem Korsarenmut, und sie verstanden es erstaunlich lange, weder den Herzögen der Bretagne noch später den Königen von Frankreich untertan zu sein. Heinrich IV. sogar, einer der besten Feldherren, die je eine Krone trugen, scheiterte an dem wehrhaften Felsennest. Damals, gegen Ende des sechzehnten Jahrhunderts, war die Stadt so mächtig, daß sie mit den anderen Seemächten auf durchaus gleichem Fuß verhandelte, und ihre Bürger genossen Freiheiten, wie wir sie aus der deutschen Hansegeschichte kennen.

Der wahre Aufstieg von Saint-Malo setzte jedoch ein, als die Hanse bereits im Niedergang begriffen war: Jacques Cartier, dessen Denkmal wir beim Rundgang auf der Stadtmauer antreffen, entdeckte Kanada für Saint-Malo und für Frankreich. Im sogenannten *Guerre de Course*, in den oft heroischen Einzelkämpfen der Korsarenschiffe gegen Briten und Spanier, brachten die Kapitäne aus Saint-Malo insgesamt 3800 Handelsfahrzeuge auf und versenkten dreihundert gegnerische Kriegsschiffe. Es war Tradition in der französischen Marine, daß auf dem Flaggschiff nur Matrosen und Offiziere aus Saint-Malo, also *Malouins*, Dienst taten.

Selbst in schweren Zeiten, im achtzehnten Jahrhundert, als Frankreich etwa durch Marlborough so manche Niederlage hinnehmen mußte, blieb die kleine, aber tapfer verteidigte Stadt französisch und fügte den überlegenen britischen Kräften eine Niederlage nach der anderen zu. Noch unter Napoleon segelten die Korsaren aus Saint-Malo gegen die Briten, aber ihr berühmtester, nämlich Robert Surcouf, lehnte bekanntlich alle Positionen und Ehrungen ab, mit denen Napoleon I. ihn zu seinem Gefolgsmann machen wollte.

Diese Geschichte und was sich in ihr an Traditionen gefestigt hatte, ist und bleibt die Verständnisgrundlage für ein kleines, stolzes Gemeinwesen, das Frankreich mehr berühmte Männer geschenkt hat als manch andere zehnmal so große Stadt. Und wer immer über die gesellschaftsbildende und fortschrittsfördernde Bedeutung von Städten schreiben will, wird hier ein exzellentes Beispiel für die innere wie äußere Kraft einer selbständigen, homogenen und demokratischen Selbstverwaltung finden. Neben den großen Seefahrern und Entdeckern wie Cartier, Duguay-Trouin (auch sein Denkmal steht auf einer der Bastionen), Surcouf und dem Kolonialpionier Mahé de la Bourdonnais stehen Wissenschaftler wie Maupertuis, La Mettrie und Gournay und Schriftsteller wie La Mennais oder Chateaubriand (und dieser letzte sagte denn auch, daß dieser ganze Segen an Berühmtheiten nicht übel sei für eine Stadt, die keine größere Fläche bedecke als der Tuileriengarten . . .).

Sinnt man all dem ein wenig nach, so geht man schon nachdenklicher auf den Mauern dahin, umrundet die Denkmäler, blickt hinüber ins alte Saint-Servan, das sich malerisch im Süden der Bucht aufbaut und registriert die kleinen Inselforts draußen im Meer als immer noch deutliche Vorwerke einer Festung, die immerhin schon einmal untergegangen und wieder auferstanden ist. Der Rundgang kulminiert im Schloß, das heute einen freundlichen kleinen Badestrand überragt. Es stammt aus dem fünfzehnten Jahrhundert, einer Zeit heftiger Auseinandersetzungen zwischen den Malouins und den Briten, besitzt aber älteste Teile aus dem Ende des vierzehnten Jahrhunderts und wurde von dem Vauban-Schüler Garangeau unter Ludwig XIV. weiter ausgebaut.

Garangeau ist auch der Mann, der den Stil des Wiederaufbaus am stärksten beeinflußt hat, ohne es zu wollen oder zu wissen natürlich: man richtete sich einfach nach ihm, weil er die letzten entscheidenden architektonischen Akzente gesetzt hatte. Man verbreiterte auch die Straßen nicht nennenswert, begnügte sich mit verstärktem Lichteinfall in Innenhöfen und zog sich im Ganzen gut aus der betrüblichen Affaire. Das gilt im besonderen auch für die Kathedrale Saint-Vincent, die nach den Bränden vom August 1944 sogar ihren hohen Turm wieder erhielt. Niemand weiß mit Bestimmtheit zu sagen, wie viele Gotteshäuser hier aufeinanderfolgten, seit der Mönch Maclovius auf diesem Platz sein erstes kleines Kirchlein errichtete. Da Maclovius (frz. und engl. Malo genannt) schon 565 starb und ein Schüler des großen Seefahrers und Apostels Sankt Brandan gewesen sein soll, hatte das Christentum also an dieser Küste schon sehr früh Fuß gefaßt. Zentrum der Mission war allerdings nicht der Felsen des heutigen Saint-Malo, sondern die gegenüberliegende Landspitze von Saint-Servan, die das von den Deutschen 1943/44 modern ausgebaute Fort trägt. Dort lag das antike Aleth, und als Bischof von Aleth ist Saint-Malo oder Sanct Maclovius auch in die Kirchengeschichte eingegangen.

811 wurde die Kirche von Saint-Malo von fränkischen Truppen zerstört, was darauf schließen läßt, daß die kleine Stadt sich schon damals gegen jede Obrigkeit zur Wehr setzte. Erhaltene Reste besitzen wir aus dem fünfzehnten Jahrhundert (Turm), während die bedeutendsten Bauteile aus Hochgotik und Renaissance stammen, aus dem frühen und späteren sechzehnten Jahrhundert. Hauptschiff und eine Vierung blieben noch aus der romanischen Epoche erhalten und dürften an die achthundert Jahre alt sein; ja die Viereck-Pfeiler des Kirchenschiffs werden für noch älter gehalten.

Wie stets nach großen Zerstörungen bot sich die Möglichkeit, in die Fundamente zu graben und beim Wiederaufbau auch ein wenig Baugeschichte zu studieren. Einige Arkaden eines romanischen Klosterbaus wurden gefunden und sogar der Steinsarg des Bischofs Jean de Châtillon, der ihr erster Bauherr war.

So zeigt sich uns diese ehrwürdige Kirche als eine seltsame und besonders anziehende Mischung der Stile und der Epochen, wobei jedoch die fernsten Charakteristika den Eindruck bestimmen, die romanische Schwere, die andächtig stimmende Lichtfilterung der alten Fenster, der zarte Modergeruch und die Erinnerung an blutige Jahrhunderte verzweifelter und stolzer Selbstbehauptung. Man fühlt dies alles mehr, als daß man es ablesen könnte, denn nur der Platz, wo Cartier vor seiner Ausfahrt nach Kanada den Segen Gottes erbat, ist heute noch kenntlich. Im übrigen entläßt uns die Kathedrale wie so viele andere mit dem beredten Schweigen alten Gesteins, das seine Geheimnisse zwar über die vierzehn Tage des Bomben-Infernos von 1944 hinübergerettet hat, aber niemandem mitteilen wird.
Draußen, in und um Saint-Malo, ist inzwischen alles anders geworden. Gemeinwesen, die eifersüchtig ihre Unabhängigkeit wahrten, haben sich in den letzten Jahren zusammengeschlossen, ja die ganze Halbinsel, wie sie von der Rance im Westen und von der Bucht des Mont Saint-Michel im Osten begrenzt wird, ist durch die emsige Verbauung, die Neuanlage von Stränden und durch ein enges Straßennetz heute praktisch als eine Agglomeration zu betrachten. Die ältesten Zentren liegen im Westen, und Saint-Malo wie Saint-Servan bilden auch heute noch die Schwerpunkte. Nach Norden hat sich mit großzügigen und nur bei stürmischem Wetter etwas exponierten Promenaden die Seebäder-Zone von Paramé angeschlossen. Die endet in den geschützteren Lagen des Familienbades Rotheneuf an einer großen und beinahe wie eine Lagune geschlossenen Bucht, die bei tiefen Ebbphasen fast völlig trocken liegt.
In der Mitte der Halbinsel bildet Saint-Coulomb ein klei-

nes ländliches Zentrum, in dessen Kirche genealogisch Interessierte Grabdenkmale aus der berühmten französischen Familie der Du Plessis studieren können (Ruinen eines Schlosses der Du Plessis-Bertrand finden sich eineinhalb Kilometer weiter südlich unweit der Kreuzung mit dem Namen Croix Blanche).

An der Ostseite der Halbinsel bildet das Dreieck Le Verger – Pointe de Grouin – Cancale einen zweiten Siedlungsschwerpunkt, wobei sich längs der D 201 und 301 die Bebauung schnell vermehrt und sich die zahlreichen kleinen Buchten, Erhebungen und Landvorsprünge mit mehr oder weniger gelungenen Hotelbauten zieren. Dazwischen liegen Campings, Tankstellen und interimistisch wirkende Kiosk- oder Gaststättenbetriebe, die in ihrer Gesamtheit zwar die natürliche Schönheit dieses Küstenstrichs nicht ernsthaft gefährden, aber doch eine gewisse Kontrolle der Bautätigkeit angezeigt erscheinen ließen.
Unter solchen Entwicklungen leiden jene Zonen am wenigsten, die seit geraumer Zeit ihre eigene Bebauung haben, die sich mit einem geschlossenen Stadtbild gegen das hektische Überschäumen des Tourismus und seiner Folgen zur Wehr setzen können. Das gilt für Cancale selbst und für die landschaftlich besonders schöne Klippenküste an der Pointe du Grouin, fünf Kilometer, die einen Hauptreiz aus dem freien Blick auf den Mont Saint Michel beziehen. Ja, von der Pointe aus sieht man bis zu dem Tombelaine-Felsen und bis nach Granville hinüber, und da diese mondäne Station stets einen Schwarm bunter Yachten hinaus ins Meer entsendet, sind die Ausblicke an dieser Küste besonders freundlich, nicht selten sogar erheiternd im Stil so mancher Dufy-Lein-

wand. Man kann sich auch mitten hinein in das türkisfarbene Paradies begeben, auf die Iles Chausey – ein reizvoller, mit vielen besonderen Eindrücken überraschender Ausflug. Von Granville aus bestehen ganzjährige Schiffsverbindungen zu den etwa hundert Bewohnern der *Grand Ile*, im Sommer gibt es Ausflugsfahrten auch von Cancale und anderen Orten aus. Die im flachen Meer wie schwarze Schäfchen verteilten Riffe und Inselchen sind bei Flut wie bei Ebbe vor allem für den Binneneuropäer ein unvergeßlicher Anblick.
Auch Cancale selbst zeigt uns ein stark wechselndes Bild durch die Wirkung der Gezeiten, sein Hafen trocknet nämlich bei Ebbe aus, die Barken stehen dann am Quai oder liegen auf der Seite, wie man es auch in Audierne und anderen Fischerhäfen sehen kann.
Cancale hat in gewissem Sinn das Erbe der versunkenen Fischerdörfer Porspican und Thomen (vgl. S. 10) angetreten und besaß damals, im Katastrophenjahr 709, wohl nur die kleine Oberstadt, die wir heute rings um die Kirche bewundern können. Später, als das ungebärdige Meer wieder zurückwich, kam La Houle dazu, der Fischereihafen mit seinen Uferzeilen, zu dem heute von der Eglise Saint-Méen die Rue du Port hinabführt. Bei klarem Wetter lohnt es sich, auf den Kirchturm zu steigen und den Blick über die Bucht zu genießen. Ein angenehmer Spaziergang führt auf der Höhe der Klippen längs der Oberstadt hin, *Sentier des Douaniers* (Zöllnerpfad) genannt.
Wer mit dem festen Vorsatz in die Bretagne fährt, dort möglichst viel Austern zu essen, der kann dies trotz einer gewissen Verschmutzung der Ufergewässer auch heute noch unbesorgt tun, zumindest in einigen Orten: Cancale ist einer von ihnen.

Die Smaragd-Küste

Da die Côte d'Azur, die blaue Küste, mit dieser wohlklingenden Bezeichnung zum Begriff wurde, bemühen sich andere Küstenstriche Europas seit Jahren um ähnlich suggestive Beiworte; weil man dem Meer jedoch nicht alle Farben andichten kann, gibt es inzwischen mindestens drei Smaragdküsten, was uns nicht zu verwirren braucht: Die in Frankreich besonders wohlerzogenen und taktvollen Tourismus-Manager wollten mit dieser Bezeichnung für den Küstenstrich im Nordosten der Bretagne wohl vorsichtig andeuten, daß man hier zwar des knallblauen Himmels und der pausenlosen Sonneneinstrahlung nicht ganz sicher sein könne, daß die Farbspiele des Meeres und die attraktive Eigenart der ganzen Küstenszenerie jedoch etwas ganz Besonderes und so erlesen seien, wie eben jene Edelsteine . . .
Es gibt keine offizielle Begrenzung für die Smaragdküste, es gibt auch noch nicht viele Karten, auf denen sich die Bezeichnung findet. Darum möchte ich hier den Küstenstrich zwischen Dinard und Saint-Brieuc darunter verstehen, weil östlich von Dinard durch den Mont Saint-Michel besondere Akzente gesetzt werden, und weil westlich von Saint-Brieuc das nun weit nach Norden vorspringende Land seinen Charakter ändert. Innerhalb dieser Grenzen wäre die Smaragd-Küste tatsächlich eine Badelandschaft *par excellence*, meiner Meinung nach die anziehendste der ganzen Bretagne.
Damit ist nun freilich der bretonische Grundkonflikt angesprochen, die Rivalität zwischen den beiden reichen Schwestern Dinard im Norden und La Baule im Süden, der Wettbewerb zwischen den üppigen Königinnen ei-

nes im übrigen armen und kargen Landes, das eigentlich überall viel schöner ist als an diesen beiden Superstränden. Um mich vor dem Votum nicht zu drücken, möchte ich sagen: Für La Baule sprechen das mildere Klima, die Nähe des reizenden Villenbadeortes Pornichet und die Ausflüge auf die Belle Ile; für Dinard sprechen die interessantere Eigenlage, die Nähe von Saint-Malo und Mont Saint-Michel und die Möglichkeit der Ausflüge zu den Kanal-Inseln. Persönlich stört mich in La Baule die Eintönigkeit des Ortes, aber auch die Nähe der allzu schnell gewachsenen Hafenstadt Nantes, aber das sind subjektive Sympathien und Antipathien. Grundsätzlich ist zu sagen, daß Superstationen wie Dinard oder La Baule gewiß nicht jedermanns Geschmack sind, daß man es aber mindestens einmal versucht haben sollte, nicht sosehr, um diese Orte, sondern um sich selbst kennenzulernen. Ich weiß von Leuten, die auszogen, um den großen Frieden der Camargue zu suchen, die dann aber im ohrenbetäubenden Wirbel von La Grande Motte geradezu euphorische Urlaubstage verbrachten, und so steht es auch mit Dinard: Der mächtige Betrieb bietet auch manchen unbezweifelbaren Vorteil, angefangen von dem großen und wohltemperierten Meerwasser-Hallenbad (eine große Rarität in Frankreich und beinahe ein Solitär in der Bretagne!) bis zu dem allnachmittäglichen offenen Bridgeclub in der Rue Levavasseur.
Dinard liegt an der Mündung der Rance der Dreifachstadt Saint-Malo, Saint-Servan und Paramé gegenüber. Die neue breite Straßenbrücke im Bereich des französischen Gezeitenkraftwerks verbindet die beiden dicht besiedelten Gebiete, ohne daß es zu nennenswerten Stauungen käme. Lediglich an der Rampe, die von Saint-Malo hinunter zur Rancebrücke führt, wäre noch einiges

Blick von der Pointe du Raz

Ossuaire (Beinhaus) von Thégonnec

Kirchenportal von Thégonnec

zu leisten: die Böschung zur Rance ist dort außerordentlich brüchig; die mit einem Niveauunterschied von zwölf bis vierzehn Metern gegenüber der Ebbe hier einströmende Flut würde längst Schutzbauten verlangen, wenn nicht an einem der Hochfluttage einmal eine ganze Straßenkurve abstürzen soll. Die Halteverbote nützen wenig, weil sie nur durch lakonische französische Kommentare begründet sind; ausländische Touristen, die hier die sensationelle Aussicht auf die Rance, das Kraftwerk und die Ufer genießen oder photographieren wollen, sind in echter Gefahr.
Dinard selbst erweist sich dann als relativ gut zugänglich, weil die Halbinsel, auf der die Stadt liegt, sich nicht verengt, sondern mit breiten Buchten ans Meer stößt. Wie in Cannes oder Juan-les-Pins waren es auch hier die Amerikaner und Briten, die angesichts der Gunst dieser Lage ein Fischerdorf zum Badeort machten, und noch heute ist Dinard bevorzugter Aufenthalt angelsächsischer Gäste.
Zwischen den sicheren und angenehmen Stränden der Prieuré (im Südosten) und von Saint-Enogat (im Nordwesten) schiebt die Stadt sich gegen die Pointe du Moulinet vor, das malerische Kap mit der einzigartigen Aussicht. Von hier aus kann man zur Grande Plage promenieren, dem Hauptstrand in der Kernzone der Stadt, einem klassischen Strand mit Kasino und Komfortbauten, an dem man sich in die Belle Epoque zurückversetzt fühlen könnte, wären die Badetrikots der Herren und erfreulicherweise auch die der Damen nicht seither so deutlich zusammengeschrumpft.
Damit sind auch schon die Hauptsehenswürdigkeiten von Dinard genannt, wenn es auch für Regentage ein Aquarium und ein Meeresmuseum gibt, wenn man auch

an der Promenade mit dem schönen Namen *de Clair-de-Lune* nicht nur im Mondschein wandeln, sondern vor allem das tägliche Flutspektakel an der Rance verfolgen kann. Es ist eben ein Badeort, eines der schönen, großen, alten Bäder mit Hotelpalästen, wie wir sie von den bräunlich schimmernden Photographien aus dem Familienalbum kennen. Aber in dieser stellenweise überraschend nostalgischen Szenerie lebt unsere Zeit so fröhlich, wie es das britische Temperament für angemessen findet. Man ißt weit besser, als es die zahlreichen Amerikaner zu würdigen wissen, und man verbringt – hat man nicht besonderes Wetterpech – in Dinard ganz gewiß einen einzigartigen Sommer.

Der Luxusort ist zur Zeit sogar erschwinglich, dank der Unterbewertung des französischen Francs gegenüber der Deutschen Mark; wenn ich auch von urlaubsfeindlichen Rezepten wie *Dinard at five Dollars the day* nichts halte, so möchte ich – um auch ein paar junge Deutsche mit diesem charmanten Relikt zu konfrontieren – doch darauf hinweisen, daß es hier mehr als ein Halbdutzend Hotels *sans restaurant* gibt, in denen man nur Zimmer und Frühstück bezahlt und tagsüber dann vom Eingekauften leben kann. Hat das zehn Tage geklappt, so sollte man sich allerdings ein Abschiedsessen in der Hostellerie *Le petit Robinson* leisten (an der D 114 nach Saint-Malo gelegen); es ist das erschwinglichste der guten Restaurants.

Nach all dem ist es wohl nicht verwunderlich, daß Pierre Louys (*Les chansons de Bilitis*) hier seinen Roman *Aphrodite* schrieb; erstaunlicher ist schon, daß Paul Valéry, Kind des Mittelmeers, sich hier zu *Mon Faust* inspiriert fühlte – allerdings im Kriegsjahr 1940, als Dinard wohl nicht seinen vollen Glanz entfaltete . . .

Da uns Dinard schon auf High Life gestimmt hat, tun wir gut daran, den Badeaufenthalt durch kleine Schlösser-Touren zu unterbrechen oder auf der Rückreise wenigstens zwei oder drei besonders lohnende Schloßbesuche einzukalkulieren.

Schlösser in Frankreich zu besichtigen, ist allerdings eine besondere Angelegenheit. Dort sind sie nämlich nicht – wie bei uns – Jugendherbergen, Kongreßzentren, Hotels oder Betriebsferienheime, sondern sie werden bewohnt, und zwar zu einem Gutteil von ihren adeligen Besitzern. In der von Paris aus leicht zu erreichenden Touraine haben viele Schlösser heute bürgerliche Besitzer, Industrielle, die sich in ihrem neuen Glanz gerne bewundern lassen und zumindest die Parks den Besuchern öffnen. In der fernen Bretagne herrschen strengere Sitten. Dort sind die Adelssitze oft seit Jahrhunderten im Besitz der einen uralten Familie, hinter den Mauern wachsen zur Abschirmung noch hundertjährige Bäume in den Himmel, und nicht einmal die Kirchtürme sind hoch genug, um einen teleobjektiven Blick auf das Schloß zu gestatten.

Bissige Hunde sind noch das mindeste, was fremden Besuchern angedroht wird, und als ich einmal andächtig in der Einfahrt eines solchen Granitpalastes anhielt, nicht ahnend, daß der Schloßherr hinter mir auf die Freigabe der Passage wartete, da wurde mein BMW nicht etwa angehupt: Monsieur le Comte wartete stumm und indigniert, aber er würdigte mich nicht einmal eines Fanfarenstoßes.

Indessen gibt es Gründe, die den französischen Staat veranlassen, hin und wieder eines dieser herrschaftlichen Gebäude zu erwerben; sie sind, wie könnte es in Frankreich anders sein, in erster Linie literarischer Natur. Hat ein Schloß das Glück, die Kinderspiele eines Dichters wie Chateaubriand gesehen zu haben oder aber in den Briefen der Marquise de Sévigné eine Rolle zu spielen, dann fühlt sich die Staatskasse entweder zum Erwerb verpflichtet oder sie interessiert sich doch für die Erhaltung des Gebäudes, sofern es gelegentlich für Besucher geöffnet wird. Nur die Ruinen, die kann man im allgemeinen ungehindert betreten und photographieren, wenn man sie findet . . .

Rund um Dinard liegt ein gutes Dutzend sehenswerter Schlösser, aber leider sind nur die wenigsten von ihnen zugänglich, wobei man allerdings verstehen kann, daß gelegentlich das Haus selbst tabu bleibt, während sich der Park für die Besucher öffnet, die damit zumindest den Schloßbau selbst von allen Seiten betrachten können. Dies ist der Fall bei dem schönen Château de la Bonne Fontaine, wenige hundert Meter vom Südausgang des Städtchens Antrain in einer der schönsten Landschaften der östlichen Bretagne gelegen. Die Comtesse Léonor de Rohan-Chabot, heutige Besitzerin des Schlosses, appelliert in einem reizend stilisierten Schild an die Parkbesucher, ihr Savoir-vivre zu beweisen und sich gut zu benehmen, und man tut dies um so lieber, als man sich tatsächlich auf einem verwunschenen Eiland wähnen kann: Rund um das aus dem fünfzehnten Jahrhundert stammende, im neunzehnten Jahrhundert renovierte eindrucksvolle Bauwerk mit seinen hübschen Türmchen weiden nämlich friedlich die Kühe aus dem Pachthof nebenan.

Zwischen Wäldern und Teichen liegt das Château de Landal, malerisch von Eichen umgeben und doch noch heute eine ernste Festung. Auch Landal ist Privatbesitz, kann aber von außen besichtigt werden, was sich durchaus lohnt, denn trotz der Zerstörung in den Kämpfen gegen die Engländer im Jahre 1758 haben sich fünf mächtige Türme erhalten (Zufahrt über La Boussac, danach 2 Kilometer südwärts auf der D 285, von dieser rechts ab).

Weniger zugänglich erweist sich Lanrigan, ein elegant in die Höhe strebendes Schloß aus dem fünfzehnten und sechzehnten Jahrhundert, das östlich von Combourg unweit der D 83 liegt, nördlich von dem gleichnamigen Dorf, und wir fahren, ohne den Schloßherrn und Obristen gesehen zu haben, weiter nach Combourg, wo ein Platz, eine Statue und natürlich vor allem das Schloß an den Dichter Francois-René de Chateaubriand erinnern, den großen französischen Romantiker, den vermutlich berühmtesten Bretonen überhaupt.

Das Schloß liegt prächtig, eine Front öffnet sich auf einen großen Teich, jenseits dessen Buschwald und Wiesen das Auge erfreuen, während die Fassade mit den dicken Türmen einem Park zugekehrt ist, der einen weiten grünen Vorplatz für das Schloß freigibt. Keine Nebengebäude, keine Gartenhäuser, nur der noble alte Bau in seiner trotzigen Einsamkeit, die wirkungsvoll zu den freundlichen Baumkronen kontrastiert. Daß Combourg, das Dorf, so nahe ist, merkt man im Schloß nicht mehr (Zugang über die Rue des Princes).

Hier kann man besichtigen, darf man, soll man besichtigen, denn hier hat man viel bretonische und viel französische Tradition auf kleinem Raum beisammen: Das Schloß selbst, das ein Bischof von Dol im elften Jahrhundert erbauen ließ und das zeitweise den Duguesclin gehörte, die Innenausstattung, die zum Teil noch aus dem achtzehnten Jahrhundert stammt (1761 erwarb der Vater des Dichters das Schloß) und schließlich die Erinnerungen an diesen Dichter, der auch uns viel zu sagen hat, zumindest in seinen unverwelkten *Memoires d'Outre-Tombe*. »Das ganze Schloß«, schreibt er dort, »hatte die Gestalt eines Wagens mit seinen vier Rädern. Aber würde ein Maler, wenn er den Stift ergriffe, nach dieser Beschreibung eine ähnliche Skizze des Schlosses verfertigen können? Ich glaube nein. Und dennoch sieht mein Gedächtnis den Gegenstand so deutlich, als stünde er wirklich vor mir. So ohnmächtig ist das Wort angesichts der materiellen Dinge, und so groß die Macht der Erinnerung!«

Vergleicht man Chateaubriands Schilderung mit dem heutigen Zustand des Schlosses, so erkennt man, daß im neunzehnten Jahrhundert bauliche Veränderungen vorgenommen wurden. Aber wir sehen das Turmgemach, in dem der erfolgreiche und tapfere, aber allzu ernste und düstere Vater seinen weichen Sohn untergebracht hatte, und wir können feststellen, daß selbst die Veränderungen im vorigen Jahrhundert den alten Mauern ihren mittelalterlichen Aspekt nicht nehmen konnten.

René-Auguste de Chateaubriand, Comte de Combourg, der Vater des Dichters, hatte sich als Korsar und später als Reeder ein für jene Zeiten sehr großes Vermögen (annähernd eine Million Livres) erworben, dem Dichter jedoch nur 17000 Livres hinterlassen. Der älteste Sohn und Haupterbe aber starb mit seiner Frau auf der Guillotine . . .

Die Wogen der Revolution, die bis in die Bretagne brandeten, schienen jedoch auch manche Besitztümer auszusparen. Eines davon ist das Château de Bourbansais (bei Pleugueneuc, unweit der N 137), das wir links liegen lassen, wenn wir von Combourg nach Dinan fahren. Der mächtige Bau mit seinen Mansard-Dächern und dem weiten Ehrenhof im Angesicht des Parks ist niemals verkauft worden, sondern hat seit dem siebzehnten Jahrhundert lediglich durch Heiraten und Erbgänge den Besitzer gewechselt. Der Comte Charles de Lorgeril, dem das Schloß heute gehört (und der die Besichtigung von außen gestattet!), ist ein direkter Nachkomme jenes Seigneurs du Breil, der Ende des sechzehnten Jahrhunderts mit dem Bau begann: Ein Stück höfischer Architektur mitten in der Bretagne, ein Stück royalistischen Frankreichs, wenige Wegstunden von der alten Korsarenburg Saint-Malo!

Da im Schloß von Bourbansais eine Innenbesichtigung ohnedies nicht möglich ist, läßt es sich vertreten, von Combourg gleich weiter nach Süden zu fahren und drei lohnende Ziele in die kleine Binnenland-Rundfahrt einzubeziehen: die Kirche von Hédé, Turmblick und Park von Montmuran und das Schloß von Caradeuc.

In Hédé beginnt die Zone der innerbretonischen Wasserscheiden, die sich bis nach Westen, in den Bereich der malerischen kleinen Flüsse Odet, Aulne und Goyen fortsetzt. Landrücken, Hügel, Teiche, verschlafene Kanäle und halbvergammelte Schleusen schaffen Landschaftsbilder, wie man sie in so meernahem Land kaum erwarten würde, aber auch sie machen einen Reiz der Bretagne aus, die ja nicht nur von ihren Stränden und Klippen her verstanden werden will.

Eines dieser alten Binnenland-Dörfer ist Hédé auf seinem Hügel, mit Schloßruinen und einer in der Fassade noch romanischen Kirche aus dem zwölften Jahrhundert, von der aus man einen lohnenden Blick ins Land hinaus werfen kann. Weniger stark restauriert ist die nahe gotische Kirche von Iffs (6 Kilometer nach Westen

über Saint-Symphorien und Saint-Brieuc-des Iffs), berühmt durch ihre alten Glasfenster aus holländischen Werkstätten, die in der Abgeschiedenheit des Kirchleins sogar den Zweiten Weltkrieg unbeschädigt überstanden haben.
Damit sind wir bereits auf dem Gelände von Montmuran, eines mittelalterlichen Schlosses mit einem Wohn-Anbau aus dem siebzehnten Jahrhundert, das nachmittags in Führungen besichtigt werden kann. Der düstere Aspekt täuscht nicht: Montmuran ist sehr alt, knapp nach der Jahrtausendwende erbaut, und wurde 1168 von Heinrich II. Plantagenet zerstört, aber bald wieder aufgebaut und im vierzehnten Jahrhundert erweitert. Am 10. April 1354 wurde hier Bertrand Duguesclin zum Ritter geschlagen, als Lohn für die Vernichtung eines britischen Detachements, das dieses Schloß im Handstreich hatte nehmen wollen. Der Volksmund will wissen, daß die roten Wasserlachen, die sich bei langem Regen im (eisenhaltigen) Boden heute noch bilden, von jenem blutigen Treffen herrühren. Es gab einen Vorgeschmack auf Größe und Grausamkeit dieses Heerführers, an den sich Frankreich nach dem Zweiten Weltkrieg nicht ohne Anlaß in einem großen und absichtsvollen Historienfilm erinnerte: Auch zu Duguesclins Zeiten lag die Nation ohnmächtig am Boden, bis sich durch einen Einzelnen – eben jenen Condottiere – das Schicksal wendete.
Duguesclin heiratete auf Montmuran in zweiter Ehe Jeanne de Laval, über deren Erben das Schloß an den großen Hugenottenführer Coligny kam, den Admiral, der wohl das berühmteste Opfer der blutigen Bartholomäusnacht 1572 wurde. Etwa aus dieser Zeit stammt auch die kleine gotische Kapelle im Komplex des alten Schloßteils, die anstelle jener älteren errichtet wurde, in

Der Calvaire von Plougastel=Daoulas

Bilder vom großen Pardon am Strand von Sainte=Anne=la=Palud.

Kirche von Le Faouet

der Duguesclin den Ritterschlag empfing. Die Türme, die den Zeiten widerstanden haben, gewähren einen weiten Blick ins Land hinaus bis nach Dinan, das sich nördlich auf seinem Stadtfelsen erhebt, und bis zu dem Kirchenhügel von Hédé, der in der milden Abendsonne der Bretagne besonders poetisch über Feldern und Wald aufragt.

Caradeuc, abermals ein Stück weiter nach Westen im Gemeindegebiet von Bécherel gelegen, verfügt über einen der größten und schönsten Parks, die man in der Bretagne besichtigen kann. Er dehnt sich stundenweit wie eine Märchenlandschaft, in Schloßnähe mit französisch beschnittenem Buchs, Säulen und Fontainen, vor allem aber mit herrlichen alten Bäumen, deren Kronen sich zu unendlichen grünen Dächern vereinigen.

Innenausstattung und Mobiliar sind sehr gepflegt und im ganzen glücklicher gewählt als in Combourg, wo das neunzehnte Jahrhundert die Zeit Chateaubriands weitgehend verdrängte, doch wirkt Caradeuc mit den weißen Säulen in den großen Räumen, dem Schachbrettmuster mancher Böden und den stumm an den Wänden aufgereihten Stühlen intellektuell-kühl. Die kleineren Wohngemächer sind intimer mit Sekretären, Fauteuils, oval gerahmten Familienportraits und Nippesfiguren zwischen Kerzen und Lampen.

So spiegelt das Schloß seine große Epoche, in der es der Wohnsitz des scharfsinnigen Generalstaatsanwalts und Jesuitengegners Louis-René de la Chalotais, Marquis de Caradeuc war, aber auch die späteren Schicksale: den Tod des Schloßerben auf der Guillotine im Jahr 1794 und den Übergang in eine andere Familienlinie. Es wurde nie verkauft, sondern gehört heute einem Nachkommen des Aufklärers de la Chalotais, dem Marquis de Kernier.

Nach der Stille der großen Parks und der alten Mauern empfängt uns das bretonische Bauernland mit Feldern, auf denen die Maschinen lärmen, und die ganze Familie bis zum dünnen, langen Urgroßvater im Einsatz ist. Hier herrscht, trotz mancher technischer Neuerung, noch der alte keltische Clansgeist im Dorf und das Kollektiv auf dem Hof. Einer mußte anschaffen, das war immer so, im übrigen aber redet die Magd seit eh und je die Bäuerin mit dem Vornamen an, und wenn größere Arbeiten zu verrichten sind – Roden etwa oder ein Kanalbau –, dann rücken die Nachbarn an zur Hilfe auf Gegenseitigkeit und bringen sich sogar ihre Verpflegung mit in Form von Crêpes, groß wie ein Wagenrad. Die fröhliche Armut und Emsigkeit lebt wie früher, mit nur wenig günstigeren Arbeitszeiten und nur wenig gebesserten Erträgen, aber sie lebt munter und selbstgenügsam zwischen den melancholischen Zentren der alten Schlösser.
Dinan gibt mit seinem großen alten Schloß einen echten Höhepunkt für unsere Schlösser-Rundfahrt ab, ist aber sehr viel mehr als ein Ausflug, mehr als eine Etappe. In den Jahren, da die Strände und die Badefreude der Touristen die Reisen noch nicht in dem Maß bestimmten wie heute, war Dinan ein Hauptziel jeder Exkursion in die Bretagne, und heute, da der Zweite Weltkrieg so viele schöne alte Städte auch in Frankreich vernichtet hat, verdient Dinan wiederum, einen besonderen Platz einzunehmen. Es gibt nämlich wenige Städte im französischen Westen, die ihr altes Stadtbild so bunt und lebendig erhalten konnten, die ihre engen Gassen in Echtheit und Schönheit bewahren und trotzdem lebhafte heutige Gemeinwesen sind.
Das Schloß und die Mauern, die vom Schloß ausgehend den Stadtfelsen umgeben, sind freilich die Hauptsache

geblieben in diesem Ort, der Pforte der Bretagne und Pforte Frankreichs war und an dem noch heute die Straßen nicht vorbeiführen: nur die Eisenbahn begnügt sich mit reizlosen Vororten; der Automobilist wird schon auf der Suche nach einer Parkmöglichkeit durch eine ganze Reihe alter Gassen geführt.

Wie in Saint-Malo kann man das Ganze recht gut kennenlernen, wenn man die Runde auf den Mauern macht. Aber hier verliert man mehr, wenn man oben bleibt und nicht hinabsteigt, denn Dinan ist das lebendigste Stück Altfrankreich westlich der Rue Mouffetard zu Paris. Man kann unter den Fachwerkhäusern hingehen, man kann – etwa in der Rue du Jerzual – in Läden einkaufen, die ganz offensichtlich seit vierhundert Jahren Kunden empfangen, und man kann beim Gang durch das schöne *Couvent des Cordeliers* Frankreichs Jugend in alten Mauern fröhlich lärmen sehen, weil das einstige Kloster heute nämlich eine renommierte Schule ist.

Zwei Mädchen erzählen mir, einander immerzu unterbrechend, die Geschichte, wie Duguesclin hier in Dinan zu seiner ersten Frau kam, zu jener Tiphaine, der wir schon auf dem Mont Saint-Michel begegneten, wo sie ihr Haus hatte. Die Engländer – wer sonst? – belagerten Dinan mit überlegenen Kräften. Um Zeit zu gewinnen, erbat Duguesclin einen Waffenstillstand von vierzig Tagen, währenddessen sein Bruder Olivier –gemäß den Abmachungen ohne Waffen – im Vorland spazierenritt. Der englische Ritter Canterbury nahm ihn gefangen und verlangte 1000 Florins Lösegeld. Duguesclin erbat wegen des Vertragsbruchs einen Zweikampf als Gottesgericht, und dieser fand unter dem Vorsitz des britischen Oberkommandierenden, des Herzogs von Lancaster, mitten in der Festung (!), auf jenem Platz statt, an dem heute das hübsche Hotel d'Avaugour steht. Duguesclin siegte, Canterbury mußte als Buße die 1000 Florins bezahlen, die er unrechtmäßig verlangt hatte, und wurde obendrein aus der englischen Armee ausgestoßen. So ritterlich wurde damals – es war im Jahre 1359 – noch gekämpft. Eine schöne Dinanaise aus bester Familie, die Demoiselle Tiphaine Raguenel, hatte dem Kampf beigewohnt und sich dabei in Duguesclin verliebt. Die Ehe zwischen dem rauhen Haudegen und dem gebildeten Stadtfräulein wurde sehr glücklich, währte aber nicht lange.

Nicht nur die Place du Champ Clos, wo Duguesclin kämpfte, sondern auch die malerische Place des Merciers mit ihren Kolonnaden und viele andere Punkte der Altstadt spiegeln das bretonische Leben früherer Zeiten; gesammelt und geordnet aber liegt es vor uns, wenn wir das zum Museum gewordene Schloß betreten, in dessen Sälen Ausstellungsstücke zur lokalen Geschichte und Vorgeschichte, aber auch zum Wirtschaftsleben und zur Handwerkertradition zusammengetragen worden sind. Man mag das bedauern, man könnte sich wünschen, in Mauern aus dem vierzehnten Jahrhundert altes Mobiliar und einen Abglanz des bretonischen Mittelalters zu finden, aber es ist einzusehen, daß gerade im engen Dinan für Museumsbauten kein Platz vorhanden ist, und das Schloß steht nun einmal zur Verfügung. Die kleine Stadt hat den Bau erworben, den Jean IV., Herzog der Bretagne, vor fast genau sechshundert Jahren aufrichten ließ, und hat bei nur 16000 Einwohnern Last genug mit der Erhaltung von Turm und Mauern.

Den zweiten Akzent der Altstadt setzt die Kirche, in der das Herz des großen Connetable beigesetzt wurde, die Basilika Saint-Sauveur aus dem zwölften Jahrhundert, mit romanischer Vorhalle und Portal, im übrigen aber im fünfzehnten Jahrhundert gotisch neu erbaut. Der bretonische Ritter Riwallon de Dinan wollte durch die Stiftung dieses Gotteshauses für die glückliche Heimkehr vom Kreuzzug danken, ein Gelübde, das er in sarazenischer Gefangenschaft im Jahr 1112 abgelegt hatte. Hinter der Kirche öffnet sich der Englische Garten von Dinan, *le jardin anglais*, als Aussichtsterrasse auf den Fluß Rance und das ihn überspannende Viadukt. Vermag man sich von dem reizenden Bild nicht zu trennen, so steht noch die beliebte Promenade de la Duchesse Anne zur Verfügung oder aber – um den Ausflug glanzvoll abzuschließen – die Rückkehr nach Dinard auf der Rance. Die in früheren Jahren geruhsam absolvierte Bootspartie, bei der man stundenlang unterwegs war und die Hänge zu beiden Seiten ausgiebig betrachten konnte, geht heute mit beträchtlicher Schnelligkeit in Motorbooten vor sich. Sie ist aber noch immer empfehlenswert, wenn auch nicht mehr so abenteuerlich: das neue Gezeitenkraftwerk an der Rance-Mündung sorgt nämlich für den Niveauausgleich zwischen Ebbe und Flut auch in der engen Rance-Schlucht.

Nördliche Gestade

In seiner großen Revolution vor nunmehr bald zweihundert Jahren zerstörte Frankreich das historische Gefüge seiner Provinzen oder versuchte es zumindest und führte die Departements ein. Das sind Verwaltungseinheiten etwa gleicher Größe und Wirtschaftssituation, deren Zahl unter Napoleon bis auf 140 anwuchs, sich danach auf 86 verminderte und heute 95 beträgt, wozu noch vier überseeische Departements kommen. Die Bretagne, die so lange selbständig war und von ihren eigenen Herzögen regiert wurde, bis Frankreich sie nicht eroberte, sondern erheiratete, die alte Bretagne also umfaßt heute viereinhalb Departements: Ille-et-Vilaine mit der Hauptstadt Rennes, Côtes-du-Nord mit der Hauptstadt Saint-Brieuc, Finistère mit dem Präfektensitz in Quimper und schließlich Morbihan mit dem Zentrum Vannes. Die Stadt Nantes, in der sich vor königlichen Gerichten so manches bretonische Schicksal erfüllte, gehört heute nicht einmal mehr zur Region Bretagne, sondern zu der Region Pays de la Loire, und nur die Gebiete nördlich der unteren Loire, also die halbe Stadt Nantes, lassen sich der historischen Landschaft Bretagne zuzählen. Das ist ein wenig kompliziert, und es hat heute vielleicht auch keine große Bedeutung mehr, aber es ist eine Aufsplitterung, eine ganz zweifellos unorganische und rücksichtslose Verwaltungseinteilung, die zum Erstarken bretonischer Autonomiewünsche ganz gewiß sehr viel beigetragen hat. So wie die Korsen erreichten, daß ihre Insel aus der Region Provence/Côte d'Azur herausgenommen und verselbständigt wurde, so zielen die Wünsche auch besonnener Bretonen heute

darauf ab, die Bretagne in ihren historischen Grenzen zusammenzufassen und als neues Ganzes mit weitergehenden Rechten auszustatten – ohne daß, wie auf Korsika, eine volle staatliche Selbständigkeit angestrebt oder auch nur für möglich gehalten würde.
Der Kernraum dieser eigentlichen und echten Bretagne ist das Département Côtes-du-Nord, also die nördlichen Küsten genannt, ein Gebiet, in dem die Distanz von Paris sich schon bemerkbar macht. Rennes und Dinard sind durch direkte Schnellzüge, aber auch durch Flugverbindungen mit der Metropole noch eng verbunden; die Anzahl der zwischen Paris und Rennes verkehrenden Zugpaare würde jeden deutschen Eisenbahnenthusiasten mit blassem Neid erfüllen, und die ganze Ostgrenze der Bretagne zeigt deutlich die Tendenz, sich von Rennes nach Paris umzuorientieren, der Infiltration durch Zweitwohnsitze, Zuwanderung, Industrieverlagerung nachzugeben. Erst westlich der Rance organisiert sich der Widerstand, was naturgemäß nur moralisch, atmosphärisch zu verstehen ist. Von hier an treten die Autoplaketten mit dem BzH auf, was Breizh bedeutet, den keltischen Namen der Bretagne, oft mit dem Wappen verbunden, das allerdings französische Motive enthält. Man hält es also eher mit der großen Duchesse Anne als mit den alten Kelten, man ist mehr *für* die Bretagne als *gegen* Frankreich, und man wäre ja auch – trotz zunehmender Nächtigungszahlen von Gästen aus dem Ausland – ohne die französischen Urlauber in einer wirtschaftlich sehr schwierigen Lage.

Die nördlichen Küsten selbst, also die bretonische Küstenstrecken innerhalb des Departements 22, sind ungleich stärker gegliedert als die Küsten der Normandie oder auch der Cotentin-Halbinsel. Das alte Gestein des bretonischen Felsenblocks schiebt seine Kaps und Halbinseln weit ins Meer hinaus, ohne allerdings schon die bizarren Küstenlinien zu schaffen, wie sie die westlichste Bretagne, nämlich Finistère, auszeichnen. Eine Küstenformation dieser Art begünstigt den Badebetrieb, ohne sensationelle Aussichtspunkte oder einzigartig schöne Buchten entstehen zu lassen; weder Dinard noch die Pointe du Raz könnten sich hier finden, und was sich dem Badelustigen an diesem Küstenstrich bietet, das sind die sogenannten Familienbäder in gefälliger Landschaft, das sind zahlreiche kleine und größere vorgelagerte Inseln für den Ausflugsverkehr und ein Hinterland mit einem Dutzend lohnender Ziele für Regentage: Genau das, was *le français moyen*, der Durchschnittsfranzose, auch Monsieur Dupont genannt, für seinen Urlaub erwartet.

Damit sei die Region keineswegs abgewertet, vor allem, da sie in einem anderen Land, etwa in Schleswig-Holstein oder an der Adria, triumphale Besucherzahlen erzielen und einem ganzen Land zu touristischem Ruhm verhelfen würde. Die Bretagne ist eben zu reich, sie setzt einen Trumpf neben den anderen, und darum, nur darum, hat sich in ihrer Mitte eine ruhigere Zone gebildet, in der man nicht, wie draußen in Finistère, alle fünf Kilometer einen Calvaire, alle zehn Kilometer eine berühmte Kirche und alle zwanzig Kilometer eine sensationelle Landspitze vor sich hat.

Im Département Côtes-du-Nord sind die Distanzen größer. Vom Ostrand bei Dinan bis zum Präfekten in Saint-Brieuc muß man etwa 80 Straßenkilometer auf sich nehmen, und von dort bis zur Westgrenze bei Carhaix oder Locquirec noch einmal soviel. Der Schnellweg

Quimper-Brest-Morlaix, der den Verkehr in Finistère so außerordentlich erleichtert, ist zwischen Morlaix und Dinan noch nicht zureichend ausgebaut und beschränkt die vierspurigen Anlagen auf einige wenige Überholstrecken am Berg. Für die Nord-Süd-Richtung hat das allerdings nicht sehr viel zu besagen, denn der Verkehr erreicht nur stellenweise und an bestimmten Tagen die Dichte der Bundesrepublik. Im allgemeinen kann man in der Bretagne zumindest senkrecht zu den Hauptströmen gut zirkulieren, also auch die Badeorte der Côtes-du-Nord ohne sonderliche Schwierigkeiten erreichen. Naturgemäß sind die küstennahen Strecken reicher an landschaftlichen Schönheiten und überraschenden Eindrücken, ganz abgesehen von der hier durchaus noch gegebenen Möglichkeit, den idealen kleinen Badeort, den Geheimtip, die Bucht nach Maß, selbst zu entdekken, wenn man sich ein wenig Zeit nimmt.

Die mondäne Zone reicht nach Westen nur wenig über Dinard hinaus, ja es gibt Snobs, die schon Saint-Enogat – obwohl in die Agglomeration von Dinard voll einbezogen – als Familienbad bezeichnen, weil die Unterkünfte dort etwas billiger sind. Die *Grotte des Sirènes* und die *Pointe du Decollé* (des Geköpften!) sonnen sich noch im Glanz Dinards und sind beliebte Ziele für Jausenausflüge, was hier *Gôuter* heißt. Grotten, die bei Ebbe vom Meer aus zugänglich sind, und Felsformationen, die an Schlösser erinnern, tragen hier phantasievolle Namen, die vielleicht erst von den Touristen selbst erfunden wurden, wie das *Château de la Goule aux Fées*, nur Saint-Lunaire ist alt: Es heißt, Leonorius kam im siebenten Jahrhundert als Mönch aus Irland und lebte hier als Eremit. Man zählt ihn zu den sieben heiligen Brüdern, mit Saint Cast, Saint Briac und anderen, die sich in den

Ortsnamen der Côtes-du-Nord erhalten haben. Auch Saint Jacut gehört zu ihnen, der einem kleinen Dorf an der »Landspitze vom Kopfkissen« (Pointe du Chevet) den Namen gegeben hat. Die Straße hinaus zum Kap und zum Blick auf die kleine Insel mit dem seltsamen Namen Ebihens führt oft hart an der Küste hin und gewährt wechselnde Ausblicke auf die Bucht von Lancieux und die kleinen Inseln vor der Mündung des Flüßchens Frémur. Die andere Seite der sehr schmalen Halbinsel wendet sich der Baie de l'Arguenon zu und ist ebenfalls noch dünn besiedelt, Saint-Jacut hat ja nur ein paar hundert Einwohner. Hier könnte man, unweit von Dinard, zweifellos noch günstig kaufen oder bauen.
Die Arguenon-Mündung ist von einer neuen und häßlichen Brücke überspannt, nach der die Straße sich nordwestwärts, auf Saint-Cast-le-Guildo zuwendet, und dieses Guildo ist es vielleicht, das die ganze Landschaft überschattet. Ein verrufenes Schloß, Erinnerung an eine aufwühlende Tragödie bretonischer Geschichte:
Kommt man von Dinard nach Le Guildo, so führt unmittelbar vor der erwähnten Brücke über die Flußmündung eine kleine Straße rechts ab, zunächst steil nach unten, dann an einer dürftigen Uferzeile hin und schließlich bergwärts. Ein alter, großer Besitz rechts, der zum Verkauf steht, zeigt, daß auch anderen hier nicht wohl ist. Wir suchen jedoch Ruinen und finden sie schließlich, schon stark überwachsen, über dem Absturz der Uferböschung. Hier lag, als Mauergeviert noch erkennbar, das Schloß des Prinzen Gilles de Bretagne, der wegen seiner hohen Gaben, seiner Schönheit und seines Mutes von Franz, seinem älteren Bruder und herrschenden Herzog der Bretagne, gehaßt wurde. Franz verdächtigte ihn schließlich der Konspiration mit England, so daß

Prinz Gilles gegen das Votum der Gerichte und des Königs von Frankreich eingekerkert wurde. Arthur de Montauban, dem der schöne Gilles eine reiche Erbin weggeschnappt hatte, und seine Kreaturen ermordeten den Prinzen im Kerker in einer Aprilnacht des Jahres 1450. Ehe er sein Leben aushauchte, forderte er seinen Bruder binnen vierzig Tagen vor den Richterstuhl Gottes. Tatsächlich starb Herzog Franz zwei Monate später, und auch die Mördergruppe selbst überlebte das folgende Jahr nicht. Nur Montauban, dem Hauptschuldigen nächst dem Herzog, gelang die Flucht in den geistlichen Stand – er starb als Erzbischof von Bordeaux.
Gilles und sein tragischer Tod sind für die Bretonen mehr als eine Episode; sie liebten den Prinzen, der zu allen anderen Gaben auch noch ein Dichter war und keltische und britische, bretonische und französische Verse sang und der das Leben so liebte, daß *courir le guilledou* eine stehende Redewendung für ein galantes Dasein geworden ist. Und da dies bei den Kelten niemals als eine Sünde galt, nennen die Bretonen den armen Gilles de Bretagne *le Saint-Prince*, den heiligen Prinzen.
Auch Saint-Cast erinnert noch an ihn, denn dem Heiligen wurde der Beiname *le Guildo* beigegeben, und vielteilig wie der Ortsname ist auch das Städtchen selbst, das sich luftig in noch nicht ganz zusammengeschlossenen Häuserzeilen und Villenvierteln zwischen zwei kleinen Vorgebirgen an einem schönen Strand ausbreitet. Der nördlichste Teil, unweit des Kaps gelegen, heißt – obwohl es sich nur um eine Halbinsel handelt – l'Isle, der höher und landeinwärts gelegene alte Teil mit Kirche und Friedhof ist le Bourg, und das Viertel, das sich zwischen dem Gehölz von Vieuxville und dem südlichen Kap gebildet hat, trägt den Namen la Garde.

Saint-Cast ist ein gut ausgestatteter und stark besuchter Badeort mit Tennisplätzen, Reitgelegenheit, Segelschule und ausreichenden Unterkünften, der an die hundert Jahre besteht. Seit einigen Jahren hat Saint-Cast besonders starken Zustrom, weil die Ausblicke und die Strände besonders schön sind und der anmutige kleine Ort eine der angenehmsten Alternativen zu Dinard genannt werden muß. Patrioten, die Frankreichs Debakel von 1940 noch nicht verwunden haben, können sich zudem an dem Sieg aufrichten, den hier, bei Saint-Cast, die Franzosen unter dem Herzog von Aiguillon über die schon bei Saint-Malo geschlagenen Briten errangen. Das war allerdings schon 1758, aber Lorbeeren welken nicht so schnell. Nur daß der Herzog seinen Kommandostand in der Mühle an der heutigen D 19 hatte (Moulin d'Anne) und bei jeder Salve mit Mehl bestäubt wurde, das hatte ihm den Tag ein wenig verdorben. Als man dem Generalstaatsanwalt La Chalotais (vgl. S. 41) mitteilte, daß sich der Herzog an diesem Tag mit Ruhm bedeckt habe, antwortete er sarkastisch: »Vor allem aber doch wohl mit Mehl.«
Schon vor Saint-Cast verläßt die Hauptstraße die Küste, man kann immer wieder, so man Zeit und Lust hat, auf kleinen Straßen, die gelegentlich als Sackgassen enden, zum Meer hinausfahren und Badeplätze suchen oder auch nur die Landschaft betrachten. Einen der weitesten Ausblicke an der ganzen bretonischen Küste genießt man vom Cap Fréhel, durch die Baie de la Frénaye von Saint-Cast getrennt. In der beinahe rechteckigen Bucht lief 1950 ein französisches Forschungschiff auf eine Mine aus dem Zweiten Weltkrieg, weswegen ein Monument am Ufer an die 52 Toten jenes Unglückstages erinnert. Auch das Cap Fréhel ist nicht frei von kriegerischen Re-

miniszenzen, denn der weite Blick erfaßt zunächst das Fort de la Latte, ein mittelalterliches Schloß in einzigartiger Lage auf einer Klippe, das mit Küstenbatterien versehen und erst 1870 außer Dienst gestellt wurde (Privatbesitz, Besichtigung möglich). Das Kap selbst mit den die Küste begleitenden Klippen und Riffen, die leuchtenden Farben des Gesteins und das zu gewissen Stunden tiefblaue Meer vereinigen sich zu einem besonders eindrucksvollen Landschaftsbild. Nicht minder lohnend: ein Bootsausflug von Saint-Cast mit Aufblick zum Kap vom Meer aus . . .

Vom Cap Fréhel nach Westen verläuft die Küste in einer ruhigeren Linie. Das erste Stück vom Kap nach Sables d'Or ist eine besonders schöne neue Aussichtsstraße, die in dem Badeort vom goldenen Sand ein etwas ernüchterndes Ende findet: Sables d'Or ist nämlich zur Gänze nach Plan geschaffen und nicht gewachsen, wenn auch durchaus freundlich und zweckmäßig angelegt. Erquy mit seinem lebhaften Stadtplatz ist jedoch schon wieder charakteristisch und führt uns in die Bretagne zurück, auch Le Val André mit seinem feinen Sandstrand in geschützter Lage hat sich zu einem beliebten Badeort entwickelt. Und da wir schon lange kein Schloß besichtigt haben, können wir beim Château de Bienassis (südlich der D 786) Station machen. Monsieur François de Kerjégu, der Besitzer, gestattet während der Saison die Besichtigung des Parks und der im Erdgeschoß gelegenen Räume.

Das Schloß selbst ist ein ausgedehnter und reizvoll-altertümlicher Komplex, den noch die Wassergräben umgeben. Der Bau aus dem frühen fünfzehnten Jahrhundert wurde in den Religionskriegen beschädigt und im siebzehnten Jahrhundert wieder zur Verteidigung eingerichtet. Bis 1880, als der Admiral de Kerjégu Schloß und Umland erwarb, gehörte der Bau der Familie de Visdelou, Comtes de Bienassis, aus der Kirchenfürsten, Gouverneure, aber auch berühmte Missionare hervorgegangen sind.

Andere Erinnerungen an die Vergangenheit der Bretagne bergen die noch heute eindrucksvollen Ruinen des Château de la Hunaudaye (südlich des gleichnamigen Waldes, an der D 16, ca. 12 Kilometer südöstlich von Le Val André), Stammsitz eines Geschlechtes, das einst so mächtig war wie die Rohan. Edouard de Tournemine, Baron de Hunaudaye, hatte den heute nach ihm benannten Wald 1155 von Heinrich II. Plantagenet (also einem englischen König) für hervorragende Waffentaten erhalten. Die Barone spielten durch fünf Jahrhunderte eine bedeutende Rolle in der bretonischen und in der normannischen Geschichte. Das Amt eines Connetables der Normandie war lange Zeit unter ihnen erblich, auch stellten sie Oberkommandierende der Bretagne und standen im Mittelpunkt der religiösen Auseinandersetzungen in Rennes zur Zeit Heinrichs IV. Ein wenig aus der Reihe tanzt François de Tournemine, Grand-Veneur, also Oberjägermeister der Bretagne, weil er nämlich leidenschaftlich gern reiste. Das war um die Wende des fünfzehnten zum sechzehnten Jahrhundert noch ebenso beschwerlich wie kostspielig, aber als er 1529 starb, hatte er nicht nur zweimal das Heilige Grab besucht, sondern auch den Berg Sinai, Notre-Dame-de-Lorette und mehrfach die Insel Rhodos. Leider ist nicht bekannt, daß der vielgewandte Mann über seine zahlreichen Reisen etwas aufgezeichnet hätte . . .

Ein Tournemine, Baron de la Hunaudaye, gründete das

Augustiner-Kloster der hübschen alten Kleinstadt Lamballe, wo man, von Paris kommend, von der im Binnenland geführten Autostraße zu den Stränden westlich des Cap Fréhel abzweigt. Lamballe läßt sich zwar mit Dinan nicht vergleichen, kann aber als Versorgungszentrum und Auffangstation bei Regen etwa die gleiche Funktion erfüllen. Trotz geringer Einwohnerzahl sehr lebhaft, hat die reizende Stadt in der hoch gelegenen Eglise Notre-Dame ein prachtvolles Gotteshaus in normannischer Gotik (12.-15. Jh.) und in der Eglise Saint-Martin einen romanischen, später im gotischen Stil erneuerten Bau aus dem elften Jahrhundert.

Lamballe hat einen berühmten *Pardon*, also eine Bittprozession, wie wir sie in der westlichen Bretagne noch häufig antreffen werden. Am 8. September kommen die Gläubigen zu der Alabaster-Madonna in der Eglise Notre-Dame. Man nennt sie Notre-Dame-de-Grande-Puissance (die mächtige Muttergottes), und das Jesuskind hält neben einer Taube noch den Erdball in seinen kleinen Händen.

Erst als ich wieder im Wagen sitze, fällt mir ein, woher ich den Namen Lamballe schon lange kannte, ehe ich die kleine alte Stadt zum erstenmal betrat: Von jener unglücklichen Freundin der Marie-Antoinette, die während der blutigen Septembertage des Jahres 1792 in Paris auf offener Straße wie ein Tier abgeschlachtet wurde; noch Jahre später gab es einen Prozeß darüber, welcher der Mörder ihr Herz gegessen habe(!). Sie war keine Bretonin, sondern eine Prinzessin von Savoyen-Carignan; aber ihr Mann, ein Herzog von Penthièvre, dessen früher Tod sie bereits mit achtzehn Jahren zur Witwe gemacht hatte, führte den Titel eines Fürsten von Lamballe, ohne mit dem alten Grafengeschlecht der Stadt ver-

wandt zu sein. Den Kopf der Lamballe zeigte man, auf eine Pike gesteckt, Marie Antoinette.
Reist man außerhalb der Badesaison in der Bretagne, um Kunststätten zu besuchen und zu photographieren oder um in der Nachsaison noch ein wenig Meeresluft zu schnuppern, ehe es vollends Winter wird, dann sind so kleine, reizvoll gelegene Städte wie etwa Lamballe oder auch Guingamp sehr günstige Standquartiere. Kleiner als Saint-Brieuc oder Morlaix bieten sie bei Ein- und Ausfahrt keinerlei Verkehrsprobleme; abends tritt auch im Stadtzentrum überraschend vollständige Ruhe ein, und an Zeitungs- oder Buchläden, Restaurants, Apotheken und sonstigen Bedarfsartikeln ist kein Mangel.

Lamballe liegt nur wenige Autominuten nordöstlich einer wohl zufälligen und gerade darum merkwürdigen Ballung ländlicher Sehenswürdigkeiten im Raum von Moncontour. Die erste ist das Hügelstädtchen selbst, obwohl Richelieu es wie so viele andere feste Plätze teilweise seiner Mauern beraubt hat. Der eigenartige Dreieckplatz im Zentrum heißt Place de Penthièvre wie der Gemahl der Prinzessin de Lamballe. Hier erhebt sich die Eglise Saint-Mathurin, ein aus dem sechzehnten Jahrhundert stammendes Gotteshaus, das mit seiner Fassade allerdings der Gesamtverbauung des Platzes angeglichen wurde. Und hier überwiegen noch heute die granitenen Stadthäuser aus dem achtzehnten Jahrhundert. Auch in der Rue de la Poterie finden sich noch schöne alte Häuser, und das Rathaus der Stadt, unweit der Kirche gelegen, ist im einstigen Palais der Familie Kerjégu untergebracht, eines Seefahrergeschlechts, das wir schon unter den Schloßbesitzern der östlichen Bretagne antrafen.

Sainte=Marie de Menez Hom

Blick von der Pointe de Penhir (Halbinsel Crozon).

Die Menhire von Lagatjar bei Camaret=sur=Mer

Ein kleines Kapellchen zwei Kilometer südlich von Moncontour, genannt Notre-Dame-du Haut, birgt ein Halbdutzend von Heiligenstatuen in offensichtlich laienhaftländlicher Arbeit, die aber eben darum besonders originell wirken und nach der Meinung der Bevölkerung gegen Krankheiten helfen. Die *Saints Guerisseurs*, wie diese hölzernen Wunderheiler heißen, müssen leider wie soviel anderes Kirchengut gegen Diebstahl geschützt werden, so daß die Kapelle nur selten offen anzutreffen ist. Mit Sicherheit kann man die Heiligen an den Tagen des großen Pardons besichtigen, am 15. August und an dem darauffolgenden Sonntag.
Eine landschaftlich sehr schön geführte Landstraße bringt uns weiter nach Süden zu dem Aussichtspunkt der Kapelle mit dem Hotelnamen Bel Air, mit 339 Metern für die Bretagne relativ hoch gelegen und bei klarem Wetter ein lohnender Ausflug. Im Vordergrund des Panoramas liegt die weite Domäne des Schlosses von La Touche-Trebry, zu der einst Mühlen, Fischteiche und allerlei Tiergehege gehörten. Das im sechzehnten Jahrhundert unter Einbeziehung älterer Gebäude von den Herren de la Roche, Gouverneure von Moncontour, errichtete Schloß ist beinahe unverändert erhalten geblieben, nur ein paar Nebengebäude sind weggefallen. Es kann während der Saison besichtigt werden und ist dies auch wert, denn vor allem vom Hof aus präsentiert es uns den Wohnstil der großen bretonischen Geschlechter. Das sogenannte Corps de Logis, also der Wohnteil für die herrschaftliche Familie, zeigt sorgfältig behauenen Granit und ist von Treppentürmchen flankiert, damit die Flucht der Gemächer selbst durch kein Stiegenhaus unterbrochen werde; die anderen Gebäude sind robust und dauerhaft ausgeführt, aber der Stein ist roh

und der Gesamtaspekt mittelalterlich-rüde. Im siebzehnten und achtzehnten Jahrhundert hatten die de la Roche und ihre Nachfahren Freslon de la Freslonnière manches Unglück – Tod eines Erben im Duell, Verurteilung eines anderen zur Galeerenstrafe. Das Schloß blieb lange Zeit unbewohnt und verfiel. Erst 1880 gelang es den Grafen von La Lande de Calan, die im Erbgang bereits eine Hälfte besaßen, auch die andere zu erwerben und mit der Wiederherstellung der Gebäude zu beginnen.

Auf dem Rückweg zur Hauptstraße nach Saint-Brieuc queren wir den alten Römerweg, der von dem wichtigen Handelszentrum Corseul (an der D 794 westnordwestlich von Dinan gelegen) bis hinaus auf die Halbinsel Sizun führte (vgl. S. 155). Zum Schutz dieser Straße, auf der ja nicht nur die Legionen marschierten, sondern auf der sich vor allem Kaufleute bewegten, hatten die Römer verschiedene kleinere und größere Militärstützpunkte errichtet, von denen sich einer, das *Camp Romain de Péran* einigermaßen erhalten hat. Man findet es auf einer plateauförmigen Erhebung sieben Kilometer westnordwestlich des alten Dorfes Plédran in beherrschender Lage. Nach neuesten Forschungen scheint hier bereits in vorrömischer Zeit eine Befestigung gelegen zu haben, die dann die Römer nützten. Auch Großsteindenkmäler in der Gegend deuten auf vorrömische Verkehrswege und Siedlungen hin.

Herz dieser Landschaft, in der uns die Geschichte der Halbinsel beinahe greifbar nahekommt, ist die Stadt Saint-Brieuc, hundert Kilometer westlich von Rennes, hundertfünfzig östlich von Brest, auf einer kleinen Hochfläche, die sich in etwa hundert Meter Höhe als

Stadtterrasse gegen den kleinen Hafen Légué vorschiebt. Hier landete gegen Ende des sechsten Jahrhunderts ein frommer Kelte aus England, Brieg genannt, vermutlich bereits Abt eines Klosters, denn es folgten ihm 85 bis 160 Mönche (die Quellen nennen verschiedene Zahlen), die allesamt nicht mit den heidnischen Eroberern der englischen Insel, den Angeln und Sachsen, leben wollten.

Aus Brieg wurde Brieuc, und die Einwohner der heute für die Bretagne respektablen Stadt nennt man *les Briochins*. Im übrigen aber hat die Stadt nicht viele heiteren Akzente und hatte es wohl auch nicht leicht, seit hier Brieuc, vermutlich neben der wenige Jahre vorher begründeten Burg eines Verwandten, sein Kloster aus Holzstämmen zimmerte.

Wikinger oder Normannen suchten die junge Siedlung wiederholt heim, worin man eine Erklärung dafür erblicken kann, daß die Kathedrale Saint-Etienne zwei Festungstürme besitzt. Die Baugeschichte dieser seltsamen und ehrwürdigen Kirche ist angesichts der wiederholten Zerstörungen und Brände noch nicht völlig geklärt, doch dürften zumindest die Basen der Türme auf Guillaume Pinchon zurückgehen, jenen aus kleinsten Kirchenämtern aufgestiegenen, in der Stadt unvergessenen Oberhirten. Er hat Saint-Brieuc heldenhaft gegen Belagerungen und Banden verteidigt, die vor den Normannen nach Angers geretteten Gebeine Brieucs in die Kathedrale zurückkehren sehen und das Gotteshaus selbst aus den Trümmern neu errichtet. Bischof Guy de Montfort erbaute das heute zu sehende Hauptschiff im vierzehnten Jahrhundert, aber die Religionskriege und die große Revolution machten weitere Ausbesserungen bis herauf in unser Jahrhundert notwendig.

In der Kirche haben sich einige geschichtlich bemerkenswerte Gräber erhalten: Im südlichen Seitenschiff rechts ruht, in einem Granitgrab, Bischof le Porc de la Porte (gest. 1632), eine kuriose Natur, die einen privaten Kleinkrieg gegen die bretonischen Traditionen führte und zum Beispiel alte Heiligennamen wie Ronan oder Renan kurzerhand in René änderte. In einer aus dem dreizehnten Jahrhundert stammenden Kapelle des Querschiffs ruht Bischof Pinchon, der schon wenige Jahre nach seinem Tod vom Papst heiliggesprochen wurde. Er ist offiziell der älteste der vielen bretonischen Heiligen, denn die anderen, die gleichsam schon mit dem Heiligenschein über den Ärmelkanal gekommen waren, hat die Kirche bis heute nicht anerkannt.
Der Chor von Saint-Etienne ist bemerkenswert, weil er, kurz nach den Zerstörungen durch die Normannen erbaut, dennoch den anglo-normannischen Baustil der Gegner erkennen läßt. Im voll ausgebauten Chorumgang finden sich nicht nur weitere Bischofsgräber, sondern in der Apsis-Kapelle auch die beim großen Pardon von Saint-Brieuc in einer Wallfahrt gefeierte Alabasterstatue der Madonna aus dem sechzehnten Jahrhundert. Für diesen Pardon am 31. Mai und die damit verbundene Fackel-Prozession wurde auf der Place Saint-Pierre die Basilika Notre-Dame d'Espérance im Stil des zwölften Jahrhunderts neu errichtet.
Das ganze Quartier steht bis heute im Zeichen der Gründungslegenden, aber auch eine Reihe alter Häuser macht den Spaziergang in diesem von den Bomben verschont gebliebenen altbretonischen Stadtzentrum sehr lohnend. Von der Rue Notre-Dame zweigt die nicht ganz leicht zu findende Rue Ruffelet ab, in der nicht nur die heilige Fontaine zu sehen ist, sondern auch das win-

zige Gotteshaus (inzwischen wiederholt neu errichtet), das einst Brieuc an dieser Stelle auf die Fundamente eines römischen Tempels setzte. Ein Stück weiter zweigt rechts die Rue du Tertre Notre-Dame ab, die in einer weit geschwungenen Biegung zum Aussichtsplatz, eben dem Tertre Notre-Dame führt. Von hier aus läßt sich gut erkennen, wie Saint-Brieuc über seinem kleinen Hafen aufgewachsen ist. Man sieht aber auch, wie sehr sich die lange Zeit kleine Festungsstadt in den letzten Jahrzehnten mit neuen Vierteln umgeben hat, wie viele neue Verkehrsadern sie mit dem Umland verbinden, dessen Mittelpunkt sie durch die Präfektur geworden ist.

Saint-Brieuc hat erstaunlich viele Hotels ohne Restaurant, vielleicht, weil die nördlich der Stadt an der Küste aufgereihten Hotels den Gästen, die zu bleiben wünschen, angenehmeren Aufenthalt bieten. Man kann also recht komfortabel wohnen und im übrigen flanierend die besten Küchen suchen. Dabei wird man in der Place Duguesclin einen angenehm belebten Stadtmittelpunkt kennenlernen und feststellen, daß sechzigtausend Franzosen eine Stadt durchaus aus dem Allzuprovinziellen herauszuheben imstande sind – was in manchen deutschen Städten 200000 Einwohner nicht schaffen. Im übrigen zeigt uns Saint-Brieuc, daß es seinen Rhythmus nicht wegen der Touristen zu unterbrechen gedenkt, daß es eine Stadt französischen Geschäftslebens, aber keine Touristenmetropole ist. Hier kann es geschehen, daß ein renommiertes Restaurant ausgerechnet im Fremdenmonat August seinen Jahresurlaub proklamiert, und der Flughafen ist so arm an Verkehr, daß ein am Flughafen (!) gelegenes Hotel sich mit dem begehrten Guide-Michelin-Vögelchen für eine besonders ruhige Lage zieren darf.

Wie weit der Begriff Provinz im Französischen von dem differiert, was wir darunter verstehen, wird so recht aber erst klar, wenn wir festzustellen suchen, welchen Anteil am Geistesleben der Bretagne und Frankreichs solch eine 60000-Einwohner-Stadt denn habe. Da ergibt sich, daß Villiers de l'Isle-Adam hier geboren ist, der sensible Graf, dessen *Grausame Geschichten* in der okkulten Welle unserer Tage Auferstehung feiern. 1899 kam in Saint-Brieuc Louis Guilloux zur Welt, eine stillere Natur, gewiß aber einer der bedeutendsten französischen Erzähler der ersten Jahrhunderthälfte, Begleiter André Gides auf dessen berühmter Reise in die Sowjetunion.
Wie das in kleinen Städten oft unvermeidlich wird: eine einzige Lehranstalt wird zum Zentrum auch des geistigen Lebens, bündelt die Begabungen. Das Gymnasium von Saint-Brieuc heißt nach Anatole Le Braz, dem die Bretonen und die Welt die tiefe Studie *Die Legende vom Tod bei den Bretonen* verdanken. Dennoch war er nicht der berühmteste Schüler der heute nach ihm benannten Anstalt: Tristan Corbière dürfte dem ganzen Frankreich bekannter sein, und Lammenais begann hier seinen berühmten *Essai sur l'indifférence*. Angesichts solcher Leuchten sei in aller Bescheidenheit angemerkt, daß der österreichische Erzähler Herbert Hessler (1904-76), Jugendfreund Hermann Brochs, zu dessen Biographie er auch wesentliche Arbeiten beisteuerte, nach seiner Lehramtsarbeit *Heinrich Mann und der französische Geist* als Lehrer nach Saint-Brieuc berufen wurde.
Er würde Saint-Brieuc heute nicht wiedererkennen, obwohl seit seiner Tätigkeit dort nur vierzig Jahre vergangen sind. Als habe ein neuer Bazillus die seit Jahrhunderten in ihren Grenzen friedlich schlummernde Stadt explodieren lassen, hat sie sich den Hafen von Légué

ebenso erobert wie die Vororte Ploufragan, Trégueux und Langueux, und die Weiterfahrt nach Norden wird dornenvoll, wenn man versucht, an der Küste zu bleiben, wo Wohnbauten und Lagerhäuser in allzubunter Mischung ein monströses Weichbild geschaffen haben. Erst draußen, an den Stränden von Les Rosaires, atmet man wieder freier.

Die Pforten des Wunders

Als Halbinsel mit ihren langen Küsten läßt sich die Bretagne schwer in Zonen einteilen. Überall konnten die Einwanderer landen, überall mußte man sich mit dem Meer abfinden und es nützen, fischen, Handel treiben, Kriege führen. Dennoch verzeichnen wir auf der Westfahrt in die Bretagne ein merkwürdiges Phänomen: je tiefer wir in sie eindringen, je weiter wir den mit dem Mutterland verbundenen Ostteil hinter uns lassen, desto dichter folgen die starken Eindrücke aufeinander. Es ist, als ob die Bretagne immer bretonischer würde, je stärker sie sich in Halbinseln verästelt, je weiter sie sich ins Meer hinausschiebt. Und diese bretonische Bretagne, diese unverwechselbare und nicht mehr vergleichbare Landschaft, die beginnt etwa auf einer Linie, die sich von Saint-Brieuc über den kleinen Schweinemarkt Loudéac nach Süden zieht, zu jenem Knotenpunkt in einer Seenlandschaft, der vielleicht nicht nur zufällig *Mur de Bretagne*, Mauer der Bretagne, heißt.
In diesem Westteil des Départements Côtes-du-Nord braucht man schon ein sehr dickes Fell, um sich mit den Stränden zu begnügen, um in Port-Moguer, Bréhec, Loguivy, Port-Blanc oder Trestel einfach am Meer zu liegen und sich bräunen zu lassen, ohne sich um die malerischen Ortsbilder im Binnenland zu kümmern, um die hier zum Teil schon sehr charakteristischen Kirchen und die ersten berühmten Calvaires.
Der geschichtliche Grund für diese hier auffällige Fülle gut erhaltener, vor allem kirchlicher Denkmäler aus sonst so unruhigen Zeiten wie dem fünfzehnten und sechzehnten Jahrhundert ist wohl darin zu sehen, daß

die kriegerischen Auseinandersetzungen zwischen der katholischen Liga und Heinrich IV., die in der Normandie zu so blutigen Schlachten führten und auch an vielen Orten der Bretagne Schaden stifteten, hier, zwischen Saint-Brieuc und Douarnenez, nur einen leisen Wellenschlag verursachten. Selbst längs der alten Wegstrecken wie sie etwa Saint-Brieuc quer durchs Land mit Rostrenen und Gourin verbanden, blieben so reizvolle Ortsbilder wie das von Quintin mit dem Schloß der Herzöge von Lorges und der *Place 1830* erhalten. Wenige Kilometer weiter überschreiten wir das Flüßchen Gouet vor dem Château de Robien, dessen Besichtigung die Marquise leider nicht gestattet. Es ist ein hübsches Wohnschloß aus dem achtzehnten Jahrhundert, dessen wertvollstes Interieur jedoch die Sammlungen des Marquis Christophe-Paul de Robien bildeten. Was sich davon nach der Französischen Revolution wiederfinden ließ, befindet sich heute im Museum von Rennes und zeigt uns den klugen Marquis (gest. 1756) als kundigen Sammler galloromanischer, römischer, griechischer und selbst ägyptischer Altertümer. Friedrich der Große hatte ihn 1755 zum Mitglied der Berliner Akademie der Schönen Künste gemacht, deren Präsident durch viele Jahre der ebenfalls aus der Bretagne stammende Maupertuis war.

Wir sind an der D 790, die es durchaus verdienen würde, zur N (= Nationalstraße) aufgewertet zu werden, denn sie schafft eine zwar nicht sehr schnell, aber doch ohne Stockungen zu befahrende überregionale Verbindung zwischen Saint-Brieuc und Quimper, also den Hauptstädten von Côtes-du-Nord und Finistère. Für uns, die wir ja nicht von einer Präfektur zu anderen reisen müssen, ist sie allerdings in erster Linie ein Weg zu den verborgenen Schönheiten des Binnenlandes, in die sie mitten hineinführt: Das Kirchlein von Saint-Eloi liegt links, also südlich der Straße (Abzweigung etwa sechs Kilometer nach der Durchfahrt durch Corlay); Saint-Nicolas-du-Pélem, der Calvaire von Lanrivain und die Kirche Notre-Dame-du-Guiaudet liegen hingegen rechts (zuerst D 5, dann die landschaftlich sehr schöne D 50 und schließlich, nach Lanrivain, die D 8 geradewegs nach Norden).

Auf zehn mal zehn Kilometern hat man hier schon sehr viel von dem beisammen, was die eigenartige, ja vielleicht sogar eigensinnige und zweifellos ungemein beständige Frömmigkeit des Bretonen kennzeichnet. Die Chapelle Saint-Eloi zeigt bereits einen der für den Westen der Halbinsel charakteristischen schlanken und zierlichen Glockentürme über dem kleinen gotischen Gotteshaus, daneben ein Stiegentürmchen, architektonische Spielereien, möchte man meinen, aber doch wohl der treuherzige Versuch, auch mitten im Land einen Mast aufzurichten und ein steinernes Schiff für den lieben Gott hinzusetzen.

Während vom alten Rohan-Schloß in Corlay so wenig zu sehen ist, daß man es eigentlich nur bemerkt, wenn man von der Gendarmerie gestoppt wird (Reste im Gendarmerie-Garten mit einem alten Turm als Gefängnis . . .), blickt das Schloß von Saint-Nicolas-du-Pélem dräuend über das Städtchen weg. In der Kirche finden sich schöne alte Glasfenster und daran anstoßend eine heilige Fontäne.

Im Friedhof von Lanrivain, einem hochgelegenen Dorf, erhebt sich ein aus dem sechzehnten Jahrhundert stammender Calvaire mit Personengruppen und daneben ein etwa hundert Jahre älteres Beinhaus. Wer einen Sinn für

Kuriositäten hat, kann noch ein Stückchen weiter fahren bis zu der schwer auszusprechenden Kapelle Notre-Dame-du-Guiaudet, rechts von der Straße gelegen. Sie stammt aus dem siebzehnten Jahrhundert und wird noch immer als Wallfahrtsort besucht, seit vor etwa dreihundert Jahren ein Bauer aus der Umgebung hier eine Vision hatte, die ihm die Gottesmutter im Kindbett zeigte. (Yaudet = bretonisch für Kindbett.)
Ehe man zur Hauptstraße zurückkehrt, sollte man noch den kleinen Umweg über Kergrist-Moelou an der D 31 in Kauf nehmen, nicht so sehr wegen der Felsenwildnis von Toul-Goulic als vielmehr wegen der sehr originellen gotischen Kirche von Kergrist, die um 1500 errichtet wurde und deren ungewöhnlicher Figurenschmuck an den Außenwänden sich verhältnismäßig gut erhalten hat. Das Ganze wirkt besonders reizvoll und altertümlich durch die glückliche Hand der Bretonen mit Blumen- und Pflanzenschmuck für ihre Gotteshäuser. Oft findet man kräftig-bunte Blumengruppen unmittelbar vor den altersgrünen Stein hingesetzt, und in Kergrist-Moelou sind es uralte Eiben, die diese besondere Atmosphäre schaffen.
Treppenturm neben dem Glockenturm und Calvaire sind auf achteckigen Basen errichtet, der Calvaire hat zwei Etagen und stammt aus der großen Zeit dieser frommen Denkmale, dem letzten Viertel des sechzehnten Jahrhunderts. Unbegreiflich, wie sich selbst hier, im Bauernland, Revolutionäre so weit verirren konnten, Zeugnisse schlichter Frömmigkeit wie diese Figurengruppen so schwer zu beschädigen.
Acht Kilometer auf der D 31 südwärts bringen uns nach Rostrenen und damit zurück zur Hauptstrecke, aber das ist beileibe kein Muß, denn die ganze Gegend, verkehrs-

arm und reich an reizenden Landschaftsbildern, lädt zu dem ein, was der Ferien-Franzose *se balader* nennt, im Auto spazierenzufahren und auf eigene Faust auch jene Dinge zu entdecken, die in den Reiseführern nur kurz oder gar nicht behandelt werden: Dolmen etwa, die von den Einwohnern mit werbewirksamen Namen wie »Tisch des Gargantua« ausgestattet werden, den Menhir von Keralin bei Plougernevel oder den von Glomel nördlich des Teichs von Coronc.

Die Straße führt weiter in südwestlicher Richtung, heißt nun D 3 (die Bezeichnungen wechseln leider alle paar Jahre und stimmen mit den Karten nicht immer überein). Befindet man sich im September in dieser Gegend, wobei man oft besseres Wetter hat als im August, so empfiehlt es sich, den letzten Sonntag für den Pardon von Saint-Hervé freizuhalten, das Kapellchen unweit der D 3, drei Kilometer nordöstlich von Gourin. Es handelt sich dabei um eine der seltenen Wallfahrten zu Pferd, und das Bild, das sich dabei bietet, ist ungemein malerisch. Dazu kommt, daß Saint Hervé ein ganz besonderer Heiliger ist. Als sein Vater vom Hof König Chlodwigs nach England zurückkehren wollte, hatte er in der Bretagne, vor der Einschiffung, einen Traum, der ihm befahl, auf ein Zusammentreffen mit einem bestimmten Mädchen zu warten und es zu ehelichen. Das geschah, und da sie den gleichen Traum gehabt hatte, kam es schnell zur Hochzeit, obwohl sie sich eigentlich nicht hatte vermählen, sondern Gott weihen wollen. Als sie ein Kind erwartete, wünschte sie, daß es das Unheil der Welt niemals erblicken solle, und Hervé wurde denn auch blind geboren.

Dieser Blinde, in Saint-Pol-de-Léon zur Welt gekommen, wurde einer der größten Barden der Bretagne und blieb der Schutzpatron der Sänger. Als ein Wolf sein Maultier anfiel und tötete, zwang er den Wolf, fortan die Arbeit des Maultiers zu tun und wird darum auch als Schutzpatron gegen die Wolfsplage verehrt. Einige der schönsten altbretonischen Lieder werden ihm zugeschrieben, so die berühmte *Cantique du Paradis*

Gwelet a raimp-ni c'hoaz
Leun a c'hloar, leun a c'hraz
Hon tado, hor mammo;
Hor breudeur, tud hor bro.

Wir werden sie wiedersehn
In Glanz und Gnade
Unsere Väter, unsere Mütter
Unsere Brüder und die Freunde vom Land.

Saint-Hervé liegt bereits knapp außerhalb des Départements Côtes-du-Nord, Grenzen, um die sich die Touristen nicht zu kümmern brauchen. Man kann dem blinden Heiligen, der ein so großer Sänger war, keineswegs nur in seiner Heimat begegnen: sein Kult hat sich in der mittleren und westlichen Bretagne so weit verbreitet, daß er heute nach Saint Yves als der bekannteste und beliebteste der bretonischen Schutzpatrone gilt.

In dem nahen Städtchen Gourin allerdings herrscht schon deutlich die neue Zeit mit ihren unheiligen Begleiterscheinungen. Nicht so sehr wegen der häßlichen Viertel, die Gourin rund um den alten Kirchenhügel mit seinen drei Gotteshäusern angesetzt hat, sondern weil diese Kirchen selbst vor den Zugriffen der Diebe nicht mehr sicher sind. Die alte Kanzel, ein besonderes Schaustück der Pfarrkirche, wurde abgebrochen und an einen sicheren Ort gebracht, weil hartnäckige Diebe die goldenen Votivgaben im Rosenkranz über der berühmten Pietà gestohlen hatten und die Kirche seither nicht mehr als sicher gilt. Ja, als den Gaunern ein solches goldenes Gnadengedenken entgangen war und einsam noch über der Pietà von der Wand leuchtete, da kamen sie ungerührt nach Wochen wieder und brachen auch dieses noch aus seinem Gehege.

Es scheint, als habe Monsieur le Curé seither ein wenig die Freude an dem schönen alten Gotteshaus verloren, einer weihevoll-geräumigen gotischen Kirche aus dem fünfzehnten Jahrhundert, die sich auch in einer größeren Stadt sehen lassen könnte. Nach der Kanzel verschwand der Altar, und da man ja weiterpredigen muß, ragen heute zwei moderne Mikrophone neben dem ebenso modernen Altartisch auf. Die maßvoll-modernen, farblich gut abgestimmten Fenster dahinter mildern all diese Novitäten nur wenig in ihrer Wirkung.

Zwei alte Weiblein krabbeln verloren durch die ihnen fremd gewordene Kirche. Die eine schabt erstarrtes Wachs von dem Blechtablett, auf dem man Kerzen vor die Pietà hinstellen kann, die andere erkennt mein Interesse und kommt zutraulich näher. Bekümmert erzählt sie, was sich begeben hat, schüttelt den Kopf und sagt: ›*Moi, je n'aime pas ce changement*‹ (Wenn Sie mich fragen, ich kann mich an diese Veränderungen nicht gewöhnen). Sie wird es nicht mehr erleben, aber unsere Kinder werden die Kunstschätze der bretonischen Kirchen vielleicht dereinst hinter Panzerglas im Museum von Rennes vorfinden.

Selbst das Kleinod an dieser Strecke, die unter hohen Bäumen wohlverborgen in einer kleinen Talsenke liegende alte Kirche von Kerdévot ist den Langfingern nicht entgangen. Dabei ist sie kaum zu finden, denn die

Hinweistafel, welche die Südabzweigung von der Straße Corlay-Quimper signalisiert, erkennt man, aus Richtung Paris kommend zu spät, aus Richtung Quimper überhaupt nicht oder doch erst im Rückspiegel. Still liegt sie im Grünen, die Kapelle von Kerdévot, an einem Wegkreuz, in einem uralten Mauerrund. Zwei Arbeiter säubern die Wiese und den Vorplatz für den Pardon von Kerdévot, der am zweiten Sonntag im September stattfindet. Sie erzählen, warum das stimmungsvolle kleine Heiligtum, an dessen moosbewachsenen Steinen man so gut träumen kann, nun immer versperrt sein muß: vor zwei oder drei Jahren wurde der herrliche Schnitzaltar gestohlen, Antwerpener Arbeit aus dem fünfzehnten Jahrhundert, vergoldet. Man hat ihn ins Ausland gebracht, nach Holland oder Belgien, woher er einst gekommen ist, aber es waren gewiß keine Nationalisten, die das wertvolle Stück in die Heimat zurückholen wollten.
Vor der Kapelle – die man bei uns gewiß eine Kirche nennen würde, so groß sind manche Kapellen in Cornouaille – erhebt sich unbeschädigt ein schöner Calvaire aus dem sechzehnten Jahrhundert. Er hatte wohl keinen Platz mehr auf dem Lastwagen, auf den der drei Meter breite Altar verladen wurde. Ein Glück nur, daß solch große Stücke auch nur mit großen Schwierigkeiten verkäuflich sind und darum schließlich doch in ihre angestammte Umgebung zurückkehren.
Da sind wir also durch die eine Pforte ziemlich weit in den Südwesten gelangt. Auf leeren Straßen fährt sich's leicht, und die kleinen Kirchen und Kapellen, die Schlösser und Calvaires locken von einem Ort zum andern. Die zweite Pforte zu den Wundern des bretonischen Landes ist Guingamp, dreißig Kilometer westlich

von Saint-Brieuc, eine fröhliche Stadt, von der sich die Straßen zu den Stränden wie ein Fächer ausbreiten. Und in der Mitte, im Schnittpunkt enger und dicht belebter Straßen, liegt einer der freundlichsten Marktplätze, mit einer berühmten Fontaine und zahllosen Buden, umgeben von einer lebensgefährlichen Menge guter Konditoreien und anderer Freß-Lokalitäten. Sie locken in zum Teil wunderhübschen alten Häusern in Fachwerkbauweise, mit winzigen Salons im Oberstock und engen, gewundenen Treppen.

Man sieht viel bretonische Renaissance in der ungemein lebhaften Stadt, und auch die Fontaine de la Pompe ist ein Renaissancekunstwerk, was man allerdings erst feststellen kann, wenn man Puppen, Käfige, leere Kartons und anderen Kram weggeräumt und auf den Boden gestellt hat, so eng drängen sich die Verkaufsstände um den alten Brunnen.

Notre-Dame-de-bon-Secours, die große Stadtkirche, erhebt sich majestätisch über dem Gewimmel, ist aber – ähnlich wie die Kathedrale von Sées – nicht sonderlich solide errichtet worden. Der Glockenturm in der Mitte stammt aus dem dreizehnten Jahrhundert und wurde nach Kriegsschäden 1944 mit einer neuen Spitze versehen. Schon 1535 aber war der Südturm der Kirche ohne ersichtlichen Grund eingestürzt und hatte dabei die halbe Kirche zerstört. Bei der Neu-Errichtung entschied man sich für die bretonische Renaissance (Westfassade und Südteil des Hauptschiffs).

In der Umgebung von Guingamp findet sich südlich des Schnellweges, im Weichbild der Stadt, die gotische Kapelle Notre-Dame-des-Grâces, die auf eine Stiftung der Anne de Bretagne selbst zurückgeht und 1506–08 erbaut wurde. Über den Türen erkennt man noch das Wappen

Die Kirche von Pluguffan bei Quimper mit dem in der Bretagne nicht seltenen Blumenschmuck.

Die schlanken, himmelstürmenden Kirchtürme sind ein Charakteristikum der bretonischen Gotteshäuser, von der östlichen Bretagne (Vitré, linkes Bild) bis Pont Croix (rechts).

Hafen auf der Ile de Sein

Das originelle Dorfkirchlein von Poullan=sur=Mer

der bis heute in der ganzen Bretagne hochverehrten Fürstin (obwohl sie es war, die durch ihre Heirat mit einem König Frankreichs die Selbständigkeit des Herzogtums beendete). Etwa in der gleichen Richtung, südwestlich von Guingamp, eine Viertelstunde Autofahrt weiter im Land, liegt an der D 54 das Kirchendorf Gurunhuel mit einem Calvaire aus dem sechzehnten Jahrhundert, auf dem sich die charakteristischen Figurengruppen deutlich erkennen lassen. Man sieht sogar, wie ein Engel sich der Seele des guten Schächers annimmt, während die des bösen Schächers Beute eines Dämons wird.

Sieht man von dem leider noch nicht ausreichend ausgebauten Schnellweg ab, der Brest über Guingamp und Saint-Brieuc mit Dinan verbindet, so gehen von dieser nur zwölftausend Einwohner zählenden Landstadt nicht weniger als zwölf größere und kleinere Straßen ab. Am stärksten befahren sind naturgemäß – nach der Hauptroute in den Westen oder Osten – die Straßen zu den touristischen Zentren an der bretonischen Nordküste. Die Halbinsel buchtet sich hier kräftig aus; die Landvorsprünge bei Trégastel, Tréguier und Paimpol sind nicht schlanke Kaps, sondern breite Land-Tatzen, die sich ins Meer hinausschieben und geräumige Strände bilden. Obwohl einzelne der hier gelegenen Seebäder in den letzten Jahren einen beträchtlichen Aufschwung genommen haben – etwa Perros-Guirec oder Trégastel-Plage – mußte sich der Badetourismus auf einige wenige Punkte beschränken, weil die Küste im allgemeinen felsig ist. Dort aber, wo sich der Felsenkranz öffnet, entstanden feinsandige Strände, die vor allem beim französischen Publikum sehr beliebt sind. Will man sie nicht über Guingamp ansteuern, so kann man alle Küstenorte auch auf einer meernahen Straße erreichen, die von Saint-Brieuc über das schön gelegene Saint-Quay-Portrieux zunächst nach Paimpol führt. Sie verläuft dann in rein westlicher Richtung nach Tréguier, wobei zwei schmale Meeresarme überbrückt werden, und erreicht schließlich Lannion, den Hinterland-Stützpunkt für die Badeorte, die sich zwischen Perros-Guirec und der Douron-Mündung bei Saint-Efflam in nur kleinen Abständen aneinander reihen.

Welchem dieser Orte man den Vorzug geben wird, hängt wohl in erster Linie von der eigenen Situation ab. Perros-Guirec ist bekannt für sichere Strände, wo auch kleine Kinder im Meer baden können, während die Strände in der Umgebung von Paimpol das reizvolle Ausflugsziel der Ile de Bréhat mit der Chapelle Saint-Michel in nächster Nähe haben. Allen gemeinsam ist jedoch das an Kunstdenkmälern und charakteristischen Ortsbildern reiche Hinterland mit lohnenden Zielen wie (von Osten nach Westen) Kermarianisquit, Lanloup, der Abtei von Beauport, des Dorfes Runan mit seinem sehenswerten Ensemble aus Kirche, Calvaire und Beinhaus, La Roche-Derrien mit Schloßruinen und einer gotischen Kirche, Lannion selbst mit seinem reizend altertümlichen Ortsbild und einigen weiter ab liegenden Ausflugszielen wie die Chapelle de Kerfon, das Schloß von Rosanbo und kleinen Wallfahrtsstätten wie der Menez Bré, Les Sept Saints oder Belle-Isle-en-Terre.

Das sind Attraktionen, wie sie nur ein Teil der Urlauber zu schätzen weiß, wie sie für den Franzosen jedoch seit jeher zum sommerlichen Reisen gehören. Es gibt Pariser Reisegruppen, die sich in ganz Europa nur auf die romanischen Denkmäler stürzen, danach zurück in den Autobus drängen und im übrigen ihre Zeit ungeheuren

Menus widmen, eine Einstellung, die man nur noch mit großer Toleranz dem Charme der Bourgeoisie zurechnen wird. Aber vergessen wir nicht unsere eigenen Landsleute, die sich an so dürren Stränden wie jenen von Callela oder Rimini wochenlang rösten lassen, ohne selbst die Kurztouren nach Gerona respektive Ravenna für nötig zu halten.

In der Bretagne sind die schönsten Kunsterlebnisse mit ganz stillen und bescheidenen Denkmälern verbunden. Hier schreien uns keine weiten Plätze und keine grellen Fassaden an, und die alten Kirchen in ihrem grauen Stein verbergen sich oft noch unter Moos und breiten Baumkronen. Um so deutlicher trumpft hier freilich die Natur auf, erinnert uns mit dem unablässigen Meeresrauschen an die Gezeiten und stellt sich uns mit immer neuen, überraschenden Küstenszenerien vors Auge.

Dieses Ineinander regionaler Altkunst, ewiger Natur und blühenden dörflichen Lebens übt seinen Reiz seit langem auf Menschen aus, die im Sommer das Besondere suchen, die sich an Allerwelts-Badeorten nicht erholen könnten, die den großen Trubel nicht brauchen, weil sie ohnedies berühmt sind und in der übrigen Zeit des Jahres Menschen genug um sich haben.

Als noch kaum jemand von der Bretagne sprach, hatte sie einer der berühmtesten Ärzte seiner Zeit für sich entdeckt, Doktor Alexis Carrel, dessen Buch *L'homme, cet inconnu* unter dem Titel *Der Mensch, das unbekannte Wesen* auch in Deutschland von Millionen gelesen wurde. Er kaufte die Insel Saint-Gildas, die, mit einer Kapelle geziert, vor Port-Blanc im Meer liegt, und einer der bekanntesten Männer jener Jahre, der Ozeanbezwinger Charles Lindbergh, erwarb ein nahegelegenes Inselchen, um mit seinem Freund Carrel öfter zusammentref-

fen zu können und um wenigstens in seinen Ferien von der Presse nicht belästigt zu werden.
Frankreichs Bühnengenie Jean Anouilh, dessen Stücke in der ganzen Welt gespielt werden, fand bei Erquy an der Bucht von Saint-Brieuc einen ruhigen Winkel (er besitzt allerdings deren mehrere) und Monsieur und Madame Joliot-Curie, die neben den wissenschaftlichen Diskussionen auch manchen politischen Ärger hatten, wählten das kleine Arcouest nördlich von Paimpol als ständigen Feriensitz.
Erstaunlicher fast als die hierher flüchtenden Berühmtheiten ist die produktive Kraft dieser winzigen Orte und Fischergemeinden, aus denen im vorigen Jahrhundert und auch in den letzten Jahrzehnten immer wieder starke Begabungen bis Paris vorstoßen und dem französischen Geistesleben wichtige Akzente geben. So zeigt man in Tréguier das aus dem sechzehnten Jahrhundert erhalten gebliebene Haus, in dem 1823 Ernest Renan geboren wurde, der Orientalist, dessen Buch über das Leben Jesu im vergangenen Jahrhundert so ungeheures Aufsehen und beinahe einen Skandal erregt hatte (Renans Vater ist vor dem Fischerdorf und heutigen Badeort Erquy im Meer ums Leben gekommen).
Die kleinen Städte und die Dörfer, die sakralen Denkmäler und die Naturschönheiten dieses Landes zwischen Saint-Brieuc und Morlaix hatten also besonders viele Freunde und sprechen sehr unterschiedliche Temperamente an, weilte doch Jules Verne ebenso gerne hier wie der auch in Deutschland bekanntgewordene Historiker Charles Seignobos, zog hier doch Pierre Loti an der Küste von einem Ort zum anderen, als er seine unsterblichen *Islandfischer* schrieb, während der Pole Henryk Sienkiewicz sich auf Château Costaérés zurückzog –,

zwei Männer, die zu ihrer Zeit einen Ruhm erwarben und genossen, wie er heute in der Flut der Neuerscheinungen für Romanschriftsteller kaum mehr erreichbar ist. Was mochten sie hier besonders geliebt haben, all diese Ausnahmemenschen mit ihrer starken Phantasie? In Paimpol glauben wir es zu wissen, denn diese Lage einer kleinen Stadt ist zu einzigartig, an den grünen Ufern einer weit geschwungenen Bucht, in der winzige Inseln die Bläue des Meeres unterbrechen. Betroffen und erfreut zugleich wird man feststellen, daß hier eine beinahe mediterrane Vegetation sich angesiedelt hat und daß der Badebetrieb selbst im Sommer das Eigenleben der Fischer nicht zu überwuchern vermag. Die *Paimpolais* sind sich durchaus der Tatsache bewußt, daß der Tourist geht, aber der Fisch bleibt.
Noch milder scheint es auf der Ile de Bréhat zu sein, da meint man, man sei irrtümlich in Djerba gelandet, so grün empfangen uns Palmen und Feigenbäume. Man gedenkt hier des Admirals Pierre Cornic, der diese Insel zu einem heiß umkämpften Stützpunkt im Kaperkrieg gegen England machte. An der Nordostspitze der Insel erhebt sich einer der schönsten Leuchttürme der Bretagne; er wurde nach der Zerstörung 1944 im gleichen rosafarbenen Stein wiederaufgebaut, mit dem uns die Felsbrocken und Klippen an dieser Küste verblüffen.

Tréguier ist nur halb so groß wie Paimpol, obwohl es bis zur Revolution Bischofssitz war. Zwei Flüsse vereinigen sich hier und haben jene Trichtermündung geschaffen, die sich bei Flut mit dem auflaufenden Wasser füllt und den Aspekt der Hügelstadt dann urplötzlich verändert. Angesichts der starken Einflüsse, die der Tourismus mit seinen Zweckbauten in verschiedenen Gegenden der

Bretagne ausübt, ist das alte und unverfälschte Tréguier heute beinahe noch wertvoller, als es den Bretonen stets war. Die Kathedrale Saint-Tugdual geht auf das sechste Jahrhundert zurück, was Platz und Fundamente betrifft, stammt aber mit den entscheidenden Bauteilen aus dem vierzehnten Jahrhundert. Das in seiner maßvollen Gotik sehr eindrucksvolle Gotteshaus bewahrt jedoch einzelne Elemente früherer Kirchen aus dem dreizehnten Jahrhundert und aus der romanischen Epoche, ist also ein Zeugnis christlichen Lebens durch viele Jahrhunderte und in zahllosen kriegerischen Verwicklungen. Sehr sehenswert ist auch das an die Kathedrale angebaute Kloster aus dem fünfzehnten Jahrhundert mit seiner kunstvollen Arkaden-Bauweise und den zahlreichen gotischen Gräbern.

Obwohl Saint Tugdual als der Gründer des Gemeindelebens in Tréguier und damit des Gemeinwesens selbst gilt, ist der berühmteste Stadtheilige doch Saint Yves, denn er kam nicht über das Meer, er landete nicht um zu missionieren, sondern war ein Kind der Stadt, geboren 1253, als Yves Hélory de Kermartin in Minihy bei Tréguier. Jüngerer Sohn aus kleinem Adel, das war damals eine der üblichen Voraussetzungen für die kirchliche Laufbahn, aber Yves zeigte schon als Schüler ein besonderes Interesse an der Religion, zeigte brillante Geistesgaben und studierte in Paris und Orléans neben Theologie noch die Rechte. Dennoch wurde er, als er schließlich heimkehrte, nur ein Pfarrer in kleinen Orten. Aber nach und nach verbreitete sich nicht nur der Ruf seiner Rechtschaffenheit und Mildtätigkeit in der ganzen Diözese, sondern man berichtete von immer mehr Fällen, in denen er als Richter auftrat: mit Entschiedenheit und Weisheit, aber auch Schnelligkeit habe er Recht gespro-

chen und die Streitenden zur Einsicht gebracht. Bald holte ihn der Bischof nach Tréguier zum Schutz der Kirche gegen die Ansprüche der weltlichen Herren.
In den mittelalterlichen Auffassungen von einem heiligmäßigen Leben – dem Fasten, der Askese auch gegenüber dem Schlaf, dem Reisen unter ärmlichsten Bedingungen – hatte sich Yves Hélory de Kermartin so früh verbraucht, daß er schon mit vierundvierzig Jahren allen Ämtern entsagte und sich auf das Manoir seiner Familie zurückzog, um der Meditation und der Fürsorge für die Armen leben zu können. Hier starb er nach einer Wallfahrt, die ihn zu verschiedenen Stätten von Finistère geführt hatte, am 19. Mai 1302. Bei seinem Heiligsprechungsprozeß, der 1330 eingeleitet wurde, bestätigten der Herzog der Bretagne und die Bevölkerung von Tréguier und Umgebung nicht weniger als 79 Wundertaten des geistlichen Richters, und seit seiner Kanonisation im Jahr 1347 ist er der Patron der Juristen, aber auch ein Heiliger, der in der eigenen Diözese unvergessen ist und alljährlich am 19. Mai – seinem Todestag – von vielen gefeiert wird.
Lannion schließlich hat eine ähnlich interessante Lage wie Tréguier, halb Landstadt, halb Seehafen, und wenn sich rund um den Bahnhof auch moderne Viertel angesiedelt haben, so ist das Herz des alten Lannion doch bretonisch geblieben. Saint-Jean-du-Baly ist die Stadtkirche, sie stammt aus dem sechzehnten und siebzehnten Jahrhundert, während L'église de Brélevenz als Bau romanisch ist, in späteren Jahrhunderten allerdings teilweise verändert wurde.
Lannion selbst ist noch weniger ein Badeort als Paimpol, aber das spielt im Autozeitalter und angesichts der Nähe hübscher Badeorte wie Trebeurden keine sonderliche

Rolle mehr. Als Tourenzentrum liegt die kleine Stadt jedenfalls ideal, weil sie in ihrer Umgebung eine glückliche Mischung der Sehenswürdigkeiten aufweist. Da liegt dort, wo die Mündung sich verbreitert, in reizender Lage am Südufer das uralte Le Yaudet, ein kleiner Hafenort aus vorrömischer Zeit. Unter den Römern hieß er Lexovia, bestand bis tief in die Völkerwanderungszeit hinein und wurde dann – wie so viele andere Orte an den atlantischen Küsten – ein Opfer der Wikinger. Noch ein Stückchen weiter zum Meer hin, unweit der Pointe de Séhar, liegt der malerische Sardinenhafen Locquémeau, ein Stück Bretagne vor der Touristenzeit mit einer sehenswerten Kirche.
Im Binnenland sind es die Schlösser und die Kapellen, die lohnende Ziele abgeben. Die Chapelle de Kerfons und die Ruinen des Schlosses von Tonquédec lassen sich gut auf einem Nachmittagsausflug besichtigen. Kerfons nützt wieder – man sieht es sehr oft in der Bretagne – die malerische Wirkung großer Bäume. Diesmal sind es Kastanien, die nicht nur Schatten geben, sondern auch die steinerne Kühle nehmen. Man wüßte gerne, ob hier schon vor sechshundert Jahren, als man an den Bau des Kirchleins ging, solch ein malerisch-schützender Hain bestand oder ob irgendein Pfarrherr späterer Zeiten auf den glücklichen Einfall kam. Bäume sind in der Bretagne stets etwas Besonderes, denn draußen am Meer lassen die Stürme sie ja kaum aufwachsen, da muß man sich an weite Landrücken gewöhnen, in denen kein Gewächs auch nur die Hofmauern überragt.
Tonquédec und Kergornadeac'h sind wohl die imposantesten von etwa zwei Dutzend Schloßruinen, die uns noch etwas sagen. Tonquédec verrät durch die mächtigen, aus dichtem Wald aufwachsenden Türme noch

seine bullige Abwehrkraft, es muß im späten Mittelalter eine der stärksten Festungen des Landes gewesen sein. Es gehörte den Vicomtes de Coetmen, die nicht immer auf der richtigen Seite kämpften, deswegen wurden die Außenwerke des Schloßes ein erstes Mal 1395 geschleift, ein zweites Mal im Jahr 1622 auf Befehl des Kardinals Richelieu, der auf diese Weise ja nicht wenige Adelssitze ihrer Mauern beraubte. Die Ruinen liegen mitten im Grünen, in einer erfrischenden, zu Spaziergängen und kleinen Klettertouren einladenden Landschaft, doch sind viele der Mauern brüchig und eine gewisse Vorsicht ist angebracht.
Die anderen Schlösser der Umgebung von Lannion haben die Jahrhunderte besser überstanden. Kergrist, vier Kilometer südwestlich der Ruinenstätte von Tonquédec, darf zwar nur von außen besichtigt werden, ist aber einen Besuch trotzdem wert. Die weiten, stellenweise etwas kahl wirkenden Gärten gestatten uns, den Bau von allen Seiten zu betrachten und gewähren den vollen Zusammenklang des dunkelgelben Steins und der grünen Baumkronen. Bis auf die schöne Fassade aus dem achtzehnten Jahrhundert stammt der Bau aus schweren Zeiten der Bretagne, als sie sich im fünfzehnten Jahrhundert unter Wirren in das französische Königreich einfügen mußte. Interessant ist auch der Blick in den Ehrenhof, der uns die älteste Partie des Schlosses, von den Flügeln deutlich abstechend, als Kernbau zeigt.
Noch älter ist Schloß Rosanbo, was soviel bedeutet wie ›Felsen über dem Bo‹, einem kleinen Flüßchen, das bei Saint-Efflam ins Meer mündet. Rosanbo stammt aus dem Jahr 1050, war einst von weiten Ländereien umgeben und gehörte dem Geschlecht der Coskaer. Es ist zwar inzwischen erloschen, macht aber noch von sich

reden, denn in Rosanbo geht eine weiße Frau um, und in Perros-Guirec steht die Chapelle de la Clarté, gestiftet von einem Coskaer, der einem Schiffbruch auf wunderbare Weise entrann. Selbst auf den Ägäischen Inseln werden wir an die Coskaer erinnert, denn dort gibt es das Grab eines Huon de Coskaer, der nach dem sechsten Kreuzzug auf dem Heimweg verstarb.

Nach dem Erlöschen des Mannesstammes ging das Schloß durch Généviève de Coskaer in die Familie Le Peletier über, eine jener Juristen- und Gelehrtendynastien, die sich seit dem siebzehnten Jahrhundert immer deutlicher neben den alten Schwertadel schoben, und die Peletier sind es nun, die versuchen, dem alten und etwas sorglos errichteten wehrhaften Gemäuer noch den Anstrich eines richtigen Schlosses zu geben. Die verträumten Gärten, die französisch zurechtgestutzten Buchshecken, das asymmetrische große Schloß in der Weite des bretonischen Landes, das alles zeigt uns hier den Übergang aus der alten rauhen Bretagne in die Welt feinerer Geistigkeit, verbanden sich die Le Peletier doch bald durch Heiraten mit den Malesherbes und den Chateaubriand. Heute gehört das Schloß einem Marquis de Rosanbo, der die Besichtigung gestattet und in den Schauräumen sogar Dokumente und Einzelstücke aus der Epoche jenes Claude Le Peletier (1630–1711) auslegt, der 1683 den großen Colbert ablöste und – ohne das Genie seines Vorgängers zu besitzen – doch das Kunststück fertigbrachte, selbst unter dem Sonnenkönig Frankreichs Schuldenlast zu verringern.

Schließlich warten südlich von Schloß Kergrist noch die Sieben Heiligen auf unsere Reverenz. Das Kapellchen ist neu, aus dem frühen achtzehnten Jahrhundert und erst kürzlich restauriert, aber der Dolmen, der in das Ensem-

ble einbezogen wurde, ist natürlich uralt und führt nun sein heidnisches Eigenleben mit der christlichen Legende von jenen sieben Schläfern, die Kaiser Decius im Jahr 250 in ihrer Grotte einmauern ließ und die erst beim Konzil von Ephesus (431) wieder erwachten . . .
Es gibt also sehr viel zu sehen, zu wecken, zu erleben in diesem scheinbar so stillen und selbstgenügsamen Landstrich, in dem sich schon mancher so festgefahren hat, daß er der einen großen Gefahr erlag, die es hier, zwischen Paimpol und Lannion, zwischen Tréguier und dem Menez-Bré seit jeher gibt: daß man meint, nicht nur hier bleiben zu müssen, sondern auch überzeugt ist, mehr könne die Bretagne doch gar nicht bieten, besser könne man einen Urlaub doch gar nicht ausfüllen als mit den Ausflügen in dieser kleinen alten Welt der Schloßruinen und Kapellen, der Fischerdörfer und der schüchtern dem Erfolg zustrebenden Strände. Und das ist der große Irrtum, denn Finistère liegt noch vor uns und südlich von Finistère la Cornouaille, das französische Cornwall.

Auf der Nase des Untiers

Seit wir von der Bretagne verläßliche Karten besitzen – und das ist gar nicht so lange her –, erinnert sie auf den ersten Blick an irgendein Urwelt-Tier, das seinen Rachen zur Meeresweite hin öffnet, das die Fluten einsaugt und wieder ausspeit und das über dem Oberkiefer eine dicke Kamelnase sitzen hat, die dem Andringen der Wogen offenbar kräftigen Widerstand leistet. Denn hier ist die Küste erstaunlich wenig gegliedert, und so frei das Meer hier gegen das Land schlägt, so breit die Front ist, die der alte bretonische Felsen dem Ozean darbietet, es gibt an dieser Küste doch nur den einen tiefen Einschnitt bei Morlaix und danach jene Trichtermündungen, die sich nur bei Flut mit Meerwasser füllen und den seltsamen Namen *Aber* führen. *Les Abers*, die Trichter-Küste, so nennen auch die Franzosen die abgeflachte Nasenspitze, die zu den wenig besuchten Teilen der Bretagne gehört. Das Tor zu diesem Landstrich, dessen spröder Reiz sich bis heute erhalten hat, bildet eine Stadt im Übergang, das dem Gestern wie dem Heute gleichermaßen verbundene Morlaix.

Die Stadt hat relativ viel Verkehr durch den von hier nach Westen gut ausgebauten Schnellweg und durch die Briten, die mit der Autofähre nach Roscoff kommen und von dort den Weg in die Bretagne nehmen. Dazu kommt, daß die Stadt, obwohl sie nur 25000 Einwohner zählt, als Unter-Präfektur und Wirtschaftszentrum eines großen ländlichen Raumes auch ohne die Touristen schon betriebsam genug wäre.

Diesem Umstand hat man beim Wiederaufbau nach schweren alliierten Bombardements Rechnung getragen, und so präsentiert sich uns Morlaix heute mit großzügig-modernen platzartig verbreiteten Verkehrsadern, die vom Hafen auf das Rathaus zuführen und sich dort in die Richtung nach Paris und die Richtung Brest teilen. Der breite Bau des Hôtel de Ville schirmt auf diese Weise eine kleine und sehenswerte Altstadt gegen die Verkehrsströme ab, und man kann etwa in der Rue du Mur angenehm promenieren, auf Nummer 33 ein hübsches altes Haus besichtigen, in dem Anne de Bretagne 1505 oder 1506 abgestiegen sein soll und sich auch in der Grande Rue an relativ vielen alten Häusern und Läden erfreuen.

Die Trennung der Zonen funktioniert freilich nicht immer. Die alte Kirche Saint-Melaine, in ihrer Mischung spezifisch gotischer und regional-bretonischer Stilmittel ein sehr interessanter, ja origineller Bau, liegt der neuen, sich weit öffnenden Place des Otages gegenüber, was soviel heißt wie Platz der Geiseln, und daß sich just an diesem Platz auch das städtische Fremdenverkehrsbüro befindet, wird die vielen deutschen Durchreisenden kaum sehr ansprechen.

Saint-Mathieu hingegen liegt am Fuß des alten Schloßbergs im ältesten Siedlungsbereich von Morlaix, das sich als Burgdorf im frühen Mittelalter gebildet hat und seit etwa dem Jahr 1000 zu größerer Bedeutung gelangte. Der große Viereckturm der Kirche stammt noch aus dem sechzehnten Jahrhundert, die übrigen Teile wurden 1824 neu errichtet. Noch älter als der Renaissance-Turm ist die Hauptsehenswürdigkeit der Kirche, die sogenannte *Statue Ouvrante*, eine geschnitzte und bemalte Madonna, deren Leib sich über einer Dreifaltigkeitsgruppe öffnet. Bildwerke dieser Art sind verhältnismäßig selten. In einer kleinen Kirche der Normandie sah ich eine *Statue ouvrante*, die sogar im Kopf ein Fenster und dahinter die Taube des Heiligen Geistes hatte. So weit gingen die rheinischen Bildschnitzer, die das Kunstwerk von Morlaix um 1390 verfertigten, denn doch nicht. Die beliebte und viel bestaunte Muttergottes befand sich zunächst in der Kirche Notre-Dame-du-Mur, deren berühmter Glockenturm bis zu seinem Einsturz im Jahr 1806 als ein Wahrzeichen von Morlaix gegolten hatte, und mußte 1975 auch ihren Platz in Saint-Mathieu verlassen, weil die Mechanismen reparaturbedürftig geworden waren.

Ein Wort noch zu den Straßennamen von Morlaix, weil einige von ihnen auch für den Liebhaber der Bretagne schwer deutbar sind. Die Place Cornic heißt nach dem erfolgreichsten Korsaren der Stadt. Wie der rauhe Jean Bart war er ein Bürgerlicher und wurde darum trotz seiner Tapferkeit und großen Erfolge nicht entsprechend belohnt. Als die Revolution dies gutmachen wollte, war der vergrämte Mann schon zu alt, um mit den plötzlichen Ehrungen etwas anfangen zu können. Als Kapitän (nicht Leutnant, wie man in manchen Führern lesen kann) in Pension gegangen, widmete er sich bis zu seinem Tod im Jahr 1809 der Verbesserung und Sicherung des Hafens von Morlaix, und die Stadt dankt ihm dies durch die Place Cornic unter dem berühmten Viadukt. Die Place Emile Souvestre hinter dem Rathaus ist nach einem Romancier benannt, der einem seiner Romane den sinistren Titel *Die letzten Bretonen* gab; er verdient dieses Gedenken aber vor allem wegen der vielen Bücher und Studien, die er seiner bretonischen Heimat widmete.

Sollte man Morlaix an einem jener Regentage erreichen, die hier nicht ganz selten sind, und somit nicht in den alten Gassen und auf den malerischen Stiegenpfaden bummeln können, dann hält die Stadt in ihrem Museum, an der Place des Jacobins gelegen, eine nicht alltägliche Kollektion von Sehenswürdigkeiten bereit. Das originelle bretonische Motiv einer ruhenden Maria, die dem Jesuskind die Brust darbietet, findet sich hier als Holz-Bildhauerarbeit, die ihren Platz ursprünglich im Freien hatte. Die Gemäldesammlung besitzt einige der berühmtesten Ansichten bretonischer Städte und Landschaften von Courbet, Boudin, Maurice Denis und anderen, aber auch historische Reminiszenzen (*Vieux Chouan de Quimperlé* von Fougerat), die an die so oft oppositionelle Rolle der Bretagne in der französischen Geschichte erinnern.

Morlaix ist der Mittelpunkt einer hochinteressanten, zu vielen Ausflügen einladenden Region, die sich im Süden bis tief hinein in die Montagnes d'Arrés erstreckt, nach Norden aber zu den malerischen Küstenpartien von Primel und Roscoff. Dank ihrer Ausdehnung verfügt die Stadt, die Hänge hinanwächst und sich auch ins Land verbreitert, trotz ihrer Betriebsamkeit selbst im Sommer über ruhige und angenehme Viertel. Dennoch besteht keine Notwendigkeit, sich als Standquartier gerade eine Stadt zu wählen, stehen mit so reizenden Villenorten wie Roscoff, Carantec oder Primel-Trégastel doch sehr erholsame Aufenthaltsorte zur Verfügung, die nach und nach sogar die Prominenz anzogen: Im Sommer 1977 etwa meditierte in Trégastel ein deutscher Politiker vor den langen bretonischen Sonnenuntergängen, ob er für jährlich 300000 Mark seinen Ministersessel behalten oder für mehr als das Doppelte an die Spitze einer der deutschen Großbanken treten sollte.

Die Straßen zu beiden Seiten der Bucht sind von außerordentlicher Schönheit. Am rechten Ufer führen die Verkehrswege dann allerdings landeinwärts, auf Saint-Jean-du-Doigt und Plouézoch zu, am linken jedoch bleibt die Straße bis Carantec am Meer und gewährt zuletzt, ehe sie dieses kleine Fischerdorf erreicht, noch einen packenden Blick auf das Inselschloß, das die Segelschule von Morlaix beherbergt (Château du Taureau, keine Besichtigung).
Saint-Pol-de-Léon, die Bischofstadt, und Roscoff, der Klippenhafen ganz draußen an der Pointe de Bloscon, ergänzen einander aufs glücklichste und bilden – fünf Kilometer voneinander entfernt – ein Duo, das alle Wünsche erfüllt und den Gast bei Sonnenschein wie bei Regen nicht enttäuschen wird. Man darf nur nichts Unmögliches verlangen wie zum Beispiel die Besichtigung des hinter hohen Bäumen und Mauern undurchdringlich verborgenen Schlosses der Grafen von Guébriant, eines der vornehmsten Geschlechter der Bretagne, für das gerade bei deutschen Besuchern besonderes Interesse bestünde: Jean-Baptiste Budes, Comte et Maréchal de Guébriant (1602–1643) war einer der tapfersten und auch umsichtigsten Feldherren des Dreißigjährigen Krieges. Er kämpfte erst an der Seite Bernhards von Weimar und danach als Verbündeter Banérs gegen den Kaiser und führte nach Banérs Tod den Oberbefehl über das schwedisch-französische Interventionskorps. Als Sieger in den Schlachten von Weissenfels und von Wolfenbüttel eroberte er auch das als uneinnehmbar geltende Breisach. Bei der Belagerung von Rottweil im November 1643 empfing er die tödliche Wunde, aber die Schlüssel der Stadt wurden ihm noch aufs Totenbett gelegt. Seine ehrgeizige Frau blieb auch nach dem Tod des

Gatten am Weltgeschehen interessiert und wurde – für jene Zeiten eine Sensation – im Jahr 1645 Botschafterin Frankreichs am polnischen Königshof.

Das Haus Guébriant geht zurück auf Sylvestre Budes, Seigneur d'Uzel (Côtes-du-Nord), einen Haudegen vom Kaliber eines Duguesclin, mit dem er übrigens verwandt war. Budes hatte im Schisma der Kirche eine große Rolle gespielt, 1378 die Engelsburg erobert und, als die hundertfünfzig Bretonen, die diese Festung hielten, später kapitulieren mußten, in seinem wütenden Rachedurst ein wahres Blutbad unter den auf dem Kapitol vereinigten vornehmsten Bürgern von Rom veranstaltet. Er starb nach einem Leben aufsehenerregender Waffentaten 1379 auf dem Schafott als Opfer eines offenbar ebenso rachedurstigen Kardinals, dem er eines Tages sein ganzes Goldgeschirr und andere Wertgegenstände abgenommen hatte, um die bretonischen Söldner bezahlen zu können.

Die Grafen von Guébriant haben auf den Meeranstoß verzichtet, um ihr Schloß völlig ummauern zu können. Es liegt ein paar hundert Meter von dem alten, heute ziemlich bedeutungslosen Hafen Pempoul entfernt, unweit der in zahlreiche kleine und versteckte Badeplätze aufgelösten Küste. In Saint-Pol-de-Léon gibt es einen Platz, der nach dem alten Offiziersgeschlecht benannt ist.

Der Prospekt von Saint-Pol setzt seltsamerweise auf Strände, Tennisplätze und Segelmöglichkeiten, er zeigt Swimming-pools und eher klägliche Strandunterhaltungen, während doch die Stadt selbst als alter Bischofssitz mit zwei herrlichen Kirchen allein schon eine Reise wert ist. Sie heben Saint-Pol viel deutlicher aus allen anderen möglichen Zielen heraus, während es hinsichtlich

der Strände ja doch nicht mit Roscoff oder Trégastel konkurrieren kann. Die beiden Kirchen nämlich sind unvergeßlich: Die eine nennt sich bescheiden *Chapelle du Kreisker*, hat einen 77 Meter hohen kühnen und kunstvoll durchbrochenen Glockenturm, Ausdruck der hohen Gotik wie auch das Hauptschiff selbst. Im vierzehnten Jahrhundert erbaut, mit viel Licht und leichtem Mauerwerk zart und zeitlos wirkend, hat die Kapelle etwas Abgeklärt-Schwebendes, wozu noch beiträgt, daß man in ihr niemanden antrifft. Mitten in der Stadt, an einer stets belebten Geschäftsstraße gelegen, ist die *Chapelle du Kreisker* doch ein Stück aus einer anderen Welt, aus jener Welt, in die ihr Glockenturm hinaufstürmt.
Die Kathedrale hingegen erhebt sich auf einem großen, freien Platz, den – wie das heute so ist – zahllose Autos mit ihren Blechdächern erfüllen, bis hin zu einer niedrigen, provisorisch wirkenden Kombination von Geschäftslokalen und Verwaltungsräumen zur Linken und dem an die Kirche gelehnten Rathaus im einstigen Bischofspalast. Das Haupttor kehrt die einstige Kathedrale, heutige Basilika, dem wimmelnden Saint-Pol der Läden, Cafés und Gaststätten zu, und die Konfrontation verläuft durchaus akzeptabel. Die kleine alte Stadt bemüht sich nach Kräften um ein homogenes Bild, sie bevorzugt für die Kathedrale wie die nahen Gebäude jenen warmen bräunlichen Granit, der die Mauern der Bretagne so freundlich erscheinen läßt. Ja die ganze Stadt, so klein sie ist, wirkt sympathisch und ernsthaft und man versteht nicht, warum sie sich so schlecht verkauft – rechnet sie so ausschließlich mit Banausen-Bataillonen als Besuchern?
Kathedrale und Vorplatz sind beinahe zu groß und jedenfalls beherrschend, im Innern aber regiert sogleich

die sakrale Stimmung, die das alte Gotteshaus verdient. Kam in der Chapelle du Kreisker die so kunstvoll durchbrochene Altarwand nicht zur vollen Geltung, weil die neuen, weiß gebliebenen Fenster zuviel Licht hereinlassen, so ist die Kathedrale von wohlüberlegten Licht-Spielen erfüllt, einem violett einfallenden Strahl aus dem rechten Querschiff, dem gegenüber graugrün hereinsickerndes Licht den Altarbezirk abgrenzt. Es ist eine kunstvolle Kirche, die bewußt auf allzuviele Details verzichtet, ein nobles, großartiges Gotteshaus, in dem man sich viele Stunden aufhalten möchte.

Obwohl die Kathedrale mit ihren hauptsächlichen Bauteilen aus dem dreizehnten Jahrhundert stammt und somit etwa hundert Jahre älter ist als die Chapelle du Kreisker, gibt es an der Südfront eine noch ältere, beinahe archaisch wirkende Seitenkapelle, die aus einer vorangegangenen Kirche zu stammen scheint, weil sie bei Restaurierungsarbeiten übergangen wurde. Das ist das Schicksal jener Kirchen, die immer dienen müssen, die jeden Tag offenstehen für die Gemeinde, für die ganze Diözese, und die dann, wenn die Bischöfe die Augen schließen, ihnen noch als Grabstätte dient.

Im Chorumgang finden sich die Gräber und Grabmonumente der Oberhirten, wobei das älteste von 1327 bereits eine Nachbildung ist. Für einen der letzten hat der bretonische Bildhauer Quillivic ein Grabdenkmal geschaffen, einen Gisant, also eine liegende Statue des Superiors der Missionskirchen Monsignore J.B. Budes de Guébriant (1860–1935), in dem der Schlachtenmut der Vorfahren sich in weltweite Arbeit für den Glauben geläutert hat. Nach ihm, nicht nach dem Söldnerführer und auch nicht nach dem Marschall, ist die Place Budes du Guébriant vor der Kathedrale benannt worden (die

Schreibung Budès, die man selbst in Saint-Pol finden kann, ist falsch).
Saint-Pol ist auch nach der Aufhebung des Bistums im Jahr 1790 eine jener kleinen Residenzen geblieben, in denen man gut und friedlich leben kann. Alles, was dazu nötig ist, findet sich rund um die Kathedrale und die Chapelle, und selbst weiter draußen hat Saint-Pol vergleichsweise wenig Industrie angesetzt. In einem nicht allzu exponierten Winkel des großen Kirchenvorplatzes gibt es seit neuestem sogar einen Supermarkt, und wenn die Konditoreien noch eine kleine zusätzliche Anstrengung machen, werden auch sie eines Tages mit jenen leckeren Dingen aufwarten können, die unsereiner, ob von Salzburg oder Passau kommend, im Schatten des Krummstabs nun einmal erwartet.

Fünf Kilometer weiter durch flaches und relativ reizloses Gelände führen uns nach Roscoff. Die Stadt mit dem russischen Namen gibt mitten in der Bretagne auch ihren Einwohnern eine russisch anmutende Bezeichnung, denn sie heißen nicht etwa *les Roscoffiens* (in Anlehnung an die Morlaisiens), sondern *les Roscovites*, so wie man einst, in den Zeiter der deutschen Hanse, die Russen Moskowiter nannte.
Das ist aber auch das einzige östliche Element in dieser kleinen alten Siedlung, die überraschend wenig Ehrgeiz entwickelt und sich durchaus auf die Gunst der Lage verläßt. Bei den bescheidenen Stränden hat man den Eindruck, sie seien erst vor einem Jahr als Badeplätze entdeckt worden, so sehr fehlt es an den Einrichtungen, die man etwa von der Côte d'Azur oder auch von den italienischen Seebädern her kennt. Die angenehme Kehrseite dieser Tombak-Medaille besteht darin, daß die

Preise erstaunlich niedrig sind und der Nepp offensichtlich noch nicht Einzug gehalten hat. Liegestühle sind auch in der Hochsaison ohne weiteres für ein paar Pfennige zu haben, und in einem zentral und vornehm gelegenen Großhotel wie dem *Hôtel des Bains* bekommt man ein fünfgängiges Menü um einen Preis, den man in Deutschland für ein einziges Rumpsteak hinlegen muß. Freilich kündigen Wandlungen sich an. Luxuriösere Hotels, ruhig und abseits gelegen, so daß nur Autotouristen sie erreichen können, verlangen auch schon höhere Pensionspreise, doch da man hier in erster Linie auf die mit dem Fährschiff aus Plymouth ankommenden Briten eingestellt ist, wird sich die Preisentwicklung notwendigerweise in Grenzen halten müssen.

Die Stimmung ist familiär, gelöst, heiter – wie wir überhaupt in der Bretagne durch Wochen kein unfreundliches Wort zu hören bekamen und stets ungesucht-herzlicher Höflichkeit begegneten. Der Juniorchef eines großen Hauses, in dem wir einkehrten, parlierte fließend in vier Sprachen, darunter akzentfreies Deutsch. Obwohl er im ganzen Saal die Bestellungen aufnahm, fand er nach dem Hauptgang Zeit, sich zu einem einsamen Graubart an den Tisch zu setzen und ihn aufzuheitern. Roscoff ist nach alldem wohl nicht der letzte Schrei, und Maria Stuart, die hier, als Kind aus England kommend, an Land ging, war vermutlich die letzte Königin, die sich für das Städtchen an der Landspitze interessierte. Immerhin gab es noch einen Beinahe-König in Roscoff, denn am 10. Oktober 1746 landete hier der bei Culloden von den Hannoveranern geschlagene Thronprätendent des Hauses Stuart, der unglückliche und vielgeliebte Charles-Edward, von der Damenwelt zärtlich Bonnie Prince Charlie genannt. Er hatte sich vor den Kopfjägern

König Georgs I. aus dem Hause Hannover auf eine der vielen schottischen Inseln geflüchtet, dort, wie es heißt, die bis heute berühmte Drambuie-Mischung geschaffen und war schließlich von einem der vor nichts zurückschreckenden französischen Korsaren quer durch die britische Flotte nach Roscoff gerettet worden.

Interessiert man sich für diese und andere Geschichten, so gewinnt Roscoff zweifellos einen gewissen Reiz, vor allem im alten Quartier rund um Notre-Dame-de-Kroaz-Baz, was keine Gotteslästerung ist, sondern ganz einfach bretonisch (Kroaz-Baz = Balkenkreuz). Der elegante Renaissance-Glockenturm wurde 1550 erbaut, die Beinhäuser etwa ein halbes Jahrhundert später. Der vergoldete Schnitzaltar der Kirche ist einer der prächtigsten in der ganzen Bretagne. Während sich westlich vom Kirchenplatz nur noch Villen und einige Hospitalkomplexe finden, herrscht in der Rue Amiral Reveillère geschäftiges Leben. Sie führt zum Hafen und reiht zwischen modernen Läden einige alte Häuser aneinander, von denen naturgemäß eines (Nr. 25) als das der Maria Stuart gilt, so wie auch ein Stück weiter ein kleines Türmchen, beinahe nur ein steinernes Wächterhaus, als Tourelle de Marie Stuart vorgestellt wird, um die Stelle zu bezeichnen, an der sie an Land ging oder wohl getragen wurde – sie war damals nämlich erst fünf Jahre alt, und der Hafen von Roscoff ist den Gezeiten unterworfen, also nicht der angenehmste Landeplatz.

In der Ära der Erlebnis-Ferien und der Hobby-Urlauber weist Roscoff allerdings beträchtliche Vorteile auf. Man kann hier erfahrene Thalasso-Therapeuten zu Rate ziehen, das heißt, man kann allerlei Übel mit Hilfe von Meerwasser kurieren, und man kann die hübschesten Segelpartien machen, in gemieteten Booten oder als Passagier einer täglich Aufträge annehmenden Jolle. An Zielen fehlt es nicht, denn die Baie de Morlaix ist von Inseln in beinahe gefährlicher Weise durchsetzt, vom Château du Taureau an, das bullig wie ein Fort an der engsten Stelle der Einfahrt liegt, über die flache Ile de Callot bis hinaus zu der großen Ile de Batz, die von etwa tausend Menschen ständig bewohnt wird: Die Männer fahren zur See, die Frauen bauen Frühgemüse. Die schönen Sandstrände sind keineswegs überlaufen, einmal, weil sie noch nicht zureichend erschlossen sind, zum andern, weil es keinen Schatten gibt. An der Landseite, also im Süden, macht eine gefährliche Strömung das Baden riskant.

So manches der hier zwischen den Inseln herumknarrenden Schiffchen scheint auf eine ganze Anzahl von Dienstjahren zurückzublicken, neuere Yachten gibt es nur bei der Segelschule. Man schippert hier mit großer Lokalkenntnis und uralter Meervertrautheit in gefährlichem Fahrwasser, weil die Klippen zum größten Teil nur bei Ebbe sichtbar werden (es gibt allerdings einen Klippenkranz vor Roscoff, der angeblich bei Halbwasser sichtbar wird, also dann auftaucht, wenn die Ebbe erst etwa drei Stunden gewährt hat).

In das Paradies der Riffe, der Möwen und der leicht vergammelten alten Häuser flüchtete im vorigen Jahrhundert der Dichter Tristan Corbière, einer der *Poètes maudits* aus der berühmten Sammlung des Paul Verlaine. Sohn eines hochachtbaren Vaters – in Morlaix wie in Roscoff heißen Straßen nach Edouard Corbière – konnte Tristan, der seinen Vater abgöttisch verehrte, seinem Temperament nur in dem Sommerhaus der Familie in Roscoff die Zügel schießen lassen. Hier lebte er im Winter, wenn der Ort leer war, mit seinem Hund, absolvierte wilde Sturm-

fahrten zwischen Riffen und Inseln und trank mit den Fischern in ihren Kneipen. Einst besuchte ihn Alexandre Dumas *fils*, der Schöpfer der *Kameliendame*. Dieser hatte von dem spektakulären Bühnentod offenbar nicht genug und äußerte den Wunsch, einen Schiffbruch zu erleben. Corbière ließ sich nicht lange bitten, setzte den berühmten Kollegen in seinen Kutter und fuhr mit ihm bei rauher See um die Ile de Batz. Mit den Wogen hereingetragen, hielt er so lange auf eines der gefährlichen schwarzen Riffe im Plateau des Duons zu, bis ein Auflaufen unvermeidlich schien, riß im letzten Augenblick das Steuer herum und hatte danach alle Hände voll zu tun, um Dumas zu beruhigen. Der neugierige Gast aus Paris soll diese Erfahrung sein Leben lang nicht vergessen haben. Wir haben es heute bequemer. Eine Viertelstunde genügt uns, die Ile de Batz zu erreichen. Saint Pol soll hier an Land gegangen sein, als er wie so viele andere bretonische Heilige, aus England auf den Kontinent kam, und im Ostteil der Insel wird auch eine Kirchenruine im romanischen Stil aus dem frühen Mittelalter gezeigt. An der Südostspitze der Insel kann man noch heute sehen, wie sich Heidentum und Christentum hier begegneten (was meist zu Drachensagen Anlaß gibt). Das Untier Heidentum ist in Gestalt eines Dolmen mit prähistorischen Gräbern noch gegenwärtig, und einer der ältesten bretonischen Calvaires sollte offenbar die bösen Geister der Ungläubigen bannen.
Batz – die Franzosen sagen: *Ba* – hatte übrigens bis vor kurzer Zeit einen Eremiten. So wie einst der aus Cornwall stammende Paulus Aurelianus (Saint Pol) über das rauhe Ouessant auf die milde Insel Batz wanderte, so hatte sich Ende des neunzehnten Jahrhunderts ein botanisch interessierter Herr Lasselle für vierzig (!) Jahre hier

Fischer auf der Ile de Sein

Pietà in der Kirche von Locronan

Pont l'Abbé: Le Château

niedergelassen, eine alte kleine Wachtstation Vaubans als Wohnsitz ausgebaut und einen exotischen Garten angelegt, in dem angeblich der nördlichste der im Freien wachsenden Feigenbäume gedieh und noch gedeiht.

In Roscoff befinden wir uns auf dem nördlichsten Punkt jenes geräumigen Halbinsel-Lappens, der zwischen dem Gezeitenhafen von Landerneau und dem tiefen Fjord von Morlaix nur etwa dreißig Kilometer breit am Festland ansitzt. Die Siedlungsdichte ist hier die geringste der ganzen Bretagne, ja selbst Seebäder sind, trotz der langen Küste, so gut wie gar nicht entstanden, nur das kleine Familienbad von Brignogan unterbricht die vergleichsweise öde Klippenstrecke zwischen Roscoff und der Pointe de Landunvez, sechzig Kilometer weiter westlich. Aber gerade dieser Teil der Bretagne hat den echtesten archaischen Charme, und wenn man sich auch nicht gut vorstellen könnte, ihn mit dem Rucksack zu durchwandern, so ist eine Autofahrt durch die Nebel, den niedrigen Buschwald, vorbei an den einsam liegenden Gehöften und quer über die kleinen Wasserläufe von einem sehr eigenartigen Reiz, der an Impressionen aus Schottland oder auch Wales denken läßt. Vielleicht kamen die ersten christlichen Scouts von der britischen Insel gerade hierher und berichteten den Ihren dann: dort wandern wir hin, das ist ein Land wie die Heimat, die wir verlassen müssen.
Im Sommer ist die Küste durchaus freundlich, wenn auch die kleinen weißen Häuser der winzigen Fischersiedlungen ein wenig verloren auf der Steilküste liegen. Da und dort senkt sie sich unvermittelt zu kleinen Häfen hinunter, und nur zu oft muß man dann auf engstem Raum wenden, weil hier draußen eben keine Durch-

gangsstraßen mehr existieren, sondern nur einsame Asphaltwege zu der einen oder anderen Siedlung.
Es ist eine Gegend für Liebhaber von Sonne, Wind und Klippen. Der Himmel ist so weit und hoch wie man ihn noch nicht gesehen hat, und die paar Menschen, die wir treffen, kümmern sich überhaupt nicht um uns: Es gibt keine Touristenziele in der Gegend, und darum beschäftigt sich auch niemand mit den Touristen selbst.
Daß wir hier herumkurven, den Auspuff über große Erdschollen ziehen und aus mancher Ackerpfütze nur mit raffinierter Schaukeltechnik wieder herauskommen, hat natürlich seinen besonderen Grund, oder eigentlich mehrere Gründe: Es ist kein Land so leer, daß es nicht einen Herren hätte (oder gehabt hätte), und wo es Herren gibt, da gibt es auch Schlösser. Das erste ist Kerouzéré, es liegt nördlich von Sibiril mitten in ausgedehnten Feldern, gegen die es sich aber mittels einer Mauer und durch dichte Baumreihen abschirmt. In der ersten Hälfte des fünfzehnten Jahrhunderts erbaut, ist das Schloß ein besonders eindrucksvolles Beispiel für jene spätmittelalterlichen Anlagen, in denen man zwar schon einigermaßen bequem wohnen konnte, die jedoch in erster Linie militärisch konzipiert waren. Es soll ungeheuer schwierig gewesen sein, die mächtigen Steinblöcke für Mauern und Türme in die nötige Höhe zu hieven. Da es an den geeigneten Maschinen fehlte, wurden die Erdrampen immer höher gebaut, je mehr das Schloß wuchs.
Solche Mühen lohnten sich, denn als in den Religionskriegen der Gouverneur von Morlaix sich auf die Seite Heinrichs IV. schlug, konnte er in diesem Schloß monatelang Widerstand leisten. Seine gefährlichsten Gegner waren allerdings nicht die Katholiken der Liga, sondern die Bauern und Fischer der Umgebung, denn die Herren

vom Schloß Kerouzéré besaßen an die fünftausend verschiedene Vorrechte auf Schiffahrt, Fischfang, Feldbau und anderes, was die Bevölkerung arg bedrückte.
Heute beweist Kerouzéré, daß man tatsächlich beinahe für die Ewigkeit bauen kann (oder es zumindest konnte). In den mittelalterlich-nackten Mauern stehen die Möbel der glanzvollen späteren Epochen, und das Ganze harmoniert doch auf das Vollkommenste. Von einer Entschädigung, die Heinrich IV. nach seinem Sieg dem treuen Parteigänger bezahlte, konnte das alte Schloß prächtig instand gesetzt werden, wechselte seit 1680 jedoch häufig die Besitzer und gehört heute dem Grafen Olivier de la Lande de Calan.
Kleiner und versteckter liegt Tronjoly wenige Kilometer westlich von Kerouzéré, so gefällig wie Kerouzéré mächtig ist, ein nicht allzu großer Bau, der aus dem grauen Stein der Landschaft erstaunlich viel Charme herausholt. Von den Communs zum Wohntrakt zieht sich dichter Efeu wie eine Schärpe zwischen den Fenstern hin, und vergleicht man den Bau mit Kerouzéré, wo die Fensternischen eine Mauerdicke von drei Metern erkennen lassen, dann weiß man sich hier eher in einem Manoir als in einem Schloß. Es war auch keine Kriegerfamilie, die es erbaute, denn Yves de Kergoet, Seigneur de Tronjoly, stammte zwar aus einer seit dem dreizehnten Jahrhundert erwähnten bretonischen Familie, hatte sich aber Verdienste und Vermögen als Leibarzt zweier bretonischer Herzöge erworben. Auch seine Nachkommen zeigten noch erstaunlichen Wissensdurst und fochten jahrelange wissenschaftliche Fehden in Briefen, Pamphleten und Diskussionen aus, was man dem eleganten Kamin-Salon heute noch anzusehen meint. Es gibt aber auch recht altertümliche Winkel auf Tronjoly, Fenster-

bänke wie auf der Wartburg, schwere Tische, enge Wendeltreppen und einen klobigen Viereckturm, der an die Epoche erinnert, in der das Manoir konzipiert wurde – an das sechzehnte Jahrhundert.

Die Schlösserreise führt verhältnismäßig selten zu Ruinen. Obwohl es in der Bretagne an Steinen gewiß nicht fehlt, scheinen die Reste nicht mehr bewohnter Schlösser und Burgen mit beachtlicher Schnelligkeit für neue Häuser verwendet worden zu sein, und so ist es beinahe eine Rarität, daß man zwischen Plouescat und Berven mächtige alte Türme besichtigen kann, Ruinen eines Schlosses, das in erster Linie aus Türmen bestanden zu haben scheint und das dennoch der Zerstörung anheimfiel. Es trägt den schwierigen Namen Kergornadeac'h, den jeder Führer anders schreibt (gesprochen werden die bretonischen Worte angeblich so, wie man sie hingeschrieben hat, aber das ist eine sehr theoretische Regel; aus dem Mund der Bauern hört sich das alles recht verballhornt an).

Man findet Kergornadeac'h am leichtesten, wenn man zunächst den (gefährlichen) Kreuzungspunkt Mengleuz an der D 788 ansteuert, die Kreuzung in nördlicher Richtung überquert und noch im Ortsbereich die erste Seitenstraße halbrechts einschlägt. Kleine, oft schwer zu erkennende Schilder weisen zu der Ruinenstätte, die im Privatbesitz und damit unzugänglich ist, aber so nahe am Weg und so offen daliegt, daß dies keine Rolle spielt. Das Areal gehört zu einem reizenden neueren Herrenhaus, adrett und geschmackvoll in den Schatten der dräuenden Türme hineingebaut, ein packender Gegensatz.

Hat man sich der alten Markthalle von Plouescat und dem Calvaire von Bervren nicht allzu ausgiebig gewidmet, so bleibt noch Zeit für das Schloß Kerjean, das nur im Rahmen von Führungen besichtigt werden kann. Man sollte bis längstens 16 Uhr eintreffen (die in einem verbreiteten Führer enthaltene Angabe, daß man bis 19 Uhr besichtigen könne, läßt täglich ein Halbdutzend Autos unschlüssig vor dem Gitter herumkurven, aber das Personal des dem Staat gehörenden Schlosses läßt sich nicht erweichen).

Kerjean, ein ausgedehnter Komplex, ist etwa zweihundert Jahre lang gebaut, umgebaut und erweitert worden und danach etwa ebensolange langsam zerfallen, bis es 1911 der Staat erwarb und mit dem Wiederaufbau jener Teile begann, die noch zu retten waren. Das ursprüngliche Schloß, 1545 von Louis Barbier, Seigneur de Kerjean, begonnen, entstand aus geistlichem Vermögen, denn der Onkel des Bauherrn hatte so viele Pfründe verschiedener bretonischer Pfarren auf sich vereinigt, daß bei seinem Tod der Papst – angesichts der vielen plötzlich freigewordenen Pfarren und Abteien – erstaunt gefragt haben soll, wie es denn käme, daß sämtliche Abbés der Bretagne an ein und demselben Tag das Zeitliche gesegnet hätten.

Ein wenig von diesem Überfluß ist Kerjean noch anzumerken, das breit und behäbig vor uns liegt, mit Bogen, Kolonnaden und umeinander herumgebauten Geschossen, wie sie in der sonst sparsamen bretonischen Bauweise selten sind. Ein Brand im achtzehnten Jahrhundert, nach dem ein Teil der Gebäude nicht mehr aufgebaut wurde, beraubte die Anlage aller Ansätze zur Symmetrie, doch sind die stehengebliebenen Gebäudegruppen vornehm und eindrucksvoll genug.

Frankreich lernte das Schloß, trotz einer durch ihre Grobheit bekannt gewordenen Marquise, so richtig erst kennen, als Gustave Flaubert in einem Reisetagebuch von dem Verfall des großen Komplexes berichtete (er war damals, 1847, im Finstern beinahe in ein Wolfseisen getreten). Daß die Literatur Schlösser zu retten vermag, wie es auch Merimée vielfach bewiesen hat, ist ein sehr französischer Vorgang. Die Bretonen denken darin nüchterner.

Ob wir nach der Schlösser-Runde nach Plouescat zurückkehren, wo man gut essen und auch nächtigen kann, oder ob wir uns an die schnelle D 788 halten, wir treffen auf der weiteren Westfahrt auf sehr sehenswerte Kirchen. Die eine liegt in dem meernahen Dorf Goulven, das wohl durch seltsame Schicksale zu seiner berühmten Kirche und einem der schönsten Glockentürme der Bretagne gekommen ist. Turm und Kirche sind gotisch, der imposante Hauptaltar wurde aus dem graugrünen Granit von Kersanton gefertigt, dem der vulkanische Ursprung eine besondere Beständigkeit gibt.
Die andere Kirche steht in Le Folgoët bei Lesneven, einem Dorf, das wie keine zweite Gemeinde der Bretagne im Zeichen seines Pardons steht. Er wird am ersten Septembersonntag begangen, und da man nicht ein Jahr lang auf diesen Tag warten wollte, gibt es in Le Folgoët inzwischen auch Pardons im Mai und im August. *Le Grand Pardon de Folgo*ët jedoch bleibt der vom September, und auf ihn scheinen die vielen Gaststätten auf dem Kirchenvorplatz denn auch zugeschnitten.
Wenige Blicke verirren sich an diesem betriebsamen Tag, an dem die Kirche die Masse der Gläubigen bei weitem nicht fassen kann, hinauf zu der schlanken Schönheit des Glockenturms. Er erinnert ein wenig an den höher geratenen Bruder an der Chapelle du Kreisker in Saint-

Pol-de-Léon, besitzt jedoch eine wie im Ajourmuster um den Turm laufende offene Galerie dort, wo die Glocken ihre Stimme erschallen lassen.
Die Kirche selbst ist ebenso originell wie kunstreich, ein selbstbewußtes Stück bretonischer Provinzarchitektur mit ihrer in Granit gehauenen Empore aus dem fünfzehnten Jahrhundert und der an den Chor angesetzten Chapelle de la Croix. Jean de Montfort hatte vor der Schlacht von Auray (1364) die Errichtung einer Kapelle in Le Folgoët gelobt; als ihm der Sieg über den Rivalen um die Krone der Bretagne zufiel, begann er mit dem Bau, den sein Sohn 1423 vollendete.
Von Goulven geht es auf schmaler Straße hinaus in den äußersten Nordwesten der Bretagne. An manchen Vormittagen, auch im Hochsommer, liegt dichter, schwerer Nebel über dem Land. Er ist weich wie ein Tuch und seltsam warm, als käme er aus einer riesigen Badstube. Merlin spannt sein Zaubertuch, hat ein früher Reisender zu dieser Naturerscheinung gesagt, aber an den alten Zauberer der Keltensage denkt heute niemand mehr, und selbst sein moderner Nachfahr Miraculix scheint hier weitgehend unbekannt zu sein. Nur in der kleinen flachen Bucht von Brignogan-Plage tummeln sich ein paar potentielle Asterix-Fans.
Dabei hat die Küste sich – offenbar, da attraktivere Bezeichnungen bereits vergeben waren – den Namen *Côte des Légendes* erwählt, ein guter Name, der freilich für die ganze Bretagne zutrifft. Denn überall gibt es, neben den Kirchen mit ihren Wallfahrts-Traditionen, auch noch den älteren Glauben an die wundertätigen Quellen, und an jeden Berg, an jede Flußmündung, beinahe an jede im Nebel auftauchende Ruine hat sich während des hier so lange währenden Mittelalters eine Legende oder Orts-

sage geknüpft. In einer Legende von Goulven verschwistern sich die heidnische Vergangenheit und die christliche Gegenwart besonders deutlich. Prinz Ewen, der Mönch Goulven und der Krieger Bran sollen gemeinsam, mit ihren übermenschlichen Kräften am Strand kämpfend, einen Invasionsversuch der Normannen abgeschlagen haben. Ewen wurde verwundet, Goulven blieb von Gott beschützt und unverletzt (er gilt seither als Heiliger) und Bran, der Keltenkrieger, fiel. In allen keltischen Sagenkreisen immer wieder auftauchend, war er wohl ein heidnischer Gott und durfte darum die Christenzeit nicht mehr erleben.

Einen anderen christlichen Streiter feiert man in Plouguerneau, dem großen Dorf im Herzen einer eigenen Halbinsel, die der Phare de la Vierge absichert. Hier ist der Erzengel Michael Herr eines Pardons, der am letzten Septembersonntag gefeiert wird. Es ist eine große Dankkundgebung, die bis heute ihren Sinn nicht verloren hat, denn die Fischer, die von hier aus bis nach Neufundland fuhren, um für ihre Familien den Lebensunterhalt zu verdienen, kamen im Lauf des Monats September heim – wenn sie nicht auf dem Meer blieben. Nachzüglern drohten die Oktoberstürme über dem Atlantik. Die Verbindung mit dem Meer ist auch durch den Leuchtturm gegeben, der auf einer kleinen Insel vor der Küste liegt und auf den die Bretonen besonders stolz sind, weil er höher ist als die Türme von Notre-Dame-de-Paris. Man scheint hier überhaupt mit einer gewissen Freude am Wetteifern berühmte Bezeichnungen auf eine stille Küste anzuwenden: Neben dem hohen Leuchtturm gibt es auch noch eine Baie des Anges, die allerdings mit jener von Nizza überhaupt nichts gemein hat und ihr lediglich an Sauberkeit des Wassers beträchtlich überlegen sein dürfte. Südlich der Bucht, an der Wurzel der Halbinsel Sainte-Marguerite, liegen die Reste einer alten Abtei. Die Zentralsiedlung dieser Halbinsel, in ihrer Lage Plouguerneau entsprechend, ist das Dorf Lannilis.

Gebildet wird die Halbinsel von sogenannten Abers, von Fjorden, die sich bei Flut mit Meerwasser füllen, während die einmündenden kleinen Wasserläufe aus dem Land so geringfügig sind, daß sie von sich aus für keine Dauerbewässerung des Einschnitts sorgen können. Die Flut verändert hier das Landschaftsbild vollkommen, und die Straßen, von denen aus man diese Vorgänge verfolgen kann, gehören zu den interessantesten Ausflügen nicht nur für unsere Kinder, in denen man hier, so leicht wie nirgends sonst, das Interesse für das uralte Zusammenspiel zwischen Mond und Weltmeer wecken kann (D13 von Plouguerneau über Lannilis nach Tariec, D 28 am Südufer des Aber Benoit bis Saint-Jaoua).

Am Südufer des romantischen Aber Vrach liegt das Schloß Kerouartz, eine großzügige und wohlgepflegte Anlage, wie man sie hier, am Ende der Welt, nicht erwarten würde. Erst beim näheren Hinsehen erkennt man, daß dieser kräftige Bau, der ein und demselben Geschlecht seit annähernd vierhundert Jahren als Wohnung dient, mit großer Sorgfalt und beinahe bäuerlicher Umsicht auf die rauhen Winde des bretonischen Winters an den Abers abgestimmt ist. Niedrig, flach oder rund gedeckt, von mächtigen Baumgruppen geschützt, so bietet das alte Schloß auch den Stürmen nicht viel Angriffsfläche. Schwere Balken und Verschalungen machen die Decken der Räume wärmer, große Kamine beheizen sie, die Fenster haben viele kleine Scheiben, die jedem Winddruck trotzen können. Das schwere alte

Mobiliar aus dem siebzehnten Jahrhundert verstärkt den Eindruck eines echten Familienheimes von bescheidener Würde. Das heutige Gebäude entstand im sechzehnten Jahrhundert auf einem Grundstück, das seit 1150 im Besitz der Familie von Kerouartz ist. Das dem Marquis de Kerouartz gehörende und von ihm bewohnte Schloß kann ebensowenig betreten werden wie Schloß Kergroadès am Zufluß des Aber Ildut, doch ist im Fall von Kergroadès wenigstens eine Außenbesichtigung möglich. Sie zeigt uns den vierschrötigen, mächtigen Bau mit seinen Türmen aus dem sechzehnten Jahrhundert noch als richtige Festung, obwohl die Zeit der Normanneneinfälle, in der hier ganze Ortschaften für immer zugrundegingen, doch schon lange vorbei war, als Kergroadès errichtet wurde.

Daß so kräftige Bauten jahrhundertelang den Stürmen der Zeit und des Atlantischen Meeres widerstanden, braucht uns nicht sonderlich zu wundern. Andere Schlösser, aber auch Kirchen und Klöster sind gerade hier, im äußersten Westen, im Lauf der Zeit zu Ruinen zerfallen: das Château de Trémazan bei dem kleinen Seebad Portsall, die Kirche an der Pointe de Saint-Mathieu, die ihre malerischen Reste auf dem Landvorsprung erhebt und bereits im sechsten Jahrhundert von Saint Tanguy gegründet worden sein soll, und schließlich Lampaul-Ploudalmézeau, ein Kirchlein östlich von Portsall, von dem nur der allerdings wunderschöne Glockenturm alt ist – alles andere mußte neu errichtet werden, weil die Elemente selbst dem widerstandsfähigen bretonischen Granit zu arg zugesetzt hatten.

Von der kleinen, beinahe völlig geschlossenen und darum trotz der exponierten Lage sicheren Bucht von Portsall aus führt eine besonders schöne Küstenstraße –

hier Corniche genannt – über Argenton und Porspoder nach Brélès am Aber Ildut. Die Weiterfahrt nach Süden zur Pointe Saint-Mathieu ist nur im Binnenland möglich, wenn man sich nicht auf kleine Stichstraßen wagen will, die dann irgendwo in Sand oder Heidegras enden. Geschützt durch eine kleine Insel, lädt das Städtchen Le Conquet seit einiger Zeit auch Badegäste ein. Die hier lebenden Krabben- und Hummer-Fischer haben jedoch nicht viel mehr zu bieten als einen Tennisplatz und einen engen Strand, wozu freilich als beträchtliche Attraktion die Ile d'Ouessant kommt, zu der man von hier aus in der Saison mehrmals täglich übersetzen kann.

Ouessant wäre, wie die Ile de Sein und wie Belle-Ile, allein ein Kapitel wert, und es gibt Leute, die über diese Inseln ganze Bücher geschrieben haben. Inseln haben etwas Besonderes, diese Rundum-Geschlossenheit, diese Sonderexistenz als Kleinwelt, sie ziehen uns an wie fremde Länder, auch wenn sie nur ein oder zwei Stunden vom Festland entfernt sind. Und für die großen bretonischen Inseln gilt, daß tatsächlich jede ihre Persönlichkeit hat, das düstere Ouessant, die heroische Ile de Sein, die verführerische Belle-Ile, um von den Kleineren zu schweigen, die ganz gewiß auch ihre Liebhaber, ihre Spezialisten, ihre leidenschaftlichen Fürsprecher haben: Batz, Bréhat, Groix, Glénan . . .

Ouessant ist eine jener Inseln, auf denen man sich, endlich angekommen, fröstelnd im Wind dreht und sich ernüchtert die Frage stellt, warum zum Teufel man sich diesen Ausflug denn eingebildet habe. Man schlürft mißmutig die Fischsuppe und trinkt etwas zuviel Wein, um sich anzuwärmen und um ganz sicher zu schlafen. Aber man erwacht von einer Sonne, die sich in weißen

Wogenkämmen bricht, die auf dem Meer glitzert und das flache braungrüne Eiland urplötzlich als ein kleines, feuchtes Paradies erscheinen läßt, gebadet von der herrlichsten Luft, die man sich vorstellen kann, und in einem Frieden ruhend, den es anderswo nicht mehr gibt. Und so, wie man abends zuvor nicht wußte, warum man hergekommen sei, weiß man nun nicht, wie man sich von Ouessant trennen soll.

Die Insel liegt wie eine große Krabbe im Meer, das ihr tiefe Wunden geschlagen hat. Der intakt gebliebene Kern mißt etwa drei mal drei Kilometer, streckt aber schmale Arme nach Westen aus. An der Westspitze liegen die Kirche von Notre-Dame-de-bon-Voyage und der Leuchtturm von Créac'h, in der Mitte das Inseldorf Lampaul und im Osten der Leuchtturm von Stiff über der gleichnamigen Bucht, in der die Schiffe anlegen, die von Brest über Conquet hierherkommen. Seit einigen Jahren gibt es auch einen kleinen Flugplatz bei dem Weiler Pen-Arlan, so daß die vorsichtige Warnung älterer Führer, Ouessant sei als Ausflug lediglich seefesten Touristen zu empfehlen, inzwischen ihren Schrecken verloren hat. Neben dem regelmäßigen Verkehr Brest-Le Conquet-Ile de Molène-Ouessant gibt es jetzt Hydroglisseurs, die jedoch ebenfalls recht bedenkliche Sprünge auf den Wellen vollführen, und eben die Kleinflugzeuge. Zu ihnen kommen noch Hubschrauber für Notfälle, da die Insel zwar einen Arzt, aber keine Klinik besitzt. Sogar eine Straße gibt es auf Ouessant; sie führt, um ja nicht verwechselt zu werden, die Nummer D 81. Noch vor zwölf Jahren mußte man, wenn man nach Ouessant wollte, sich durch die niedrigen Häuser von Le Conquet bis an den Quai hinauskämpfen, auf den Dampfer aus Brest warten und dann gemächlich zwischen zahllosen Riffen nach Ouessant schippern. Gesamtfahrzeit von Brest bis Stiff vier Stunden. Diese Zeiten sind heute halbiert, und der Hydroglisseur (wie immer man ihn auf deutsch nennen mag) schafft es sogar in einer Stunde. Nach einer weiteren ist man wieder fit und kann sich der kleinen Insel widmen, die ein bizarres Erlebnis ist: Island vor Frankreichs Küsten, kleine braune Wollschafe, die keine Stallungen haben und diese Rücksichtslosigkeit den Menschen mit einem herrlich zarten und saftigen Fleisch vergelten. Die wärmsten Januartemperaturen von ganz Frankreich (wenn Nietzsche das gewußt hätte – der Ahnungslose ging nach Nizza!), dafür aber *le miz du*, den schwarzen Monat: November, mit Stürmen, die zehn Tage hindurch toben. Vor einigen Jahren, vor der Neuerrichtung des Phare de Nividic auf einem Riff vor der Westspitze der Insel, ereignete es sich, daß in einem dieser Novemberstürme eine Woge, die bis zur Leuchtturmbrüstung reichte, den Bau so schwer traf, daß sich ein Sprung im Mauerwerk auftat. Die beiden Leuchtturmwärter konnten erst Tage später abgelöst werden und hatten in jedem Augenblick dieses Sturms geglaubt, er würde den Turm zerschmettern und die Trümmer wegspülen. Sie mußten beide nach der Rettung in psychiatrische Behandlung.

Qui voit Ouessant, voit son Sang. Wer Ouessant zu sehen bekommt, sieht sein Blut, sagen die Bretonen nicht sehr kunstvoll, aber um so treffender. Ist schon die Aber-Küste immer wieder von Denkmalen geziert, zur Erinnerung an hier zugrundegegangene Schiffe und Menschen, so läßt sich die Zahl der Schiffskatastrophen in den von Riffen gespickten Gewässern um Ouessant überhaupt nicht mehr zählen. Und wenn es anderswo bei sinkendem Schiff noch Rettung geben kann, hier, in den reißenden Strömungen zu beiden Seiten der Insel, ist auch der gute Schwimmer verloren. Von einem amerikanischen Passagierschiff, das hier in den sechziger Jahren auf eine Klippe geworfen wurde, konnten die Fischer am nächsten Tag einen einzigen Überlebenden auffischen, der sich an ein Wrackstück geklammert hatte; die übrigen – dreihundert Passagiere, hundert Mann Besatzung – ertranken. Noch nach Wochen warf das Meer die Leichen bündelweise, mit von Krabben zerfressenen Gesichtern, an die Strände zwischen Le Conquet und der Pointe de Corsen.

Ist es verwunderlich, daß in den Legenden dieser Insel der Tod ebenfalls eine große Rolle spielt, so wie er im Leben der Inselbewohner alljährlich viele Tage lang um die Häuser, die Leuchttürme, die Küsten tobt? Yvonne Pagniez, selbst aus einer alten Seefahrerfamilie stammend und darum besonders an Ouessant attachiert, erzählt von Saint Gildas, dem Heiligen, der seine Tätigkeit hauptsächlich in der südlichen Bretagne ausübte, der jedoch der Legende nach auch auf Ouessant missionierte, wo es noch Reste des Heidentums gab. An einem regnerischen und stürmischen Abend, als er sich schon stundenlang über die schlechten Wege gemüht hatte, verließen ihn plötzlich die Kräfte und er brauchte Unterschlupf. Das einzige erreichbare Haus wurde von einem Ehepaar bewohnt, alten Leuten, die in großer Armut lebten und sich in solchen Nächten nicht anders erwärmen konnten, als wenn sie zusammen ins Bett krochen. Gildas pochte, der alte Mann tappte nach einigem Zaudern zur Tür, öffnete sie jedoch weit, als er den Mann Gottes erkannte. Da er nichts Wertvolleres anzubieten hatte als den warmen Bettplatz, rückten die beiden Alten und nahmen Gildas zwischen sich, um ihn zu wärmen.

Am nächsten Morgen, als die Sonne wieder schien, labte sich Gildas noch mit ein wenig Milch und Schafkäse und fragte die beiden, ehe er aufbrach, ob sie einen Herzenswunsch hätten, den er erfüllen könne:
»Wir haben ein langes und schweres Leben einträchtig, in Liebe und Treue gemeinsam hinter uns gebracht, frommer Gildas«, antwortete der Mann. »Wenn du uns wirklich eine Gnade erflehen willst, so bitte Gott für uns, daß er uns zugleich von der Erde abberufe, damit keiner allein zurückbleibe«.
Es gingen noch ein paar Jährchen ins Land; die beiden Alten hatten Gildas, der weiter gewandert war, und ihre Bitte schon beinahe vergessen, als an einem milden Frühlingsmorgen der Tod über sie kam und sie ereilte, als sie nebeneinander in ihrem Bett schliefen. Philemon und Baucis in der Bretagne . . .

Das Tal der Künstler

So wie die einzigartige Landschaftsszenerie der bretonischen Küste sich viele Kilometer lang um die ganze Halbinsel zieht und kaum jemand sagen könnte, wo sie am schönsten ist, so hat sich im Lauf der Jahrhunderte auch die bretonische Kunst, die in erster Linie Sakralkunst ist, weit über die ganze Bretagne verstreut. Siedlungsschwerpunkte sind in diesem Land so spät entstanden, daß sie zu Häufungen von Denkmälern älterer Kunst nicht mehr beitragen konnten; die Verkehrswege hingegen sind uralt, wenn sie in früheren Jahrhunderten gewiß auch sehr dürftig unterhalten wurden. Einer dieser heute noch erkennbaren Stränge frühen Verkehrs verband die mittlere Bretagne zwischen Saint-Brieuc und Morlaix mit der Bucht von Brest, weil hier der Binnenweg verhältnismäßig kurz war und weil sich hier durch den im allgemeinen umständlichen und zeitraubenden Landverkehr eine recht gefährliche Seereise erübrigte: die Fahrt um die Aber-Küste herum, die Fahrt durch die Strömungen von Ouessant und um die Pointe de Saint-Mathieu. Das Elorn-Tal und seine Fortsetzung nach Osten wurden darum zu einem einst stark begangenen Güter- und Pilgerweg.
Heute, da der Autoschnellweg von Morlaix nach Brest gut ausgebaut ist und gebührenfrei befahren werden kann, sind diese alten Verbindungen zwischen den Dörfern in ihren ländlichen Frieden zurückgesunken. Aber eine gewisse angestammte Gemeinsamkeit meint man doch noch zu empfinden, wenn man von Saint-Jean-du-Doigt (wo ein sorgfältig in eine Schatulle gehüllter Heiligenfinger verehrt wird) über die sehenswerten Mi-

Saint=Tugen auf der Sizun=Halbinsel

niaturzentren von Lanmeur und Thégonnec die Linie der berühmten Calvaires erreicht und ihr bis auf die Halbinsel von Plougastel folgt. Hat man bei seiner Entscheidung für die Bretagne einen reinen Badeurlaub im Sinn gehabt, oder ist man in Trégastel, Diben oder Roscoff angesichts der reichlichen französischen Küche von der großen Urlaubsmüdigkeit überfallen worden, so bietet das nahe Elorn-Tal die Möglichkeit, sich in einer einzigen Rundfahrt, mit einem einzigen nicht sonderlich strapaziösen Ausflug einen Einblick in jene architektonischen Besonderheiten zu verschaffen, die das bretonische Binnenland für den Liebhaber sakraler Kunst so anziehend machen.

Wo man dann das große Entzücken empfindet, oder ob es ganz ausbleibt, ob man sich von der einen oder anderen der kleinen Kirchen überhaupt nicht mehr zu trennen vermag oder aber nach solch einem Tag gar keine Kirche mehr zu sehen wünscht, das bleibt eine persönliche Entscheidung, vielleicht auch nur eine Reaktion. Für mich jedoch gibt es auf der ganzen Welt keine sympathischere, liebenswürdigere und überzeugendere Erscheinungsform des Christentums als diese unermüdlichen Versuche einer schlichten Fischer- oder Bauernbevölkerung, sich dem Unsterblichen, dem Allmächtigen mit eigenen künstlerischen Mitteln zu nähern.

Es beginnt für uns, die wir von Morlaix aus an die Aber-Küste aufbrachen, mit Lanmeur, und dies ist auch zeitlich ein Anfang, denn die moderne Kirche von Lanmeur mit einem Glockenturm aus dem achtzehnten Jahrhundert erhebt sich über alten Gewölben, die man als eine vorromanische Krypta gedeutet hat, die aber vielleicht auch zu einer römischen Badeanlage oder zu einer karolingischen Kirche gehört haben mögen. Auch

Auf den Feldern von Plouhinec.
Im Hintergrund die Bucht von Audierne.

die Traditionen, auf die der Bildschmuck hinweist, sind sehr alt und stützen sich auf Ereignisse aus dem sechsten Jahrhundert. Damals soll ein bretonischer Fürst namens Riwod nicht nur seinen Bruder getötet haben, um sich die alleinige Herrschaft zu sichern; er ließ auch seinem Neffen Melar die rechte Hand und den linken Fuß abschlagen, um ihn zur Herrschaft untauglich zu machen. Durch die Gnade des Himmels wuchsen die aus Metall angefertigten Ersatz-Glieder mit dem Körper des Knaben mit, worin das Volk einen Beweis für die Märtyrer-Eigenschaft des verstümmelten Prinzen sah und ihn seither als Heiligen verehrt.

Im Friedhof von Lanmeur (was soviel heißt wie großes Kloster) steht die als Gebäude und durch ihren Pardon berühmte Chapelle de Kernitron, ein im wesentlichen romanischer Bau aus dem zwölften Jahrhundert. Er dürfte durch Jahrhunderte die einzige Kirche des Ortes gewesen sein, denn im neunten Jahrhundert war das nach einer heiligen Quelle benannte Dorf Kerfeuntein von den Normannen niedergebrannt worden, wobei auch die erste Kirche über der alten Krypta zugrundeging. Der neue Ort erhielt seinen Namen von einem Kloster, das an der Brandstätte erbaut worden war.

Aus diesen düstersten Frühzeiten bretonischen Lebens zwischen Fürstenwillkür und Seeräuber-Einfällen tauchen wir auf, wenn wir uns an Morlaix vorbei nach Thégonnec begeben. Der freundliche kleine Ort wirkt ein wenig schläfrig, wozu vielleicht beiträgt, daß man hier stets gemeinsam zu- und gemeinsam wieder aufsperrt. Es sind also entweder alle Tankstellen geschlossen oder alle offen, alle Leute auf der Straße oder alle in den Häusern usf. Einen Platz gibt es jedoch, wo immer irgend jemand anzutreffen ist, das ist der berühmte *Enclos pa-*

roissal, das charakteristische Ensemble aus Triumphpforte, Beinhaus, Calvaire und Kirche, wie es sich kaum irgendwo schöner erhalten hat.
Konog, aus dem in der Bretagne Saint Thégonnec wurde, war einer der Mönche, die mit Saint Pol (vgl. S. 96) von der Heideninsel über den Kanal flohen und in der heutigen Bretagne landeten. Er leitete in Abwesenheit von Pol das Kloster auf der Ile de Batz, ist im übrigen aber sehr wenig bekannt. Daß mit seinem Pardon (am ersten Sonntag nach dem 9. September) auch stets eine Reihe von Pferde-Wettbewerben verbunden sind, deutet darauf hin, daß er in gewissen Gegenden als ein Schutzpatron der Pferdezucht angesehen wurde.
Das Beinhaus, eines der größten seiner Art, ist in reinster bretonischer Renaissance-Bauweise errichtet und könnte, für sich genommen, als ein italienischer Palast in Miniaturausführung angesehen werden. In diesem Fall ist sogar der Künstler bekannt, es war Jean le Bescond aus Carhaix. An der Kirche ist im Lauf der Jahrhunderte soviel herumgebaut worden, daß nur noch der Glockenturm von 1563 den ursprünglichen Stil zeigt. Um so bemerkenswerter ist jedoch das Innere, wo sich im Gestühl und an der Kanzel die Kunstfreude des siebzehnten und achtzehnten Jahrhunderts ausleben konnte.
Im nahen Guimiliau (5 Kilometer) steht ein Enclos, der im Ganzen hundert Jahre älter ist als der von Thégonnec. Die Perfektion ist vielleicht etwas geringer, die Originalität des Calvaires, seines Figurengewimmels, des steinernen Lebens in Gesichtern und Kostümen sind jedoch einzigartig und unvergeßlich. An der Kirche fällt das Südtor auf: Renaissance im charakteristischen Granit von Kersanton.
Jamais deux sans trois sagt der Franzose, und das dritte

dieser guten Dinge erwartet uns mit dem Enclos von Lampaul-Guimiliau, ein verwirrender Doppelname, der ein Dorf an der D 11 und D 111 bezeichnet, vier Kilometer westlich von Guimiliau. War es dort der Calvaire und in Thégonnec das Beinhaus, so ist es in Lampaul die Kirche selbst, und zwar das erstaunliche Halbdutzend ihrer aus dem siebzehnten Jahrhundert stammenden Altäre. Die beiden bedeutendsten verraten flämische Vorbilder und haben links und rechts vom Chor Aufstellung gefunden. Im linken Seitenschiff finden sich interessante Figurengruppen: Die *Vierge de Pitié* von 1530 (sechs Figuren aus Holz) und ein Heiliges Grab mit großen Steinfiguren aus dem Jahr 1676. Auch in dieser Kirche fällt die verschwenderische Holzausstattung auf; sie stammt größtenteils aus dem siebzehnten Jahrhundert.
Die Reihe der Enclos, also der Sakralbauten-Gruppen, setzt sich weiter fort, man kann sie sammeln und mit diesen photogenen alten Steindenkmälern bretonischer Frömmigkeit ein schönes Album füllen, man kann sie aber auch ignorieren nach dem Motto: »Einen Calvaire haben wir doch schon gesehen, sieht einer aus wie der andere« – so ziemlich der schlimmste Irrtum, der einem in der Bretagne unterlaufen kann. La Roche, Ploudiry, La Martyre und Pencran liegen noch am Weg oder südlich davon, bisweilen ohne Ort, kleine Zentren der Gläubigkeit, kurioserweise aber auch der bretonischen Pferdezucht, Zusammenhänge, die noch zu klären wären in einem Land, dessen Volk seit jeher vom Meer lebte und sich erst spät bequemte, die karge Erde zu bebauen. Und in Pencran nimmt man die Renaissance so ernst, daß sich an der kunstvollen Fassade des Beinhauses mit ihren Säulchen, Nischen und Arkaden auch so heidnische Motive wie Neptun und Amphitrite finden; der

Meergott und seine schöne Gemahlin sind also unter dem Christenkreuz vereint.
Mit dem Beinhaus an der Kirche von La Martyre hat sich die Wissenschaft eingehend beschäftigt, einmal, weil die Kariatyde in ihrer heidnischen Halb-Nacktkeit auffällig genug war, zum andern, weil an der linken Seite ein Banderolen-Engel eine bretonische Inschrift trägt, in der vom *ifern ien*, von der kalten Hölle die Rede ist. Darin hat sich eine uralte keltische Vorstellung vom Totenreich erhalten, in dem die Abgeschiedenen ständig frieren; das christliche Höllenfeuer ist vielleicht auch für die Bewohner dieses meernahen Küstenstrichs gar nicht so furchtbar wie die eisigen Winde und der mit seinen kalten Wogen unablässig gegen das Land anstürmende Ozean.

Fröhlicher stimmt uns die Halbinsel von Plougastel mit dem schwer auszusprechenden Hauptorte-Duo Plougastel-Daoulas. Sie erinnert in ihrer Form ein wenig an das südliche Skandinavien und ist durch die neue, breite Brücke über die Rade de Brest praktisch zu einem großen Erholungs- und Ausflugspark für die nahe große Stadt geworden. Kerdeniel an der Pointe de l'Armorique ist der bekannteste, aber keineswegs der einzige Aussichtspunkt, und über dem Wochenend-Betrieb mit lustigen Strandpartien, Picknicks an einsamen Buchten und lärmenden Cliquen auf allen Pfaden ist ein wenig von der alten Würde dieser Halbinsel verlorengegangen, deren zahlreiche Kapellen darauf hindeuten, daß man hier einst ernsthafter lebte.
Von der Lage her eine der hübschesten dieser kleinen Kirchen ist die Chapelle Saint-Jean, 5 Kilometer nördlich von Plougastel am Elorn-Trichter mitten im Grünen gelegen. In der Nähe befindet sich eine seit keltischen Zei-

ten bekannte und angeblich wundertätige Quelle, la Fontaine du Dreff. Im übrigen ist die Halbinsel sehr echte Bretagne geblieben, mit den Hecken, die sich eng an die gewundenen Wege schmiegen, den winzigen Weilern rund um die Kapellen, für die das Landvolk sich seine Heiligen selber schnitzte und bemalte (Sainte Christine, Saint Adrien, Saint Guénolé).

Plougastel und Daoulas selbst profitieren in gewissem Sinn von der Nähe des neuen und mit neuem Leben erfüllten Brest ebenso wie Landerneau, die Landstadt am Elorn. Ist es dort die sehenswerte, noch mit Gebäuden beschwerte Rohan-Brücke, die dem Städtchen mit seinen malerischen langen Quais einen natürlichen Mittelpunkt gibt, so verfügt das kleinere Plougastel über einen trotz seiner Hügellage verkehrsreichen Kirchenplatz, auf dem sich zu allen Tageszeiten viel Volk drängt. Rundum liegen Gaststätten und Läden, die Hauptattraktion bildet jedoch – vor allem während der sommerlichen Heiratswelle – der berühmte alte Calvaire, vor dem sich Paare und Zeugen wie unter einer steinernen Schutzgottheit postieren können. Dabei hatte gerade dieser Calvaire zunächst eine ganz andere Aufgabe: er wurde zwischen 1602 und 1604 errichtet und sollte für die Errettung von der großen Pest im Jahr 1598 danken. Betritt man die Kirche, so scheinen jene düsteren Zeiten dann völlig vergessen. Hier hat man aus Granit und Beton ein solides Gotteshaus in den Mittelpunkt der windigen Halbinsel gestellt, und im Schutz der starken Mauern entfaltete sich die bäuerliche Farbenfreude an den hölzernen Altären und Schreinen.

Wie abgeschlossen diese Halbinsel in früheren Zeiten war, als der Pont Albert-Louppe noch nicht existierte, läßt sich noch heute aus der Vielzahl eigentümlicher Ge-

bräuche und Trachten erschließen. Andere Farben, die in der übrigen Bretagne als viel zu weltlich abgelehnt würden, aber auch eine Reihe von Quellen, die Kinderkrankheiten und andere Übel heilen sollen, zeigen, daß man hier in einem weitgehend autonomen Bezirk lebte oder leben mußte.
Das Elorn-Tal, die Aber-Küste und Ouessant erweisen sich, sobald man nur ein wenig auf ihre besonderen Traditionen eingeht, als eine an Überlieferungen und an Eigenleben besonders reiche Gegend der Bretagne. Fern aller Verbindungen zu Frankreich, losgelöst selbst von der alten Metropole Nantes an der Loiremündung und sogar vom bretonischen Cornwall, hat sich hier im nördlichen Finistère vermutlich mehr Alt-Bretonisches erhalten als irgendwo sonst. Die Anziehungskraft dieser Gegenden auf die Männer, die nach der alten Bretagne suchten, war denn auch besonders groß und reichte über Frankreichs Grenzen hinaus. Mallarmé weilte 1873 in Le Conquet, und die Küste mit dem Blick auf Molène und Ouessant gab ihm die großartig-düsteren Zeilen seines Grabspruchs für Théophile Gautier ein. Bernhard Kellermann, der deutsche Romancier, der mit dem Buch *Der Tunnel* einer der bekanntesten Schriftsteller der Zwischenkriegszeit wurde, ließ sich auf Ouessant zu seinem Roman *Das Meer* inspirieren.

Vor dem Ersten Weltkrieg war Brest zwar schon eine für die Bretagne große Stadt und ein bedeutender Kriegshafen. Aber sowohl im Ersten wie im Zweiten Weltkrieg spielte die französische Flotte ja keine Rolle, und auch Brest erhielt seine eigentliche militärische Bedeutung erst nach der Besetzung durch die Deutschen, nach der Errichtung der betongeschützten Unterseeboot-Liegeplätze. Die jahrelangen Bombardements durch die alliierten Luftgeschwader haben den Boden von Brest umgepflügt wie den keiner anderen Stadt. Nur das alte Schloß mit seinen überstarken Mauern und tiefreichenden Fundamenten ging aus dem Inferno mit einem erträglichen Maß an Beschädigungen hervor, so daß es sich uns heute wieder in der vertrauten Kontur präsentiert. Im Komplex dieses Schlosses finden sich auch Reste eines römischen Castrums, das bis tief ins Mittelalter noch sichtbar war und erst im zwölften Jahrhundert durch einen bretonischen Festungsbau ersetzt wurde. Zweitausend Jahre lang war also Brest die Meeresfestung der Bretagne, deren geschützte Lage sogar die normannischen Seeräuber abschreckte. Aber ebensolange fehlte es auch an den tragfähigen Hinterlandverbindungen, fehlte es an einem Fluß wie der Loire, die Nantes zu einer reichen Mittlerstadt zwischen Frankreich und dem Meer werden ließ, und so blieb Brest doch in seiner lokalen Rolle beschlossen mit einer Geschichte, die für den Nichtfranzosen, ja für den Nichtbretonen nur wenig des Interessanten enthält.

Richelieu, der Kardinal mit dem Feldherrenblick, beschloß den Ausbau von Brest zu einem großen Kriegshafen für die französische Flotte, und Colbert, der hervorragende Organisator, führte diese Pläne dann technisch durch. In jenem siebzehnten Jahrhundert, da es an Maschinen noch so gut wie völlig fehlte, mußten alle nötigen Arbeiten von Menschen geleistet werden, und diese Menschen waren im Zeitalter des Absolutismus Sträflinge.

Le Bagne de Brest, das Bagno, die Zwangsarbeitersiedlung, erlangte eine traurige Berühmtheit auch über Frankreich hinaus. Wurde man im alten Frankreich zur

Galeere verurteilt (wozu es zeitweise genügte, Protestant zu sein), so bedeutete das nicht wie im alten Rom den Platz auf der Ruderbank eines Kriegsschiffs, sondern eine Reihe von Jahren als *forçat*, als Kettensträfling. *La grande fatigue* (wörtlich: die große Müdigkeit), das waren die Erdarbeiten für den Hafen, die Arbeiten im Wasser, an der Festung, das Rudern der schweren Lastboote. *La petite fatigue* bestand im Innendienst in Werkstätten oder im Arsenal. Fluchtversuche waren sinnlos, denn rings um das Bagno lebten Zigeunersippen davon, entsprungene Sträflinge mit ihrem einmaligen Spürsinn und ihrer Ortskenntnis wieder einzufangen.

Von dem allen ist also nun nichts mehr übrig, so wie ja auch La Goletta, die uralte Verbrecherstadt von Marseille mit ihren unergründlichen Kellern, Durchhäusern und Verstecken dem Zweiten Weltkrieg zum Opfer fiel und einem nichtssagenden Quartier aus Lagerhäusern und Geschäftsgebäuden Platz gemacht hat. Brest wurde – wie man so sagt – großzügig wieder aufgebaut, und wenn man all das, was hier aus den Trümmern auferstand, an einem Sonnentag durchwandert, so mag es anspruchslose Gemüter etwa so beeindrucken wie eine Gelehrtenstadt in Sibirien oder eines der harmlosen Monster-Nester im amerikanischen Mittelwesten. Es fehlt nur leider gerade das, was man im Tourismus der Siebzigerjahre mit einem neuen Zauberwort *Animation* nennt. Die Stadt wirkt wie der auf Zukunft gekaufte Anzug eines Vierzehnjährigen, der dann doch nicht mehr weitergewachsen ist. Sie paßt nirgends, die Parks sind leer, an der langen und aussichtsreichen Promenade des Cours Dajot langweilen sich ein paar Gruppen von Binnenfranzosen, die Straßen sind zu lang, als daß man in ihnen zu Fuß gehen könnte, und damit sind auch die wenigen Läden und Gaststätten zu einem langsamen Sichtum verurteilt. Stimmung kommt nirgends auf, Plougastel mit seinen siebentausend Einwohnern wirkt zwanzigmal so animiert wie das zwanzigmal so große Brest.

Ob das noch einmal anders wird? Ob die Zeiten wiederkehren, da Brest sein echtes Eigenleben hatte, ein Leben der Stadt mit dem Meer, an dem nicht wenige der besten Geister der Bretagne ihren Anteil hatten? Hat man das heutige Brest durchstreift und schließlich am Bahnhof ein paar Menschen gefunden, die nicht in Autos saßen, so denkt man gar nicht mehr an die eigene Enttäuschung: wie muß einem Henri Quéfellec zumute sein, diesem modernen Barden der Bretagne, wenn er heute seine Geburtsstadt wiedersieht! Hier fand der romantische Dichter Chateaubriand eine geistvolle Freundin wie die Romanschriftstellerin Claire de Kersaint, Tochter eines bretonischen Grafen, die in der Emigration dann einen Herzog von Duras heiratete; hier lebte einer der wenigen Romanciers, die man zu Recht Dichter nennen kann, nämlich Louis Hémon, nur dreiunddreißig Jahre alt geworden, aber durch *Maria Chapdelaine* für immer ein Name der Weltliteratur. Alle waren hier, die das Fernweh in Frankreichs Westen trieb, Flaubert und Chateaubriand, Alain-Fournier und Jules Romains und die beiden Genies der Exotik, der französischen Phantasien über die Welt und den Orient, der feinere Victor Segalen (in der rue Massillon zu Brest geboren) und der unerschöpfliche Claude Farrère, der Simenon des Abenteuerromans.

Nun, es ist vorbei. Auch in Deutschland gibt es Städte, die nie wieder das sein werden, was sie waren, und es gibt vor allem viele Städte, die nicht mehr deutsche

Städte sein dürfen. Brest übt sich in stolzer Trauer. Man führt die Touristen auf Kriegsschiffe, aber natürlich nur, wenn sie einen französischen Paß haben. Die EG oder die NATO haben da nichts zu sagen. Auch die Arsenale und das Schloß, das wird alles sorgfältig den Landeskindern vorbehalten, damit die paar Winkel, die den Russen oder Chinesen oder Korsen vielleicht doch noch unbekannt sind, es noch ein Weilchen bleiben mögen. Hingegen dürfen wir, falls es nicht gerade Dienstag ist, in das *Musée Municipal*. Dort geht es auch patriotisch und kriegerisch zu. Die Marinemaler erinnern uns an die Seeschlacht zwischen der *Surveillante* und dem britischen Schiff *Québec*. Die Schiffe machten einander vor Ouessant den Garaus, der Brite sank zuerst, der Franzose erst im Hafen. Kommandant des waidwunden Siegerschiffes war Le Couedic, aus einer uralten bretonischen Familie. Als er nach zwei Kopfschüssen die Brücke räumen und sich in Pflege begeben sollte, antwortete er unwirsch: »Laßt mich doch, ich bin ohnedies schon seit zwei Stunden tot«.

Wir finden aber auch, wie nicht selten gerade in französischen Provinzmuseen, einige Raritäten aus dem Kreis der weniger bekannten Talente, so ein Gemälde des Schlachtenmalers Casanova (ein älterer Bruder des berühmten Abenteurers), eine hübsche akademische Szene des einst gefeierten Charles-Antoine Coypel, der in der Régence die Herzen der Damen höherschlagen ließ, und schließlich – als eine Vorübung auf das bretonische Cornwall – ein paar Meister aus der Schule von Pont Aven, Gefährten also des Paul Gauguin, freilich ohne sein Genie: Serusier, Maurice Denis, Emile Jourdan, Lacombe und Maufra, die man nirgendwo sonst noch so zahlreich versammelt fände.

Ohne Paß dürfen wir auch das *Musée du vieux Brest* betreten, selbst an jenem Dienstag, an dem in ganz Frankreich die meisten Museen und sogar einige Kabarets geschlossenhalten. Es befindet sich in der Tour de la Motte-Tanguy aus dem sechzehnten Jahrhundert, ein wenig stromabwärts von der sehenswerten Klappbrücke, die Brest mit dem Vorort Recouvrance verbindet. Hier, an der Mündung des Arsenal-Kanals, mit dem seltsamen Namen Penfeld, in den Hafen, hat Brest also zwei altertümliche Bauten aus dem Bombenchaos des Zweiten Weltkriegs retten können, und in dem Turm am rechten Penfeld-Ufer hat, als traurig stimmende Sammlung von Erinnerungsstücken, eben jenes Museum einen einigermaßen passenden Platz gefunden. Man sieht, daß es im Bagno bis zu 4000 Häftlinge gab; man kann sich vorstellen, wie Brest in früheren Jahrhunderten aussah und was die Rue de Siam (so benannt nach einer Gesandtschaft aus dem Fernen Osten) einst war, eine Straße, an der heute nur noch der Name originell ist. Das klingt alles sehr hart, ist aber nur Betrübnis, und eine gewisse Erleichterung stellt sich erst ein, wenn man sich darüber Rechenschaft gibt, daß die Bretagne, von Brest und Saint-Malo abgesehen, noch immer besser weggekommen ist als die unglückselige Normandie.

Ein Hochwald und seine Geheimnisse

Vor hundertfünfzig Jahren sah es so aus, als werde die beginnende Industrialisierung den letzten Rest bretonischen Eigenlebens vernichten und die Bretonen selbst zu einer grauen Schar von Fabrikarbeitern oder Bergleuten machen, die sich an die großen Traditionen ihrer seefahrenden Ahnen kaum noch erinnern. Damals malte der aus Morlaix stammende Schriftsteller Emile Souvestre das Bild von den letzten Bretonen (in seinem so betitelten Roman) nach eigenen Eindrücken etwa so: »Gegen Mittag sehen Sie dann die Männer vorüberziehen, einzeln, mit Gesichtern wie von Leichen; am Ledergurt, den sie um den Leib tragen, hängt die Grubenlampe, in der Hand tragen sie den *pen baz* (einen Knüttel). Dies ist die Morgenschicht aus den Bergwerken von Poullaouen, die nach Hause zurückkehrt«.

La Mine, das Bergwerk, sehen wir noch auf der Landkarte; auch an der Straße weist das eine oder andere Schild auf die alten Blei- und Silbergruben hin, im übrigen aber hat sich das Bild der Landschaft und der Menschen rund um Huelgoat offensichtlich sehr stark gewandelt, denn nirgends in der Bretagne sind Frieden, Idylle und Erholung uns so sicher wie eben hier, in den Bergen des Argoat.

Der Stützpunkt, von dem aus man diese wenig bekannte Landschaft erkunden und wenn man will sogar erwandern kann, ist das verwunschen an einem Miniatursee mitten im Wald liegende Städtchen Huelgoat, was soviel heißt wie Hochwald. Als Souvestre hier die Leichengesichter der letzten Bretonen studierte, hatte ein anderer Kunstzweig Huelgoat beinahe schon entdeckt: die Maler

nämlich ließen sich durch die Bleibergwerke keineswegs abschrecken; sie kletterten im Hochwald herum, skizzierten, auf riesigen Steinen sitzend, das urtümliche Chaos dieser Bergnatur und begeisterten sich an einer Bretagne, die so ganz anders war, als man sie sich vorstellt. Und schließlich schrieb Paul Serusier – der Pariser Maler, der dann im bretonischen Morlaix starb – an den damals noch sehr jungen holländischen Maler Jan Verkade: »Je öfter ich an Huelgoat zurückdenke, desto mehr will es mir scheinen, als hätte ich seine noch jungfräulichen Schönheiten viel zu wenig gewürdigt«.
Nun, das hat sich inzwischen geändert: man würdigt Huelgoat, und selbst die Deutschen, die doch eine Zugspitze haben, klettern hingerissen auf den Dreihundertern der Umgebung herum, lassen ihre Kinder an die Wackelfelsen tippen und bestaunen den See, der gerade groß genug ist, um ein paar Plätten vom Königssee aufzunehmen. Selbst die Jungfräulichkeit, die Serusier so begeisterte, ist nicht völlig verschwunden; sie zieht sich nur sommersüber in den Hochwald zurück und kehrt pünktlich am 1. September zurück, denn am 31. August sperrt alles zu, was in Huelgoat auf sich hält – das *Syndicat d'Initiative* ausgenommen. In diesem mit einer bei allem Liebreiz noch intelligenten jungen Dame besetzten Touristenbüro kann man ein Interview abziehen wie mit dem Fremdenverkehrsminister persönlich: Mademoiselle weiß alles, Vordergründe, Hintergründe, Tendenzen, das Komplizierteste, aber auch das Einfachste, wie zum Beispiel den Unterschied zwischen Engländern und Deutschen: hat ein Tourist kein Geld, so kommt er mit Sicherheit von der nahen Insel Albion.
Man braucht allerdings hier im Binnenland nicht viel Geld. Dinard und La Baule mit ihren Fünfsterne-Kästen

sind weit, und wenn auch der neue Naturschutzpark seine Grenzen kunstvoll um Huelgoat herumgezogen hat, so ist doch kaum zu befürchten, daß hier, zwischen Wäldern, Fischbächen und den letzten verschreckten Feen, urplötzlich Luxushotels entstehen werden. Huelgoat hat den Ehrgeiz, das Herz des Waldes zu bleiben und vom Charakter her eine Sommerfrische alten Stils. Dabei wirkt das Städtchen selbst durchaus nicht bretonisch. Der weite, offene Stadtplatz erinnert eher an Süddeutschland. Er ist freundlich, ja zutraulich und hat nichts von der Melancholie der Finistère-Dörfer. Die Kirche herrscht nicht, sie hat sich in die Längsseite des Platzes eingegliedert und ist von Gaststätten und Läden umgeben. Die Siedlung ist offensichtlich jung, sie hat nichts Mittelalterliches, und das ist umso erstaunlicher, als das Argoat (=der Wald) ringsum mit Dolmen, Menhiren und Grabhügeln aus vorgeschichtlicher Zeit reichlich versehen ist. Das heißt: die Menschen haben sich schon vor langer Zeit hierher zurückgezogen, aber das große und bergige Waldgebiet hat durch die Jahrhunderte bis an die Schwelle des Eisenbahnzeitalters eine eher isolierende Rolle gespielt und die kleinen Waldgemeinden in einer gewissen Abgeschlossenheit gehalten. Im Böhmerwald, im Riesengebirge, selbst im Schwarzwald kennen wir ähnliche Zentren, und auch so reizende Orte wie etwa das niederösterreichische Gutenstein wurden erst durch die Eisenbahn aus der Abschirmung durch die dichten Wälder erlöst.
Die Römer gruben hier um Huelgoat nach Silber, und lange Zeit galt das sogenannte Camp d'Artus im Norden des Städtchens als Rest eines Römerlagers. In den dreißiger Jahren jedoch begannen englische Archäologen in dem Doppelrund der alten Befestigung zu graben und

stellten fest, daß es sich um eine keltische, also vor-römische Anlage handelt. Der Volksmund, der den rätselhaften Platz seit geraumer Zeit Camp d'Artus nannte, hatte mit seiner Zuschreibung an den Sagenkönig zwar nicht die Epoche, aber doch zumindest das Volk getroffen.

Im übrigen regieren naturgemäß in der Umgebung eines so beliebten Erholungszentrums die seltsamsten Phantasien, denn ein Spazierziel muß ja auch seinen attraktiven Namen haben. Es gibt, wie bei uns auch, ein Eberloch, aber längst keine Eber mehr, es gibt einen schaurig klingenden Abgrund (Le Gouffre), der im Zeitalter der japanischen Horrorfilme nicht einmal mehr unsere Kinder erschreckt, und natürlich jede Menge von Felsen, so häufig (und bisweilen so geformt) wie anderswo die Pilze. Die Bretagne war ja eine der Gegenden, wo sich Eiszeitgletscher lange hielten und dann ziemlich plötzlich abschmolzen, soweit man in der Erdgeschichte von plötzlich sprechen kann. In den Wäldern blieb jedenfalls allerlei großes Gestein liegen, und wer mit Kindern in die Ferien fährt, der braucht rund um Huelgoat jedenfalls nicht zu fürchten, daß ihnen langweilig werde (wo doch die Bretagne den einzigen Heiligen gegen die Langeweile besitzt, den es überhaupt gibt, nämlich Saint Languis).
Man unterhält sich hier also – sofern man nicht fischen geht, wie die Franzosen – etwa in der Art wie in den alten österreichischen Sommerfrischen; und wenn in diesem bretonischen Ischl auch der Kaiser fehlt, die Frau von Schratt und die Konditorei Zauner, so sind dafür die Preise wesentlich niedriger. Die Umgebung ist in der Nähe, im Bereich der Ausflüge zu Fuß, charmant, wenn auch nicht sensationell. Für Autoausflüge hingegen gibt

Douarnenez

Der neue Hafen von Saint Guénolé, im Hintergrund der Leuchtturm von Eckmühl.

Concarneau

es mindestens ebensoviele lohnende Ziele wie an den Küsten.

Die Zone der Ausflüge von Huelgoat aus reicht im Süden bis zu den Montagnes Noires, im Westen bis auf die Halbinsel von Crozon und vereint somit in glücklichster Weise die Attraktionen des kunstreichen Binnenlandes mit dem Naturschauspiel eines Meeres, das sich im ewigen Kampf zwischen Gezeiten und Gestaden immer tiefer ins Land hineinfressen konnte. Von Huelgoat aus läßt sich die Vielgesichtigkeit der Bretagne mühelos erkennen, zugleich wird aber auch die große Einheit erkennbar, die dieses von Frankreich abgeschlossene Halbinsel-Land im Lauf der Zeiten geworden ist.
Zu den stärksten landschaftlichen Eindrücken einer bretonischen Reise zählen zweifellos die Übergänge zwischen dem Bergland des Argoat und dem lieblichen Aulne-Tal im Süden und Südwesten. Die D 14 führt von Huelgoat aus zunächst in der Höhe, teilweise sogar als Kammstraße hin, was immer wieder schöne Ausblicke gewährt. Saint-Herbot, die erste Station auf dieser Südwestfahrt, ist ein kleines, dicht um die Durchfahrt gedrängtes Dorf mit einer bemerkenswerten Kirche. Ihr Viereckturm atmet ein wenig von der strengen Großartigkeit der Landschaft; der Chorabschluß aus altem Eichenholz läßt erkennen, daß die hier einst sehr ausgedehnten Wälder früher die Hauptmaterialien für alle Bauten lieferten, später dann immerhin noch für die Innenausstattung. Das Granitkreuz vor der Kirche ist aus dem Stein des nahen Kersanton gefertigt.
Locqueffret und Lannédern setzen die Reihe der sehenswerten Sakralanlagen in Bergdörfern fort, doch wird die Kirche von Lannédern gerade mit einem neuen

Dach versehen. Im Sommer 1977 sah das ehrwürdige Gebäude so bunt aus wie ein Zirkuszelt, da man zum Schutz der Kunstschätze im Innern den halbfertigen Dachstuhl mit riesigen Planen abdeckte.
Loqueffret und das seitab liegende Brennilis setzen den Charme ihrer bescheidenen, aber sehr schönen alten Kirchen, Kreuze und Beinhäuser gegen die monströsen Zweckbauten der nahen Energiezentrale der Monts d'Arrée. Eine tiefe Absenkung wurde hier zu einem künstlichen See, in dessen Nähe sich, mit dem Kraftwerk kombiniert, ein großer Atommeiler befindet. Er arbeitet jedoch nicht mit angereichertem Uranium, sondern mit jenem Schweren Wasser, aus dem im Zweiten Weltkrieg die Deutschen vergeblich eine Atombombe zu gewinnen hofften.
Westlich von Lannédern teilt sich die Straße. Rechts, also in nördlicher Richtung, führt sie über Brasparts mit seinem einzigartig gelegenen kleinen Kirchhof zu zwei bekannten Aussichtspunkten: der eine ist die Chapelle Saint-Michel-de-Brasparts, der andere der Roch Trévézel, der uns allerdings eine kleine Wanderung aufnötigt, während die meisten anderen Aussichtsstraßen in der Bretagne – da sie allesamt ja nicht sehr hoch liegen – bis zu großen Wendeplätzen führen, auf denen dann ein halbes Hundert Automobile die Einsamkeit der Landschaft stören.
Der Roch Trévézel, auch Roc'h oder Roc geschrieben, sieht trotz seiner 384 Meter in der ihn umgebenden Ödnis wie ein Hochgebirgsstock aus, und der hier zu allen Zeiten wehende Wind, der weite Blick und die großartig-einförmige Landschaft geben uns echte Gipfel-Gefühle ein, wie wir sie aus den Alpen kennen. Man muß hier heraufsteigen, um die zweite Komponente jener

mystischen Bretagne kennenzulernen, die uns in den Kirchen und kleinen Dörfern umgibt: das doch stets vorhandene Bewußtsein einer ganz nahen Unendlichkeit, sei sie nun durch den Ozean oder durch den weiten Luftraum repräsentiert und in die Lebensbereiche der Fischer oder Bauern einbezogen.

Vom Roch Trévézel aus kann man nach Westen über das alte Kirchendorf Sizun nach Brest, nach Norden in Richtung Morlaix oder aber nach Osten zurück nach Huelgoat gelangen.

Die Südabzweigung von der D 14 führt aus der großartigen Berglandschaft heraus in eine Zone alter Besiedlung, die einige der sehenswertesten Orte der ganzen Region Finistère umschließt. Der erste ist Pleyben mit einem Enclos mitten im Städtchen, unter breit ausladenden Baumkronen. Kaum irgendwo anders läßt sich so deutlich erkennen, welche Rolle Kirche, Calvaire und Beinhaus in den kleinen Lebensgemeinschaften der Bretagne gespielt haben und zum Teil auch noch spielen. Allein der Calvaire, auf mächtigem Sockel figurenreich aufgetürmt, ist die Reise wert, aber auch das Beinhaus mit seinen ziemlich achtlos dargebotenen Schätzen lohnt uns den Besuch durch den Anblick jener alten Ansichten, die erkennen lassen, wie in früheren Zeiten der Tod und die Toten im Herzen des Dorfes mitwohnten. Die Gräber waren noch im achtzehnten Jahrhundert ganz flache, bedeckte Gruben ohne Kreuze oder Denkmale. Man ging über sie hin, und nur das Beinhaus, in dem die aus dem Boden genommenen Reste früherer Bestattungen aufbewahrt wurden, erhob sich als mahnende Erinnerung an die Nähe des Todes über dem verwahrlosten Platz.

Hier, im vielgenannten Pleyben, herrscht auch ein gewisser Touristenzustrom. Im Beinhaus hat, unbeeindruckt von den düsteren Anklängen der Todesnähe, eine liebenswürdige alte Dame einen kleinen Verkaufsstand eröffnet. Ein wenig überfordert und unzureichend versorgt, vermag sie nur das Üblichste zu bieten, die Ansichtskarten und ein paar Bildhefte, keine Reproduktion der packenden alten Ansichten. In der anderen Ecke liegen alte Figuren von Künstlerhand und zerbrochener Fassadenschmuck achtlos durcheinander: es gibt eben zu viel Kostbarkeiten und zu wenig Menschen in der Bretagne.

Kirche, Calvaire und Beinhaus stammen alle aus der gleichen Bauzeit und wurden zwischen 1550 und 1580 errichtet, wobei die Datierung des Calvaires längere Zeit umstritten war und erst aufgrund der dargestellten Kostüme endgültig geklärt werden konnte. Es gab nämlich – wie in diesem Klima kaum anders möglich – spätere Ausbesserungen und Ergänzungen, und auch die Triumphpforte wurde erst im achtzehnten Jahrhundert errichtet, die Kirche im neunzehnten Jahrhundert restauriert.

Die Kirche gesellt zu einem kräftigen, beinahe festungsartig wirkenden Renaissance-Turm gotische Elemente, das Beinhaus zeigt hochgotische Bauweise. Das Interessanteste ist, wie in manchem Gotteshaus der inneren Bretagne, die alte Holzarbeit. Im Beinhaus stehen naive und bemalte Holzheilige und andere Einrichtungsgegenstände unter längst verwischten und unleserlichen Schrifttäfelchen; in der Kirche zeigt uns die Zimmermannsarbeit des sechzehnten Jahrhunderts, wie souverän man schon damals auch mit komplizierten Konstruktionen umzugehen verstand.

Pleyben ist ein kleines Zentrum ländlichen Pilgerbetriebes, denn man kann von hier aus die Pilgerfahrt der Sieben Kapellen antreten, ähnlich wie ja auch in Rom bestimmte Kirchen zu einer geschlossenen Kette von Besuchen verbunden und durch einen Ablaß aus der Reihe anderer Gotteshäuser herausgehoben sind. In dem hier ziemlich häufigen Regen mag so manche dieser langen und beschwerlichen Wanderungen viel echte Pilgermühe erfordert haben.

Die weltlicher gesinnten Besucher der Region sehen in Pleyben den Ausgangspunkt zu Erkundungen im Aulne-Tal, das als besonders fischreich gilt. Freilich sind die Forellen und was sich sonst noch in den Gewässern herumtreibt ziemlich launisch: Dauerfischer berichten von Tagen ohne jeden Fang, auf die dann Tage mit reicher Beute folgten. Vollends verloren ist, wer mit den falschen Ködern fischt, sich auf Fliegen und Pasten verläßt. Die verwöhnten Lachse von der Aulne beißen nur auf Crevetten.

Diese und andere Tips holt man sich kostenlos und in angenehmster Gesellschaft an der Bar der kleinen *Auberge du Pêcheur*, fünf Kilometer südlich von Pleyben idyllisch zwischen den Fischwassern gelegen. Das wie von einem Sonntagsmaler entworfene Haus verdient nicht nur das Vögelchen für die ruhige Lage, mit dem der rote Guide Michelin es ausgezeichnet hat, sondern auch eine ehrende Erwähnung der Küche. Die Preise sind für unsere Gewohnheiten angesichts all des Gebotenen geradezu märchenhaft niedrig und hielten im Sommer 77 noch bei 35 DM für die Vollpension.

Pleyben liegt an der streckenweise gut ausgebauten Durchgangsstraße von Carhaix-Plouguer nach Châteaulin, dem wichtigsten Kreuzungspunkt zwischen Brest und Quimper. Carhaix hat um ein liebenswürdig-betriebsames und altes Zentrum ziemlich phantasielos und unkontrolliert neue Viertel gelegt, in die der berühmteste Mann der Stadt – Théophile Malo-Corret de la Tour-d'Auvergne – von seinem Sockel hinausblickt. Seiner Geburtsstadt kehrt er dabei den Rücken. Corret ist einer der Helden aus jener Zeit, da Frankreich militärisch noch eine Rolle spielte, und dazu einer der sympathischsten, weil er die bretonische Bescheidenheit mit jener ruhigen Todesverachtung vereinte, wie sie an diesen Küsten nicht wenige Männer auszeichnet. 1743 aus einer illegitimen Nebenlinie des berühmten alten Geschlechts geboren, erwarb er sich in den Feldzügen des Jahrhundert-Endes außerordentlichen Ruhm. Er gilt, obwohl nur Hauptmann, als der Eroberer von San Sebastian, weil ihm die Verteidiger der Stadt, betroffen von seiner unerhörten Kühnheit, die Schlüssel der Festung überreichten. Aber er widmete sich nach diesen Heldentaten ebenso eifrig seinen keltischen Studien, als ihn die junge, adelsfeindliche Republik mit einer winzigen Pension nach Carhaix zurückschickte. Als seinem Freund und Studiengefährten Brigant der vierte Sohn einberufen werden sollte, obwohl schon drei andere den Tod auf den Schlachtfeldern gefunden hatten, sprang Corret, schon 53 Jahre alt, für den Konskribierten ein und zog unter Napoleon ins Feld. Von dem Korsen zum *Premier Grenadier des Armées de la République* erklärt (Dekret vom 27. 4. 1800), fiel er genau zwei Monate darauf gegen die Österreicher in dem Gefecht von Oberhausen bei Neuburg an der Donau, wo bis heute ein Denkmal an ihn erinnert.

Obwohl Carhaix schon in galloromanischer Zeit ein Verkehrsknotenpunkt war und uns noch heute durch eine

Reihe alter Häuser erfreut, möchte man doch meinen, daß die Stadtväter einer europäischen Berühmtheit wie Corret de la Tour-d'Auvergne einen freundlicheren Platz als ein scheußliches Riesen-Parking hätten zubilligen können. Aber der alte Haudegen selbst hätte sich vermutlich nicht sonderlich viel daraus gemacht.
Bis auf die Höhe von Carhaix, genauer gesagt bis zu dem 13 Kilometer nördlich der Stadt gelegenen Saint-Gildas, erstreckt sich in seiner östlichsten Ausdehnung der große *Parc Naturel Regional d'Armorique*, eine ziemlich komplizierte Bezeichnung, hinter der sich jedoch etwas sehr Schönes und Nützliches verbirgt. Der Park ist eine große Schutzzone nicht etwa nur für Pflanzen und Tiere, wie in unseren Gegenden, sondern auch für Kleinsiedlungen, altes Handwerk, Brauchtum und Traditionen. Da man Verkehrswege wie den Schnellweg von Quimper nach Brest ebensowenig einbeziehen konnte wie größere Siedlungen, mußte man auf einen geschlossenen Großraum verzichten. Immerhin aber reicht die Binnenzone des Schutzgebietes – geformt etwa wie eine Kuhhaut – von Morlaix und Guerlesquin bis vor das kleine Dorf Rumengol, bildet dann eine zweite kleinere Zone zwischen Châteaulin und Landévennec und erfaßt schließlich auch Küstengebiete und Inseln zwischen Crozon und Ouessant. Daß Rumengol ausgespart wurde, hat seinen Grund wohl darin, daß die zwei Pardons dieses Dorfes – der berühmtere am Sonntag Trinitatis, der andere am 15. August – alljährlich große Menschenmengen, aber auch Schausteller und andere Gewerbe nach Rumengol strömen lassen. Hingegen hätte man gewünscht, daß das sehr malerische und relativ dünn besiedelte Vorland der Montagnes d'Arrée in diesen gesetzlichen Schutzraum einbezogen würde: die kleinen

Kirchendörfer Comana und Sizun, im Norden noch Plougonven und im Süden das reizende Brasparts mit seinem melancholischen Charme.
Nun, die Bretonen werden für das Ihre auch sorgen, ohne daß man sie schützt wie die letzten Rothäute. Es ist auffällig und verdient beinahe Bewunderung, wie vollständig die modernen Hotelbauten, die Appartementhäuser und die Bungalow-Dörfer selbst in den touristisch intensiv genutzten Küstenstreifen fehlen. Hier beginnt der wachsame Verstand einer Landbevölkerung, die erkannt hat, daß eben die bretonische Eigenart den Hauptreiz eines Landes ausmache, das andernfalls wegen seines unsicheren Wetters trotz aller natürlichen Schönheiten gegenüber den Dutzendstränden am Mittelmeer ins Hintertreffen geriete.
So gibt es denn auch keine Enttäuschungen, wenn wir aus dem Parc Regional der Bergregion weiter nach Westen in die kleinste Parkzone auf der Halbinsel Crozon fahren. Es ist eine sehr schöne Strecke, die sich aus wilder Berglandschaft sanft gegen das Meer hin senkt, und wenn man diese Fahrt gar noch abends macht, während die Sonne langsam immer tiefer zum Meer hinabsteigt, dann erlebt man überhaupt zauberische Stunden. Die Felsen werden blau und schließlich schwarz,während das Meer sich mit düsterer Glut erfüllt. Selbst Châteaulin, das Brückenstädtchen mit seinem allzu regen Verkehr, gewinnt in diesen Augenblicken einen gewissen Reiz mit seinen langen Quaistraßen an der Aulne, und der Blick vom Menez Hom (330 m) über die Halbinsel von Crozon hin und zurück ins Land wird vollends unwirklich.
Sainte-Marie-du-Menez-Hom und das nahe Dorf Argol zeigen die letzten vollständigen Sakral-Ensembles und

sind doch deutlich voneinander unterschieden. Sainte-Marie wirkt auf seiner Paßhöhe beinahe verlassen, eine Kirche, die übriggeblieben zu sein scheint aus Zeiten, in denen man noch viel enger mit diesen Denkmalen von Glauben, Tod und Auferstehung lebte. Danach, schon Minuten nach dem kleinen Friedhof unter den hohen Bäumen, beginnt ein anderes Leben, melden sich die Strände mit dichter werdenden Hinweisen auf Gaststätten. Saint-Nic und Saint-Côme werben nicht mit ihren alten Kirchen, sondern mit ihren Stränden und Restaurants, und die Halbinsel, die aussieht wie der Kopf eines Hammerhais, entwertet ihren erhabensten Punkt – die Pointe de Penhir – durch ein bombastisches Denkmal im hochgaullistischen Monumentalstil.
Das ist sehr schade, wenn auch ein gut Teil der aus allen europäischen Ländern stammenden Besucher den markig-banalen Text des steinernen Ungetüms gar nicht versteht. Der Blick hier draußen ist nämlich wirklich einzigartig und in gewissem Sinn sogar schöner als von der Pointe du Raz, denn hier sind die Gestade mit dem Meer verschlungen, stoßen rot und goldsandig immer wieder in die große Bläue hinaus und schaffen eine beinahe mythische Verschwisterung der Elemente. Die Felsen, das niedrige Gras, der Wind und die Sonne sind so großartig, daß keine Kinderschar aus einem Landrover, kein unvermittelter Bikini auf einem Klippenpfad die Atmosphäre zu stören vermag; und dann kommen an diese urtümliche Megalithenküste die modernen Monumentenbauer, kehren sich an keinen Parc Regional und reagieren ihre militärischen Minderwertigkeitskomplexe in Beton ab.
Man zirkuliert ein wenig mühsam auf Crozon, und auch das Städtchen, nach dem die Presqu'île benannt ist, bie-

tet nur sehr wenig Raum. Um so überraschender empfängt uns hoch und hell die Kirche, der man sogar die Holzdecke im Jahrmarktsblau verzeiht, so geräumig und stimmungsvoll erscheint sie mit den kunstvollen Fenstern. Ein Glanzstück primitiver Kirchenkunst ist ein buntes Halbrelief mit Flügeln von 1602, das sich vorgenommen hat, das Martyrium der Thebaischen Legion darzustellen. Das wohlgeordnete Neben- und Übereinander der Personen ist ein verblüffender Versuch, auch dem schlichten Volk eine zutreffende Vorstellung der Vorgänge zu geben, und wäre das Ganze nicht so schön und fromm, so könnte man es eigentlich mit einem Comic strip vergleichen: Allen zugänglich und in der Sache unbeirrbar . . .

Auf der D 8, die sich an einer sanften Badebucht vorbei nach Westen zieht, erreicht man Camaret-sur-Mer, einen reizenden kleinen Hafen, der den schützenden Felsen zu einer breiten Mole ausgebaut hat. Hier liegt Notre-Dame-de-Roc'h-Amadour, sauber herausgeputzt und den Schiffern inzwischen gewiß fremdgeworden. Man wüßte gerne, wie das Kirchlein aussah, das sie sich 1183 als erstes Heiligtum auf diesem Felsen erbauten. Nur ein paar Schiffsmodelle, die von der Decke herabhängen, erinnern noch an die alte Verbundenheit zwischen Religion und Meerfahrt. Am meisten Atmosphäre findet sich noch auf einem guten Bild links vom Altar, das die Kirche nach dem Brand von 1910 zeigt. Für die Photographen, die einen Vordergrund brauchen, hat man auf den Rasenplatz vor der Kapelle einen Anker gelegt.

Fährt man vom Hafen um zwei weitere Landspitzen, so hat man plötzlich die Alignements von Lagatjar zur Rechten, also Steinsetzungen, zu denen einige beson-

ders malerisch-urtümliche Menhire gehören. Manche von ihnen sehen übrigens eher nach der Osterinsel als nach der Bretagne aus . . .
An Aussichtspunkten ist naturgemäß kein Mangel, und es ist eine durchaus persönliche Entscheidung, welchen man besonders schätzt: Von der Pointe des Espagnols im Norden hat man die besten Chancen, auch große Schiffe zu sehen; sie haben nur eine relativ schmale Einfahrtrinne nach Brest zur Verfügung. Von der Pointe de Dinan sieht man auf die Kaps von Penhir hinüber, steht aber auf dem malerischen, beinahe italienisch anmutenden großen Klippenloch, und die Pointe de la Chèvre gewährt den Ausblick auf die Halbinsel Sizun mit der Pointe du Van.
Wieder zurück in Crozon, versuchten wir unser Glück in einigen Cafés, da der einzige Salon de Thé geschlossen war. Überhaupt scheinen zwischen Dieppe und Brest, in der Zone, wo man den Tee am dringendsten bräuchte, zwei von drei Teesalons ganzjährig geschlossen zu sein; besser, man vergißt alles, was man in Straßburg oder Paris oder auch in Nizza an Cafés kennengelernt hat. Derlei liegt den Bretonen ganz offensichtlich nicht. Dabei hat Crozon einen Mann hervorgebracht, von dem man alle Schattierungen des Lebens und der Genüsse hätte lernen können: den suffisanten Louis Jouvet, den unvergeßlichen Kriminalkommissar der frühen Simenon-Verfilmungen, den langen, dünnen Greifer in den herrlichen alten Citroëns. Es scheint allerdings, daß die Familie Jouvet nicht allzulange in Crozon blieb, wo Jouvet-Père als Ingenieur arbeitete, sondern in die Ardennen abwanderte, woher die Mutter des großen Schauspielers und Theatermanns stammte. Vielleicht fehlten ihm in Crozon die Cafés.

Klippen und Strände

Mit etwa gleichem Recht könnte man sagen: Druiden und Heilige, denn auf den einsamen und sturmumtobten Riffen draußen vor der Pointe du Raz schlafen die Druiden ihren langen Schlaf, und an den freundlichen Stränden vor Sainte-Anne-la-Palud versammeln sich Tausende von Menschen, um der Großmutter des Heilands bei dem berühmtesten Pardon der Bretagne ihre Verehrung zu bezeugen. Die bretonische Region Cornouaille, nach dem britischen Cornwall so benannt, woher soviele Einwanderer kamen, ist für den Massentourismus noch nicht erschlossen – sofern sich dieser überhaupt für die anspruchsvolle Bretagne erwärmen wird. Menschen, die schon beim dritten Calvaire die Nase rümpfen (»So'n Ding hab'n wir doch schon gehabt!«), denen die Kirchen zu klein und bescheiden, die Strände zu leer und die Nächte zu ruhig sind, die kommen ohnedies über die Luxushotels von La Baule und Dinard nicht hinaus, so daß die Cornouaille gut daran tut, sich auf dieses Publikum gar nicht erst einzustellen.

Hier, im bretonischen Südwesten, dominieren die jungen Leute, die mit Fahrrädern oder zu fünft in alten Käfern und Enten auf Schönheitssuche ausgehen, und nur hin und wieder findet sich dazwischen ein gereiftes Ehepaar aus jener Generation, die noch von der Schulbildung etwas hielt und die nun, entweder durch einen Fernsehbericht angeregt oder durch die Fama von der französischen Küche neugierig gemacht, auf eine geruhsame Entdeckungsreise geht. Briten und Pariser stellen das Hauptkontingent der Reisenden, danach kommen Belgier und Deutsche.

In solcher Völker-Buntheit verwandeln Buspassagiere und Einzelreisende das kleine alte Locronan in eine Art Sankt Wolfgang ohne See, und leider hat auch die Verwaltung des schönen alten Städtchens nichts getan, um wenigstens die grellsten Töne zu dämpfen. Dies beginnt bei der Einweisung in die Parkplätze vor dem Ort und setzt sich fort, wenn man im angeblichen Haus des heiligen Ronan, der im sechsten Jahrhundert das Sumpfkloster *Lokronan ar fank* gründete, ein Handwebe-Atelier antrifft, in dem man nicht einmal photographieren darf, damit die Webmuster geheim bleiben. Statt des heiligen Ronan regiert also der minder heilige Merkantilius, nicht nur in seinem alten Weberhaus, sondern auch im anstoßenden Töpferatelier und erst recht natürlich auf dem Kirchenvorplatz.
Dieser Platz mit seinen Häusern aus Locronans großer Zeit, als im sechzehnten und siebzehnten Jahrhundert die Weberei blühte, ist so geblieben, wie er damals entstand, und er bietet mit seinen wie für die Ewigkeit aus dem schönen braunen Granit errichteten Häusern einen unvergeßlichen Anblick, trotz manch knalligen Hinweis- und Lockschildes, trotz der ganzen geleckten Liebedienerei um die Besucher des schönen Ortes. Die Mauern und engen Gassen tragen dies alles freilich mit der Gelassenheit rüstigen Alters, lief hier doch schon die Römerstraße von Quimper nach Saint-Nic durch, zwischen zwei großen Wäldern, die sich mit Resten bis heute erhalten haben: der Forêt du Duc mit der kleinen Chapelle Saint-Ronan, 1912 als Ziel der Pilgerwanderung *Troménie* errichtet, und der Forêt de Nevet, ein uralter, heiliger Wald, in dem der Heilige den Kampf gegen das Heidentum aufgenommen hatte.
Die hier besonders zahlreichen Legenden wissen von

diesen fernen Zeiten mitunter phantastische Details zu berichten, nicht nur für Locronan. In Daoulas, hart nördlich der Halbinsel von Crozon, war es ein heidnischer Stammesfürst, der zwei Priester töten ließ und danach zur Sühne ein Kloster erbauen ließ (*daou laz* bretonisch für »zwei Morde«); in Locronan hatte sich der Weber-Heilige gegen den Vorwurf der Druiden zu wehren, daß er sich nachts in einen Werwolf verwandle und im Wald auf Menschenjagd gehe.
Es währte Jahrhunderte, bis sich die kleinen Christengemeinden hier festigten, und die Fürsten des Mittelalters waren es, die nach dem Abschluß der Abwehrkämpfe gegen die normannischen Seeräuber darangingen, die ersten größeren Kirchen zu bauen, die ersten jener Zentren zu errichten, die stark genug waren, ihren Bürgern Schutz zu bieten.
Der zweite oder wohl dritte Kirchenbau von Locronan nach Zerstörungen durch mittelalterliche Invasionen wurde um 1425 begonnen und um 1460 abgeschlossen. Schon das Haupttor, überdacht, mit Pforten zu beiden Seiten der Ronan-Statue, ist originell und doch würdevoll, und das Kircheninnere mit seiner homogenen Schönheit verstärkt noch unsere Gewißheit, hier ein Heiligtum ganz besonderer Art zu betreten.
Die kunstvolle Holzkanzel verweilt in zehn Medaillons bei den wichtigsten Stationen im Leben des heiligen Ronan, sie ist eine Arbeit aus den ersten Jahren des achtzehnten Jahrhunderts. Offensichtlich um die Unterrichtung des einfachen Volkes bemüht, besitzt die Kirche auch noch ein großes, sechsfach geteiltes Fenster, das in alter Arbeit aus dem 15. Jahrhundert siebzehn Szenen der Leidensgeschichte Christi zeigt.
Eine Besonderheit von Locronan ist die Chapelle du Pe-

nity, eine eher anglisierte als bretonische Form von *Pénitence* (Buße, Reue). Anne de Bretagne, eine der größten Frauen der französischen Geschichte, war als Fürstin und in unruhigen Zeiten wiederholt zu Entschlüssen genötigt, die ihrem frommen Gemüt nicht leichtfielen und ihr durch Jahre Gewissensbisse verursachten. Darauf geht (uneingestandenermaßen) der 1503 von Anne de Bretagne befohlene und 1515 vollendete Bau dieser Bußkapelle zurück, die mit breitem Durchgang beinahe wie ein Seitenschiff südlich an die Hauptkirche angebaut wurde.

Eine Pietà und ein Schmerzensheiland, zwei Holzarbeiten aus dem sechzehnten Jahrhundert, kennzeichnen den Charakter der Kapelle; sehr selten zu sehen ist auch die schöne Gruppe der Grablegung Christi, eine Bildhauerarbeit aus der gleichen Zeit. Das auffallende Grab des heiligen Ronan, dessen liegendes Steinbild sechs Karyatidenengel tragen, ist älter als die Kapelle. Es wurde auf Befehl Herzog Jean V. um 1430 geschaffen und hatte offenbar seinen Platz in der Hauptkirche, ehe die Chapelle errichtet wurde. Das Interesse des Fürsten an dem Heiligen aus den westlichen Wäldern kam nicht von ungefähr: Als Sohn eines hochberühmten, ein Leben lang Kriege führenden Vaters und einer Mutter, die ihm keine Stunde ihres vergnüglichen Lebens widmete, hatte Jean V. seinen eigenen Weg gefunden, der Bretagne zu nützen. Er war es, der mit einem entschlossenen Federstrich alle lediglich durch das Gewohnheitsrecht sanktionierten Abgaben aufhob, wie sie Adel und Klerus seit Jahrhunderten von den kleinen Leuten erpreßten. Dadurch schon ein Wohltäter seines Landes wie kaum ein anderer, jedoch in erbitterte Kämpfe gegen die an Reichtum gewöhnten Klöster verstrickt, rief der

Fürst deutsche Bergleute aus dem Harz ins Land, um den Silber- und Blei-Bergbau bei Huelgoat wieder in Schwung zu bringen. Aus der von Kriegen verheerten Normandie holte er sich Hunderte von Handwerker-Familien und sicherte die Straßen der Bretagne durch starke Polizeikräfte gegen die umherziehenden Banden britischer Söldner und davongelaufener Soldaten aus den schon allzulang währenden britisch-burgundisch-französischen Kämpfen. Jean V. bewaffnete sein ganzes Volk; jeder Mann erhielt nach seinen Gewohnheiten Schwert oder Hacke für den Kampf und einen Schild, so daß auch die kleinsten Gemeinden abwehrbereit waren (Dekret vom 20. März 1425). Der letzte Kampf des Fürsten war zugleich sein härtester: Die Kirche zog beträchtliche Gewinne aus dem Umstand, daß in den Asyl-Orten selbst Mörder nicht verfolgt werden durften. Die Bischöfe verhandelten dann mit den Familien der solchermaßen vor der Justiz Geretteten, die ja oft von Adel waren, und zogen im Wege des Freikaufs oder einer Begünstigung im Testament hohe Summen ein unter der Drohung, andernfalls den Verfolgten der weltlichen Justiz zu übergeben. Das Asylgebiet von Tréguier zum Beispiel hatte nach und nach eine Ausdehnung von vier Quadratmeilen erreicht. Es handelte sich also längst nicht mehr um den alten Brauch einer Freistatt in einer Kirche, sondern um nacktes Geschäft, und Jean V. packte den Stier bei den Hörnern, indem er sich selbst unter Schilderung der Zustände an den Papst wandte. Eine eindeutige Lösung in seinem Sinn konnte der Fürst jedoch nicht durchsetzen, und da er oft unbeherrscht war, da er seine Frau – eine französische Prinzessin – nicht selten fürchterlich prügelte und sich in zweiter Ehe eine besonders dumme schottische Königstochter kom-

Dolmen bei Pors Carn (Halbinsel von Penmarc'h)

Der Calvaire von Tronoen

Triumphpforte von Berven

men ließ, um ungestört regieren zu können, mag ihm dieser einsame Kampf gegen einen zähen und listigen Gegner manches Lebensjahr vergällt haben. Der Weber-Heilige von Locronan, der schlichte Mönch, der sich zwischen Sumpf und Wäldern seine erste Wirkungsstätte geschaffen hatte, war mehr nach Jeans Sinn als die Kirchenfürsten, die stets das letzte Wort behielten.
Unter Jean IV. hatte die Bretagne große Zeiten, unter seinem Sohn Jean V. hatte sie ihre beste Zeit, aber wie das so ist, die großen Fürsten haben bei den Historikern die besseren Zensuren, auch wenn so mancher rechtschaffen und mittelständisch regierende Monarch sein Volk glücklicher macht.
Auch bei den Pardons von Locronan gibt es eine große Zeit und ein Alljahrs-Programm. *La grande Troménie* führt die Gläubigen auf einem seit Jahrhunderten feststehenden Rundweg zwölf Kilometer lang durch die Felder und über die Hügel, ein Brauch, der an einem schönen Julisonntag eine unvergeßliche Verschwisterung der Menschen in ihren Trachten und der grünen Landschaft mit sich bringt (Zweiter Julisonntag 1971, 1977, 1983 usf). *La petite Troménie* begnügt sich mit dem kürzeren Weg zur Chapelle Saint-Ronan hinauf, ist aber ebenfalls sehr malerisch anzusehen, und das Bild ist in gewissem Sinn schöner als beim Pardon von Sainte-Anne-la-Palud, weil die enge Stadt und die schmalen Hügelwege den aufdringlichen Budenwirten und Souvenirverkäufern doch einige Schwierigkeiten bereiten. Troménie soll eine Zusammensetzung aus *Tro minihy* sein und würde, wenn dies zutrifft, nichts anderes bedeuten als »Runde ums Kloster«.
Sainte-Anne-la-Palud, eben erwähnt, bleibt trotz allem Beiwerk, das hier überschäumt wie nirgendwo sonst,

das große religiöse Fest des bretonischen Sommers, wozu gewiß beiträgt, daß auf der weiten Strand- und Dünenfläche vor der neugotischen Kapelle die Menge eben Platz hat, sich feiertäglich auszubreiten und in festlicher Stimmung herumzuziehen, Gruppen zu bilden, zu verweilen. Sainte-Anne, wenige Kilometer westnordwestlich von Locronan, ist in gewissem Sinn die Ergänzung des Ronan-Kults nach der weiblichen Seite hin: wo wäre die Großmutter des Heilands mehr angesehen, wo fände sie tiefere Verehrung als im bretonischen Land, wo die älteste Frau der Familie ganz im Sinn der altkeltischen Mutterrechts-Ordnungen im Clan dominiert!

Obwohl mancher wichtige und stark besuchte Pardon schon nach Pfingsten und mancher andere erst im September stattfindet, so ist – wie man sieht – doch auch für die eigentliche Touristensaison im Juli und im August gut vorgesorgt: Am dritten Juli-Sonntag folgt Douarnenez mit seinen schön gelegenen Kirchen über dem Hafen, am 25. und 26. Juli (also festen Daten!) der zweite große Annen-Pardon in Sainte-Anne d'Auray im südlichen Cornouaille, und im August, nach weltlichen Festen wie der *Fête des Fleurs* von Pont Aven und der *Fête des Filets bleus* von Concarneau dann am letzten August-Wochenende Sainte-Anne-la-Palud, gefolgt von dem großen Pardon von Folgoët mit seiner berühmten nächtlichen Prozession am ersten September-Sonntag.

Es sind eben nicht-alltägliche Ferien, die man in der Bretagne verbringt, die Kirchen wollen beachtet werden und die Kirchenfeste beanspruchen ihren Platz im Ferienkalender, und hat man sich erst ein wenig in der Bretagne eingelebt, dann erkennt man auch, daß dies eigentlich kein Anspruch ist, sondern ein freundliches

Angebot, teilzunehmen, zum besseren Verständnis des Volkes und seiner Landschaft eben auch solch einen großen Tag mitzuerleben. Gewiß, die Prozession, das Heiligenbild, die in ihrer Festesfreude und Frömmigkeit besonders schön und verklärt wirkenden Gesichter der jungen und der alten Menschen aus den Dörfern, das zwingt uns schon ein wenig, das zieht uns mit hinein in ein Weltgefühl, zu dem wir zu Hause nicht so ohne weiteres finden. Aber das ganze Fest hat, unter dem großen, freien Himmel der Bretagne, auf dem begrünten Dünenrücken am Meer, nichts Lastendes, nichts Düsteres, so daß man sich sogar aus der Budenstadt und dem Musikantenwirbel bald nichts mehr macht, sich aus den lärmenden Gruppen löst und hinunter zum Meer geht, von wo der Blick weit hinausfällt auf die Halbinsel von Cap Sizun, den Landsporn zwischen Douarnenez und Audierne.

Die stärksten Veränderungen, die der Tourismus in der Bretagne bewirkte, haben sich an der Bucht von Audierne vollzogen, dem längsten geschlossenen Küstenstreifen des ganzen sonst so zerklüfteten bretonischen Landblocks. Zwischen der wilden und durch ihre Strömungen der Schiffahrt so gefährlichen Pointe du Raz und dem Kaphafen von Saint-Guénolé an der Südspitze öffnet sich das Land nur an der Mündung des Flüßchens Goyen für den Seeverkehr, und auch hier, wo die Stadt Audierne entstand, bildet sich zwischen Fluß und Flut bei Schlechtwetter eine Strömungsbarriere, die es unmöglich macht, in das sichere Becken von Audierne einzulaufen. Trotz der Sandbänke, die der Goyen immer wieder aufschüttet, ist der Hafen seit Jahrtausenden bekannt und in Benützung. Die Römer kannten ihn bereits,

und die Herzöge der Bretagne zogen später aus den reichen Erträgen der Fischerei vor Audierne beträchtliche Gewinne.
Die große Zeit für Stadt und Hafen kam allerdings erst, als am Ausgang des Mittelalters baskische und bretonische Fischer etwa gleichzeitig und vermutlich unabhängig voneinander die reichen Fischgründe an der Neufundlandbank entdeckten und – Jahrzehnte bevor die Cabots diese Küsten erforschten – transatlantische Fangfahrten von großer Kühnheit auf sich nahmen, um den Stockfisch in lohnenden Mengen einzubringen.
Das bedeutete zwei Jahrhunderte der Blüte und des Reichtums für Audierne, bis gegen Ende des sechzehnten Jahrhunderts zwei Naturereignisse der glückhaften Zeit ein plötzliches Ende setzten: eine bis heute nicht genau datierte Sturmflut vernichtete die Stadt, und *la morue* verschwand, der Stockfisch zog sich in die stürmischen Gewässer der Labradorküste zurück, wo er für die kleinen Boote aus Audierne trotz allen Wagemuts unerreichbar war.
Noch einmal lachte das Glück dem Fischerstädtchen an der Goyen-Mündung, als nach den langen Kriegswirren seiner Auseinandersetzungen mit der Liga der Kardinal Richelieu den inneren Frieden des Reiches wiederherstellte und Audierne ein Umschlaghafen zwischen Spanien und Großbritannien wurde. Die gefährliche Barriere der Pointe du Raz trug zu diesem Aufschwung bei, denn die Kauffahrer, die bereits die stürmische Biskaya bewältigt hatten, zogen es vor, in Audierne zu löschen, statt die Westspitze der Bretagne zu umrunden und für ein Restchen des Weges ihre Ladung und ihr Leben aufs Spiel zu setzen.
Damals ging spanischer Wein, gingen Gewürze und Ko-

lonialwaren durch Audierne nach England und Flandern, und holländische und britische Frachten wurden in Audierne auf spanische Schiffe verladen. Die Stadt hatte 2300 Einwohner, für jene Zeiten eine beträchtliche Zahl, und es entstanden jene prächtigen Häuser der Reeder und Fernhändler, von denen einige heute noch zu sehen sind. Nach der Christianisierung der Ile de Sein (vgl. S. 173) im achtzehnten Jahrhundert, der Einrichtung von Leuchtfeuern vor dem gefährlichen Rechen der Riffe, wurde die Schiffahrt am Eingang des Ärmelkanals sicherer und Audierne sank zurück in seine nur lokale Bedeutung. Während der Revolution, also um 1790, zählte es nur noch wenig mehr als tausend Einwohner und begrüßte dankbar die im neunzehnten Jahrhundert einsetzende Industrialisierung, weil nun ein paar Konservenfabriken der Bevölkerung Arbeit und Verdienst gaben. Von der tiefen Einsamkeit, ja wilden Verlassenheit dieser Küsten zwischen den Kaps im Nordwesten und im Süden kann man sich heute keine Vorstellung mehr machen. Chateaubriand reiste hier erschauernd durch eine mythisch-leere Landschaft, in der es mehr Menhire gab als Häuser und an deren Küsten sich nur ein paar hundert der gefleckten Kühe herumtrieben, die zaudernd das karge Gras der Dünen abzupften.

Die tiefgreifenden und überwiegend destruktiven Veränderungen, wie sie der Zweite Weltkrieg in der Normandie bewirkte, blieben der Bretagne trotz ihrer langen Küsten weitgehend erspart, weil die von den normannischen Küsten aus vorstoßenden amerikanischen und britischen Truppen den Westvorsprung Frankreichs relativ schnell abschnitten und damit jede Verteidigung unmöglich machten. Auch der Kanonendonner also weckte die Bretonen nicht aus ihrem Zauberschlaf, und

noch in den fünfziger Jahren war der Aspekt der Küste südlich Audierne gegenüber den Impressionen der Reisenden vergangener Jahrhunderte nicht nennenswert verändert. Ja, die Abwendung der Touristenströme, die wegen des sogenannten Atomwetters jahrelang die Atlantikküsten flohen und das Mittelmeer vorzogen, schienen weitere Jahrhunderte oder doch Jahrzehnte jenes Zauberschlafes zu garantieren, der wie von den Druiden verhängt dem Land seine Unschuld und herrliche Ruhe belassen hatte.
Dann aber kam, auf dem Höhepunkt der Tourismus-Welle, der Umschlag des Überdrusses. Ferienwohnungen und -häuser kamen gegenüber den Hotels sieghaft ins Spiel, und damit wurden die langen und relativ leeren Küsten am Atlantik mit einem Mal wieder interessant. Angesichts der lückenlosen Verbauung vor allem der italienisch-französischen Riviera-Streifen zwischen Rapallo und Rhône erschien plötzlich die weit ins Meer hinausspringende romantische Finistère-Küste mit ihrer Südfortsetzung ins bretonische Cornwall als ein Geschenk des Himmels, und eine intensive Verbauung setzte ein.
Heute, am Ende der siebziger Jahre, zählt man an der einst so kargen Küste zwischen Audierne und Penmarc'h mehr Häuschen als Kühe, und nur die Pointe du Raz, der niedrig bewachsene Gesteinsblock westlich des Goyen, hat bis heute seinen keltisch-herben und halbleeren Charakter bewahrt. Hier nehmen sich die wenigen Hotels noch wie Schutzhütten aus; zu beiden Seiten der wenigen Straßen dehnt sich hinter Hecken dürftig bewirtschaftetes Land, und die Küsten stürzen überall wild ab, ohne Häfen, ohne Seebäder, mit dem einen oder anderen Hotel an jenen schmalen Buchten, die –

wie die Baie des Trépassés – solch insulare oder oasenartige Ansiedlungen einigermaßen zulassen.
Für diesen ganzen Bereich, der an Naturschönheiten ebenso reich ist wie an alten Kirchen, Calvaires und typisch bretonischem Dorfleben, ist Audierne heute ein touristisches Zentrum geworden, ohne darum den Reiz eines alten Fischerstädtchens verloren zu haben. Die Häuserzeile am Hafen bietet ihren vertrauten Anblick, die industriellen Anlagen zur Fischverwertung sind außerhalb der Stadt, am Ostufer der Goyen-Mündung errichtet. Mit bunten und belebten Straßen zieht sich das Städtchen den Hang der Hochfläche hinauf, so daß die alte und die neue Kirche vor den Fluten geschützt hoch liegen. Das aus dem sechzehnten Jahrhundert stammende schöne (West-) Portal der Pfarrkirche blieb auch von jener schicksalhaften Sturmflut verschont.
Der Hafen trocknet bei Ebbe aus und bietet dann den für uns Binneneuropäer ungewohnten Anblick gleichsam stehender Schiffe, die durch Taue in der Balance gehalten werden. Die beiden Dieselboote, die den Verkehr mit der Ile de Sein besorgen, fahren darum in dem weiter draußen liegenden Hafen von Saint-Estevette ab. Nur durch die Goyen-Brücke von einander getrennt, sind Audierne und Plouhinec heute die Versorgungszentren der ausgedehnten und verstreuten Strandsiedlungen und Campingplätze und ziehen aus einer Saison, die von Mai bis Oktober währt, einen Rest jener Gewinne, die See, Handel und Fischfang nicht mehr zu liefern vermögen.

An der Nordwurzel jener langgestreckten Halbinsel, die mit der Pointe du Raz weit ins Meer hinausragt und die der Fluß Goyen teilweise vom Festland abschneidet, liegt die Fischerstadt Douarnenez, um mehr als tausend Jahre jünger als Audierne und inzwischen doch mindestens dreimal so groß. Der keltisch-komplizierte Name enthält *enez*, das bretonische Wort für Insel, und bedeutet etwa »Von der Insel abhängig«. Diese Insel trägt heute den romantischen Namen Ile Tristan und liegt vor dem Trichterhafen von Douarnenez. Auf ihr fanden sich Reste eines galloromanischen Oppidums, und hier setzte sich auch in frühchristlicher Zeit ein Prior fest, der von den Fischern der nahen Küste unterstützt wurde. Als die Fischer immer zahlreicher wurden, brachte dies dem Prior und seiner geistlichen Helferschar einen gewissen Wohlstand, so daß sich die ordentliche Verwaltung des Sonnenkönigs der Sache annahm und prüfte, ob das Kloster überhaupt ein Recht zu dieser Zinserhebung habe. Es hatte keines, aber da dieses Untersuchungsergebnis – wie das damals so war – der des Schreibens unkundigen Bevölkerung niemals bekanntwurde, blieb es bei der Zinserhebung, und die Mönche lebten bis zur Revolution recht gut von den Erträgen der Fischerei in dieser Gegend.

Die Insel allerdings hatten sie aufgeben müssen. Sie war schon früh von Seeräubern heimgesucht worden, hatte dann dem berüchtigten adeligen Banditen Fontenelle (1572-1602) als wohlbefestigter Stützpunkt gedient und konnte ihrer Befestigungen erst entkleidet werden, als Henri IV. nach drei vergeblichen Versuchen die Insel schließlich eroberte und Fontenelle in Paris aufs Rad geflochten wurde.

Damit war nun der Hafen wichtiger geworden als das wehrhafte Inselchen, und Douarnenez schmolz aus älteren Fischerdörfern wie Ploaré oder Plomarch zusammen. Als Vauban einen ersten Atlantikwall gegen die

Briten zu errichten begann – also gegen Ende des siebzehnten Jahrhunderts – erhielt die Ile Tristan wieder eine Küstenbatterie zur Abwehr etwaiger Landungsversuche, und das Städtchen begann, sich nach und nach von den Geistlichen unabhängig zu machen, weil deren Interessen jenen der Fischer allzu oft entgegengesetzt waren. Sie arbeiteten hart, sie fühlten sich ausgebeutet und unterbezahlt und entsandten darum auch ihre eigenen Revolutionäre nach Paris, die sich am 10. August 1792 am Sturm auf das königliche Schloß der Tuilerien beteiligten.

Damit hatte jene neue Zeit ihren Anfang genommen, die Douarnenez inzwischen einige Fabriken eingebracht hat (eine davon auf der ehrwürdigen Ile Tristan). Seither, in unserem Jahrhundert, lebt die Stadt ein wenig auch von jenen Stränden, die dem alten Vauban soviel Kopfzerbrechen bereitet hatten, La Plage de Ris und Les Sables blancs von Treboul, dem Badeort, der sich 1945 nur unter Protest in die Gemeinde von Douarnenez einbeziehen ließ.

Wie die Dinge heute liegen, dient Douarnenez in der Touristensaison den umliegenden Stränden als Versorgungszentrum und als abwechslungsreiche Kleinstadtkulisse an Regentagen, hat aber durchaus auch seine eigenen Sehenswürdigkeiten und nicht wenige leidenschaftliche Liebhaber, die gestern und heute das Städtchen seiner Umgebung vorziehen. Der Hauptreiz, die besondere Atmosphäre des kleinen und doch nicht engen, sich nach Norden öffnenden Hafens, ist zeitlos und speist sich immer wieder aus den kleinen Bars und Crêperien, Restaurants und Hotels, die sich in der Hafenzeile aneinanderreihen und nie ohne Besucher sind. Hier kann man mit einem stets wechselnden Hafenbild

rechnen, ob nun entladen wird, ob einer nur sein Boot neu bepinselt, ob ein Kutter leise tuckernd seine Kielwasserspur durch das stille Hafenwasser zieht.
In dieser Welt kam der stille Jean-Antoine Nau zur Welt, der trotz seines Prix Goncourt heute vergessene Poet und Romancier, und hier lebte Jahr für Jahr der unvergessene Max Jacob in einem friedvoll-animierten Sommer unter Freunden, die ihm inzwischen auch eine Gedenktafel widmeten (rue Yan-d'Argent). Jacob, ähnlich wie Cocteau dichterisch *und* zeichnerisch begabt, liebte die Bretagne über alles und bildete sich in seinen Phantasien gern ein, dort schon hundert Jahre zu leben. Der nach Paris gewanderte Kunsthändler Colle verkaufte Jacobs Gouachen, wodurch der Dichter ein wenig zu leben hatte, und Colle *senior* beherbergte und ernährte ihn in Douarnenez. Sein sehnlichster Wunsch, das gemeinsame Alter mit diesem Freund, ging jedoch nicht in Erfüllung: Jacob wurde nach der Besetzung Frankreichs in das große Lager von Drancy gebracht, wo er wie so viele andere starb.
In der Oberstadt, die nur von zwei Geschäftsstraßen ein gewisses Leben erhält, weil nun einmal der Hafen das alte Zentrum ist, liegt die mit ihrem schlanken Turm hoch aufragende Kirche, ein gefälliger, ja einer gewissen Großzügigkeit nicht entbehrender Bau aus dem sechzehnten Jahrhundert, der zwei Renovierungen ohne Einbuße an Wirkung überstanden hat. Der große Innenraum mit der reichen Gliederung der Schiffe und den roten Steinfassungen der Bogen wirkt nicht sehr bretonisch – auf der Halbinsel blieb man im allgemeinen schlicht und bescheiden. Es ist ein Dom, der zu den tapferen Fischern von Douarnenez nicht sonderlich gut paßt, aber eben ein richtiges städtisches Gotteshaus, das

sich sehenlassen kann. An nebligen Sonntagen, wenn die spät aufgehende Sonne der Bretagne noch zu wenig Kraft für die Strände hat, verirren sich auch einige Damen aus den Hotels von Treboul auf die Place Gabriel Péri, parken neben der Kirche und hören die Messe.

Zwischen Douarnenez und Audierne springt die Halbinsel Sizun weit nach Westen vor. Für Autotouristen ist es ziemlich gleichgültig, ob sie sich diese Halbinsel von Audierne oder von Douarnenez aus erobern. Für die neueste Form des Erlebnis-Tourismus, für die Radfahrer, empfiehlt sich allerdings Audierne als Standquartier, weil der Weg zur Pointe du Raz hier nur halb so lang ist. Man kann aber selbst im kleinen Plogoff Fahrräder mieten und an ein paar schönen Tagen die ganze Halbinsel abfahren, denn es gibt hier keinen nennenswerten Autoverkehr, vor allem, wenn man die N 784 vermeidet und sich auf die Nebenstraßen beschränkt. Sie führen, schmal, still und mit gutem Belag versehen, zwischen hohen Hecken zu allen Zielen.
Die alten Zentren wie Sizun liegen noch tief im Land, weil die Küstenlagen eben zu gefährlich waren, weil Küstenstädte viel zu oft von Seeräubern, von den Wikingern und Angelsachsen, heimgesucht wurden, so daß sich insbesondere die Kirche mit ihrem Besitz aus dem ganzen atlantischen Küstenstreifen zurückzog. Pont Croix läßt in seiner wehrhaften Hügellage frühere Bedeutung noch ahnen, Confort ist nur ein Dörfchen mit bedeutungslosen Häusern rings um eine bemerkenswerte Kirche.
Pont Croix liegt auf dem rechten Ufer des Goyen-Flusses, der von hier an der Flut unterworfen ist und gleichsam als Teil des Meeres gilt (was der Tourist etwa daran

erkennt, daß er von Pont Croix flußabwärts am Goyen fischen darf). Auf der Hügelkuppe und in dem Viertel, das von ihr zum Fluß hinabsteigt, hat sich das Burgstädtchen alt und heimelig erhalten, mit zahllosen bunten und altertümlich wirkenden Bildern, die uns hier, wenige Kilometer hinter der belebten Ferienlandschaft, schon verblüffen. Die Schilder von Wirtschaften und Geschäften zeigen die Malerei der zwanziger Jahre. Auf dem sonnigen Platanenplatz herrscht fröhliche Promiskuität zwischen den einzelnen Gewerben; eine Fleischhauerei hat sich einen Tabakladen eingegliedert, ein Café eine Charcuterie-Abteilung eröffnet. Man ist unter sich, denn so nahe Audierne auch ist, so schön die kurze Straße dorthin das Goyen-Ufer begleitet, es finden doch nur wenige Fremde herauf zu der alten Kirche, die auf eine besondere Weise mit der architektonischen Tradition der Bretagne verbunden ist: Zunächst war es die Kathedrale von Quimper, die den Glockenturm von Saint-Croix inspirierte, der sich seit dem fünfzehnten Jahrhundert über der Vierung erhebt. Und als im neunzehnten Jahrhundert – zwischen 1854 und 1856 – die Kathedraltürme von Quimper ihre eleganten und schlanken Turmspitzen erhielten, da ließ sich Architekt Bigot dazu von dem hohen Turm der Kirche Notre-Dame-de-Roscudon von Pont Croix anregen.
Die Kirche stammt größtenteils aus dem dreizehnten Jahrhundert, das besonders eindrucksvolle Südtor mit seiner kleinen Vorhalle aus dem Ende des vierzehnten. Im darauffolgenden Jahrhundert wurde die ganze Südflanke der Kirche im gotischen Stil erneuert und verlor bei dieser Gelegenheit vermutlich das zweite Seitenschiff, so daß heute der Blick vom nördlichen Seitenschiff zum Altar die eindrucksvoll Innenansicht bietet.

Obwohl ein Werk namenloser Künstler, ist die Kirche doch nach Stil und Ausstattung zu einem Vorbild für mindestens zwanzig andere bretonische Kirchen vor allem in Cornouaille geworden und vereinigt reizvollen Innenschmuck aus dem siebzehnten Jahrhundert mit älteren Kirchenfenstern.
Im Quartier um die Kirche finden sich auch die hübschesten alten Häuser: Links voraus hat man noch die hoch aufragende Apsis der Ursulinenkapelle, auf die dann reizvoll-verwahrloste Häuser und schlafende Läden folgen, bis wir das dicht begrünte Flußufer erreichen. Hier unten hat sich die älteste Verbauung, allerdings zum Teil unbewohnt, erhalten. Man erfaßt das Gesamtbild von Ufer und Stadthügel am besten von dem Sträßchen aus, das sich am linken Goyen-Ufer hinauf nach Plouhinec windet.
Der neuere Teil von Pont Croix entstand nördlich von Kirche und Platanen-Platz gegen das Landesinnere zu, lockere Villenviertel, in die Sonne und Wind voll einfallen können. Man braucht nur Minuten, um Confort zu erreichen, das Dorf, das seinem seltsamen Namen solange zu widersprechen scheint, bis man in der Kirche erfährt, daß er mit confortable nichts zu tun hat, sondern sich aus *Réconfort* (Erbauung, Erhebung der Seele) ableitet.
Ort dieser Erbauung ist die neben herrlichen Baumgruppen liegende alte Kirche mit ihrem eindrucksvollen Calvaire, der auf einem alten Sockel mit Geschmack nachgefertigte Figuren aus dem neunzehnten Jahrhundert zeigt. Das Gotteshaus entstand zwischen 1528 und 1544 in spätgotischem Stil und erhielt im achtzehnten Jahrhundert einen Turm im gleichen Stil aufgesetzt. Über dem Giebelfeld des Portals erkennen wir eine Sta-

tue aus dem sechzehnten Jahrhundert: sie stellt den Heiligen Michael dar.
Links oberhalb des Hauptaltars, über einem Bogen, gewahrt man ein großes hölzernes Rad; es bildet die hauptsächliche Maschinerie des einst berühmten Glockenspiels von Confort.
Heute nur noch ein Weiler der Gemeinde Meilars, hat Confort sichtlich Schwierigkeiten mit der Erhaltung und Wiederherstellung dieses schönen, aber großen Gotteshauses. Nicht die Frömmigkeit scheint aus der Gegend geschwunden, aber die wirtschaftliche Kraft, solch aufwendige Bauten zu erhalten. Das läßt sich auch an der verträumt zwischen Hecken und Baumwuchs liegenden Kapelle von Kérinec erkennen, einem Bau aus dem dreizehnten Jahrhundert an der östlichen der beiden von Confort nach Poullan-sur-Mer führenden kleinen Landstraßen.
Auf dem Weg nach Poullan weist ein Täfelchen auf Kervenargant hin, ein Schloß, das sich in den üblichen Führern in verschiedenen Schreibweisen verzeichnet findet und, nach dem heutigen Augenschein, auch wohl eher ein Manoir zu nennen ist denn ein Schloß, trotz seines alten und ehrwürdigen Portals und einer turmähnlichen Eckbefestigung. Immerhin: hat man es zwischen Hekken, nach einigem Gekurve auf kleinen Feldwegen, schließlich gefunden, so kann man sich recht gut vorstellen, daß man hier selbst vor den blutdürstigen Häschern der Revolution sicher war: Unter anderen Girondisten hielten sich im Jahr 1793 hier auch proskribierte Politiker verborgen.
Poullan selbst ist einer jener winzigen Orte, von denen man sich fragen muß, wie sie die Kraft aufbrachten, schon im sechzehnten und siebzehnten Jahrhundert –

als die westliche Bretagne noch sehr dürftig besiedelt war – so imposante Kirchenbauten aufzuführen. Die Erklärung liegt in den großen Höfen, die Poullan umgeben und die den Raum zwischen der D 7 und der Küste unter sich verteilt haben. Hier hatte der Bauer noch Luft und Platz, hier fehlt die enge Schachtelung der Besitztümer, die das Binnenland zeigt, hier verraten die stolzen alten Namen viel Eigenständigkeit und Freiheit. Vielleicht ist es kein Zufall, daß diese gefälligen, sauber und ordentlich wirkenden Wirtschaften auf ihren Gründen relativ zahlreiche Menhire bestehen ließen. Die Gegend zwischen Poullan und der Pointe de la Jument ist zwar nicht gerade übersät mit Menhiren, wie man da und dort lesen kann, aber sie sind immerhin zahlreich genug, um auf eine sehr alte Besiedlung dieser Hochfläche hinzuweisen. Jedenfalls haben sie die Felder gut behütet; die Häuser halten sich kräftig gegen den Wind, die Kinder krabbeln auf den Felsen an der Nordküste herum wie junge Gemsen. Man kann sich in unserem alten Europa kaum mehr Freiheit vorstellen, als sie hier herrscht.

Zwischen hohen Hecken fahren wir auf schmalem Asphaltband weiter zur Pointe du Millier, und siehe da: hier ist die Freiheit auch schon zu Ende, denn hier sprechen die Behörden mit martialischen Fahrverboten eine deutliche Sprache. Der Parkplatz ist von dem schönen Kap so weit entfernt, daß die Franzosen – gewöhnt, an der Straße zu picknicken – lediglich ihre Klappstühle aus dem Kofferraum nehmen, das Kleid schürzen oder die Jacke ausziehen und sich neben den noch warmen Pneus ihres Wagens in die Sonne setzen. Es mindert schließlich die Fernsicht nicht, wenn es ringsum nach Benzin und Abgasen stinkt.

Die Ausländer schultern die Kameras und wandern

seufzend hinaus zu jenem Leuchtturm, der die Ursache der großen Verbotszone zu sein scheint, und der sich denn auch hinter einer kleinen Wetterstation so nachdrücklich verbirgt, daß man die Felsen hinabklimmen muß, um ihn zu entdecken. Im übrigen aber ist die in die Baie von Douarnenez hinausragende Spitze ein ganz prächtiges Stück Natur, mit vielen kleinen Vorgebirgen, mit blauen Buchten und ausgedehnten Teppichen aus Heidekraut und Butterblümchen. Ein Liebespaar aus der Schweiz hat sich in einer zweckdienlichen Einsattelung niedergelassen und genießt die Zusammenklänge von Meer und Wind in Zweisamkeit, während ein bärtiger Rucksacktourist aus Österreich nach einer windgeschützten Kuhle für sein Himalaya-Zelt sucht. Den Fluch, den er in den Wind spricht, kann man erraten – der beste Platz ist nämlich schon besetzt, von einem riesigen französischen Caravane mit Vorzelt und Grillöfchen, über dem Flaggen tanzen und der sich sogar einen Briefkasten leistet. Vermutlich hat hier jemand ein Stückchen Terrain erstanden, bei Preisen um 20 DM je Quadratmeter kein sonderliches Risiko, und wohnt wie Petrocelli gemütlich in seinem rollenden Heim, bis er sich ein festes Häuschen leisten kann.
Auch die anderen kleinen Kaps haben alle ihre Nutzung und ihre Liebhaber gefunden. Nach Westen weiterfahrend, gelangt man bei Beuzec abzweigend auf die Pointe du Château, ein frei zugängliches Kap mit herrlichem Fernblick, und, abermals ein Stück weiter westlich, zur Vogelwarte mit dem amtlichen Namen *Réserve naturelle du Cap Sizun*. Ist auch für den Vogelliebhaber der Besuch im Frühjahr, zur Paarungszeit der vielen Vogelarten, am interessantesten, so kann man hier doch mit guten Ferngläsern bis in den Hochsommer hinein Nestbau und ge-

Der Calvaire von Kergoat

Blick vom Menez=Hom

Der kleine Strand von Bénodet

selliges Leben Tausender von Seevögeln verfolgen und sich erläutern lassen. Die siebzig Meter hohen Klippen sind Nistplätze von besonderer Schönheit, und man fühlt sich im Angesicht des Meeres und der reichen Vogelwelt urplötzlich in eine vormenschliche Umwelt zurückversetzt, als die Natur sich gegen den Eingriff des Menschen noch nicht zu wehren brauchte.
Nach der Réserve du Cap, wenn sich die Straße auf die Westspitzen der Halbinsel zuschiebt, wird der Verkehr dichter, und an Sommersonntagen sind nicht nur die Pointe du Raz selbst (wo ausreichend Parkplätze zur Verfügung stehen), sondern auch die Pointe du Van, wo es enger zugeht, sehr stark besucht. Man kann auf die Pointe de Brézellec ausweichen, die einen reizvollen Blick auf andere Kaps und auf die ganze Klippenküste gewährt und – über den schmalen Eingang der Baie von Douarnenez hinüber – auf das Ziegenkap, aber die Pointe du Van behält doch ihre Besonderheit und Eigenart. Jene Habitués, die sie der bekannteren Pointe du Raz vorziehen, verweisen auf die Möglichkeit, die ganze ungeheure Masse vom Meer schon stark zerschlagener Felsen auf gut begehbaren Pfaden zu umrunden. Das ist tatsächlich ein kleines Abenteuer und verschafft uns buchstäblich von Minute zu Minute andere Einblicke in jenen hier seit Urzeiten ausgefochtenen Kampf zwischen Meer und Fels, zwischen Wasser und Land.
Aber das ist keineswegs alles. An der Pointe du Van, genauer gesagt in dem kleinen Weiler Trouguer, einen Kilometer landeinwärts, endete die von Carhaix nach Westen führende erstaunliche Römerstraße, die somit die Bretagne bis zu ihrem westlichsten Zipfel durchmaß. Das, was sich in früheren Jahrhunderten hier an Römerresten noch erhalten hatte, stützte mangels besserer hi-

storischer Einsicht allerdings nur die Legendenbildung, so daß ein römisches Mäuerchen kurzerhand der versunkenen Stadt Ys zugeschrieben wurde.
Die heutige Straße geht über die antike nur um ein paar hundert Meter hinaus und endet bei dem rührenden kleinen Bau der Chapelle Saint-They, die sich auf eine Klippe duckt, als könnte sie auf diese Weise den furchtbaren Stürmen entgehen, die hier im Winter toben. Der Alabaster-Christus, der im Innern des winzigen Gotteshauses seine Wunden herzeigt, kann als Symbol für eine Bevölkerung gelten, die auf diesem Felsen seit Jahrhunderten fern von all dem lebte, was man in den Metropolen als die eigentlichen Würzen unseres Daseins ansah, Menschen, die soviel Mut und Genügsamkeit brauchten wie kaum anderswo auf dem Kontinent.
In einer weiten Kehre schwingt sich nun die Straße hinunter zur Baie des Trépassés, was »Bucht der Abgeschiedenen« bedeutet. Der Name gibt diesem Idyll zwischen den zwei großartigen Kaps einen düsteren Charakter, den die charmante Bucht nicht verdient. Der kleine Sandbogen empfängt die frei hereinrollende Flut in einem malerischen Rahmen aus Fels und grünen Hängen, ein ungemein reizvolles Schauspiel, dem man sich hinter den großen Fenstern der beiden hier liegenden Hotels auch dann widmen kann, wenn die Brise zu kräftig wird. Während der sommerlichen Heirats-Saison der Franzosen vergeht kaum ein Tag, an dem nicht in einem der beiden Häuser eine große Hochzeitsgesellschaft tafelt, so daß man hier mit einigem Glück alles beisammen hat, das Meer, die Felsen, die Trachten und die bretonische Küche.
Über den Namen der Bucht ist viel gerätselt worden, vor allem, da ja die mörderischen Klippenstränge hinaus zur

Ile de Sein und vor dem Cap de la Chèvre in früheren Jahrhunderten viele Hunderte von Menschenleben gefordert haben, so daß man sich denken konnte, wie oft der eine oder andere dieser Unglücklichen von der Flut an der Baie des Trépassés angeschwemmt und abgesetzt wurde.
Nach dem heutigen Stand der Forschung scheint es jedoch eher umgekehrt gewesen zu sein: Man übergab hier die Leichname – zwar nicht gewöhnlicher Verstorbener, sondern wohl nur der Druiden – auf Flößen oder kleinen Kähnen dem Meer, das sie mit dem Ebbstrom hinaustrug und an der sogenannten Chausée de Sein (dem 25 km langen Klippenstrang) oder auf der gleichnamigen Insel selbst absetzte. Heute blickt – und das schon seit dem fünfzehnten Jahrhundert – Saint They, ein Heiliger, den außerhalb der Bretagne niemand kennt, aus seinem kleinen Heiligtum auf die Druidenbucht hinunter.

Hauptanziehungs- und Höhepunkt des Ausflugs bleibt aber trotz allen Schönheiten der Nordküste doch jene westlichste Spitze, die schon unsere Schülerphantasie beschäftigte, wenn der Atlas uns zeigte, wie weit hier Europa in den Atlantik hinausragt – die Pointe du Raz. Sie enthüllt uns ihre Großartigkeit gleichsam ratenweise. Vom Parkplatz aus weitergehend, entdecken wir Meter für Meter mehr von dem Felsensporn, der sich kilometerweit in ein Meer hinausschiebt, das ihn seit Urzeiten bekämpft, wütend gegen ihn anbrandet, ihn weiter draußen schon zu einer Unzahl von Inselchen und Riffen zerschlagen hat. Dazu kommt, daß hier, am Eingang des Ärmelkanals, starke Strömungen auftreten, weil der Ozean in seinen Gezeiten mit ungeheurer Gewalt Was-

sermassen durch den Rechen der Riffe preßt und wieder zurückzieht. Bei einer Wassergeschwindigkeit von bis zu zehn Knoten in der Stunde hatten Segelschiffe praktisch keine Chance, diesen Strömungen zu entgehen, und auch kleinere Dampfer mußten kräftig arbeiten, um sich aus dem tödlichen Sog zu befreien.
Die mit Leuchttürmen gespickte lange Riffreihe ist denn auch der eigentliche Blickfang, wenn man bis an das Ende der Hochfläche gelangt ist und auf einer Höhe von nur siebzig Metern doch scheinbar turmhoch über den Fluten steht und ihre Gewalt mit einem Blick umfassen kann. Eine eigenartig lange, quer durch das Gesichtsfeld wogende Dünung deutet die Gefahr mehr an, als daß sie sie erkennen läßt, und nur die Gischt am Fuß der Felsen zeigt die Macht der hier ständig wirkenden Kräfte.
Wer es ganz genau wissen will, kann sich hier einen der autorisierten Führer nehmen und auf nicht immer zureichend gesicherten Pfaden und Felssteigen noch näher an die Fluten herankommen, vor allem an das berühmte *Enfer de Plogoff*, einen Felsenabsturz, unter dem sich zwei aus verschiedenen Richtungen kommende Strömungen treffen und zu bekämpfen scheinen. Die große Tour, die auf nassen Felsen auf und ab und schließlich weit hinaus führt, ist nur dann unbedenklich, wenn man geeignetes Schuhwerk, am besten starke Schnursohlen trägt, wie sie die alten Kletterschuhe besaßen. Vor allem aber erzeugen die aufsteigenden und zusammenfallenden Gischtfontainen Schwindelgefühl auch bei sonst schwindelfreien Personen – kein Wunder also, daß die Guides, die sich für diesen Rundgang zu relativ geringem Tarif anbieten, unterbeschäftigt sind und nach dem Vorbeimarsch auch starker Touristengruppen oft mißmutig in ihren Warteraum zurücktrotten.

Pfadfinder-Ruhm auf eigene Faust ernten zu wollen, ist jedoch keinesfalls ratsam. Der Rundweg beginnt nämlich im Norden gut gesichert, mit Leitern und Seilen auf verlockend-abenteuerliche Weise und wird, sobald der Weg die Südabstürze erreicht, beinahe plötzlich sehr schwierig. Hier hilft nur umzukehren, wozu sich aber die wenigsten entschließen können (vor allem, da sie die wachsenden Schwierigkeiten nicht kennen), und schon manche junge Dame aus den flachen Niederlanden oder aus Belgien wankte schließlich schreckensbleich unter dem befriedigten Grinsen der verschmähten Guides am Arm des lächelnden Gatten auf den Parkplatz zu.

Zwischen dem neuen Denkmal für die Meeresopfer und dem Beginn der Straße hat sich die unvermeidliche Budenstadt angesiedelt, in einer erträglichen Form, nämlich als Vierkanthof, in dem man windgeschützt allerlei Souvenirs besichtigen und auch die eine oder andere Broschüre erstehen kann. Andere Etablissements wiederum verblüffen durch schaurig-geschmacklose Aufmachung, so daß man sich über den Großmut des sonst recht strengen Office du Tourisme wundern muß.

Henri Quéféllec, der große Schriftsteller, hat dennoch recht, wenn er in seiner temperamentvollen Studie über die Pointe du Raz ausruft: »Qu'importe la foule!« – Was hat es schon zu sagen, wenn sich hier die Menschen drängen. Die Bretagne ist groß genug, das Meer, der Himmel, die Salzluft, das alles ist viel gewaltiger als wir meinen, und ein paar Schritte seitwärts genügen, ein schneller Klimmzug auf einen der zahllosen Felsen, und man ist wieder allein mit dieser nadelscharfen Spitze, die unser alter Kontinent ins Weltmeer hinausreckt.

Bei gutem Wetter kann man sich darum nur schwer entschließen, von hier Abschied zu nehmen, und man sieht nicht wenige Besucher des Kaps sich hier für eine längere Siesta einrichten. Es ist eine Landschaft, die uns festhält, weil man spürt, weiter landeinwärts, wenn die Brandung und die Gischt und die nassen Felsen fehlen werden, da wird das Leben leiser und weniger intensiv sein, da wird wieder alles sein, wie es immer war. Stumm klammern sie sich an diese Ausnahmesituation, Kinder mit glänzenden Augen, Pärchen, die ineinander versunken sind und doch auch in das große Ganze gehören, und die Alten, die hier noch einmal das volle Leben empfangen, weil sie ihm nicht nachlaufen müssen, sondern weil es sie ganz einfach aus den unendlichen Weiten des Atlantik scharf und zupackend anweht.

Hat man sich endlich losgerissen und nach Osten gewandt, stößt man zuerst auf ein kleines Gasthaus mit Parkplatz für jene Abenteuersucher, die ihre Fahrt zur Ile de Sein nicht vom sicheren Port Audierne aus antreten wollen, sondern von jener Klippenbrücke, die sich bei Bestrée etwa einen Kilometer von der Pointe entfernt ins Meer schiebt und kleinen Booten das Anlegen gestattet. Der Tanz auf den Wogen bis zur Ile de Sein ist von hier aus zwar kürzer, kann es aber an Tagen mit bewegter See mit einem mittelschweren Astronautentest aufnehmen.

Ein Stück weiter auf der N 784, und wir sind in Plogoff, dem einzigen Ort auf der ganzen Sizun-Halbinsel, in dem man sich einen längeren Aufenthalt vorstellen kann, sofern man nicht in den Städten selbst, in Audierne, Douarnenez oder dem kleinen, aber hübschen Pont Croix Quartier genommen hat. Plogoff liegt frei auf dem Plateau; die Stürme gehen durch die lockere Bebauung, die Straßen bieten keinen Schutz, auch das relativ komfortable Hotel Ker Mor liegt frei und verfügt weder über windgeschützte Terrassen noch über einen nennenswerten Wintergarten: Ferien also für Schönwetter oder für harte Männer? Nicht unbedingt. Vor allem junge Leute nehmen die besonderen bretonischen Verhältnisse offensichtlich gerne auf sich, um einmal etwas anderes zu erleben, als das Dolce far niente an den Mittelmeerstränden. Nirgends bin ich so vielen Radlergruppen aus Deutschland, Frankreich, den Niederlanden und England begegnet wie in der kunstgeschichtlich so interessanten Zone der Bretagne zwischen Locronan und Pont Croix. Und auch jetzt, als wir bei Primelin von der Hauptstraße abbiegen, um Saint Tugen unsere Reverenz zu erweisen, wird unser Münchner Nummernschild von einem ganzen Schwarm munter radelnder Mädchen mit Hallo begrüßt: auch sie hatten den alten Heiligen besucht, von dem niemand so recht weiß, ob er tatsächlich so fromm gelebt hatte. Er sei nämlich, berichtet die Legende, ein ganz absonderlich strenger Hüter seiner Schwester gewesen, habe dem armen Mädchen nicht die unschuldigste Freundschaft gegönnt und sie lange Zeit geradezu eingesperrt, bis die natürliche Findigkeit der Liebenden ihm dieses mit unheiliger Eifersucht gehütete Kleinod entriß.

Aus irgendeinem Grund, vielleicht, weil von der Eifersucht zur Tollwut nur ein Schritt ist, gilt Saint Tugen als Helfer gegen die Hundswut und wird auch meist mit einem friedlich zu seinen Füßen liegenden Schäferhund dargestellt. Man kann sich vorstellen, daß in den vielen Jahrhunderten vor Pasteur die Wutkrankheit in ländlichen Gegenden eine arge Plage und echte Gefahr bildete, und die zahlreichen Wallfahrten zu Saint Tugen – bis zu sieben im Jahr – haben sein kleines, aber wunderschönes Heiligtum zwischen Primelin und Audierne denn auch sehr berühmt gemacht. Sein Name, der auch Tujan oder Tujen geschrieben wird, hat sich in einer ganzen Anzahl bretonischer Orte erhalten (z. B. Landujan bei Mahalon, Landujan bei Duault), seine Person wird in einem Dutzend von Kirchen verehrt (Bannalec, Brasparts, Confort, Landerneau, wo man ihm einen Calvaire errichtete, Kernilis, Argol u. a.).

Dennoch wäre es denkbar, daß Saint Tugen eine Legende ist, daß alles, was man sich von ihm erzählt, in jenen sagenfrohen Jahrhunderten erfunden wurde, als die keltischen Bretonen aus dem südlichen Wallis und dem englischen Cornwall auswanderten, um auf unserer Halbinsel neue Gemeinden mit ihren alten Namen zu gründen. Aber Saint Tugen hat tatsächlich gelebt, aus seiner uns sehr fernen Zeit, der Mitte des fünften Jahrhunderts, haben sich immerhin soviele Nachrichten erhalten, daß wir ihn als Sohn des Schloßherrn von Kerarroué im Raum Hanvec-Irvillac identifizieren können und später als den Abt von Daoulas, dem kleinen alten Klosterdorf im Raum Brest.

Das unter alten Bäumen halb verborgene Kleinod der Kapelle mit dem anstoßenden Friedhof ist nicht so alt, wie es auf den ersten Blick und durch den dichten Moosbewuchs wirkt. Die Pfarre Saint-Tugen wird im fünfzehnten Jahrhundert zuerst erwähnt (als Trève, also Nebenstelle von Primelin), und die Kapelle selbst entstand in der ersten Hälfte des sechzehnten Jahrhunderts in jener dörflichen Spätgotik, die der schlichten Frömmigkeit der Fischer und Bauern offensichtlich viel besser entsprach als der Renaissance-Stil. Auch die Bauherren, die Familie de Lézurec, hat ihrem Manoir ein gotisches Portal gegeben, wie man bei der Besichtigung des gut erhaltenen Gebäudes nördlich der Straße feststellen kann.

Noch haben wir aber Saint-Tugen und seine Kapelle nicht genügend gewürdigt, denn es ist tatsächlich erstaunlich, wieviel Kunst an diesen abgelegenen Wallfahrtsort gewendet wurde, wie intensiv sich die kriegsgewohnten Herren von Lézurec bemühten, hier einen Ort des Friedens zu schaffen, in dessen segnendem Bannkreis sie selbst mit ihren Familien lebten. Im Land der zarten, wie ziselierten Glockentürme und steilen Turmspitzen hat Saint-Tugen einen altertümlich-kräftigen, beinahe festungsartigen Viereckturm erhalten, zu dem die beiden in feiner gotischer Steinmetzarbeit ausgeführten Portale wirkungsvoll kontrastieren. Auch im Inneren ist an nichts gespart; selten wird man eine kleine Landkapelle mit wertvollerer Ausstattung finden, ja zu den Altären aus dem siebzehnten Jahrhundert gesellt sich hier sogar noch der Landesherr – Ludwig XIV. in einem Medaillon –, dem man seine nicht sonderlich geliebte Gemahlin, die spanische Infantin Maria Teresa, an die Seite gegeben hat. Kanzel und Beichtgestühl sind Arbeiten aus dem achtzehnten Jahrhundert.
Wie sehr die Kapelle als Mittelpunkt einer geschlossenen Erbauungslandschaft, als Andachtsort gedacht ist, erkennt man jedoch am besten in dem kleinen, umschlossenen Friedhof, der durch eine jener Triumphpforten zugänglich ist, wie man sie auch an anderen Orten nicht selten findet. Hier erhebt sich ein kleiner Calvaire aus dem neunzehnten Jahrhundert auf einem alten Sockel, und hier zeigen uns die Grabsteine in ihren kargen Inschriften, welche Schicksale auf die Menschen warteten, die rund um Saint-Tugen lebten, die hierher pilgerten, die hier für Gnaden dankten und ihre Schmerzen vergaßen. Auch die Toten der gesunkenen *Tunisie* fanden hier ein Gedenken unter Bäumen.

Etwa eineinhalb Kilometer nördlich der Kapelle, auf der anderen Seite der Straße zwischen Plogoff und Audierne, hat sich ein wenig klobig und verwahrlost das mächtige Herrenhaus der Lézurec erhalten, mit schloßähnlichen Aspekten durch das gotische Portal, den langen First und das Türmchen auf dem Quergebäude. An der Westseite des Ehrenhofes sind die Wappen der Geschlechter erkennbar, die hier residiert haben, angefangen von den Ménez (was auf bretonisch soviel bedeutet wie Hügel, Höhe), die seit dem dreizehnten Jahrhundert nachgewiesen sind, über die Brézal und Gourcuff, die durch Heiraten zu ihnen in Verbindung getreten sind, bis zu jenem Alain du Ménez, der 1581 als Gouverneur von Audierne auch die Küstenverteidigung des ganzen langen Klippensaums der Sizun-Halbinsel unter sich hatte und Besitzer von Lézurec wurde: Ein Haus, das durch Jahrhunderte den langsamen Aufstieg dienstbarer, aber treuer und endlich erfolgreicher bretonischer Geschlechter spiegelt, die sich die Anerkennung der fernen Könige von Versailles erwarben.

Da sie alle, die Lézurec bewohnten, keine andere Pfarre hatten als Primelin mit seiner Unterpfarre Saint-Tugen, wo viele Mitglieder der Herrenfamilie begraben liegen, läßt sich in diesem Erdenwinkel, so still und abseitig er uns auch erscheint, doch der Wellenschlag der Geschichte spüren, etwa wenn unter den Gatten der Töchter ein Kaperkapitän aus Brest aufscheint, wenn eine Familienverbindung zu der berühmten Sippe der Clisson geschaffen wird oder wenn wir einem Schwiegersohn namens Couedic begegnen, siebzig Jahre bevor ein anderer Couedic wegen Teilnahme an einer Verschwörung für die Unabhängigkeit der Bretagne seinen Kopf auf den Richtblock in Nantes legen muß . . .

Auch die äußersten Ausläufer der Bucht von Audierne haben noch viel zu bieten. Das sind, wie nicht selten in dieser Gegend, beinahe bizarre Eindrücke: die Ile de Sein im Norden und die Pointe de Penmarc'h im Süden. Der Süden ist zugänglicher, wenn man sich auch auf den flach durchs Dünengras geführten schmalen Straßen leicht verirren kann. Plötzlich steht man dann doch vor dem Calvaire von Tronoen. 1450-1460 geschaffen, gilt der kunstvolle Figurenblock als der älteste seiner Art, obwohl man bei dem einen oder anderen verwitterten Gegenstück aus den Côtes du Nord meinen möchte, es sei noch älter. Die Kirche mit ihrem dürftig-kahlen Innenraum und dem Verkaufsstand enttäuscht, die Figurenpracht des Calvaires jedoch, frei vor der Kirche in wechselnde Beleuchtung gehoben, ist unerschöpflich. Es fehlt auch nie an Besuchern, in der weiten und öden Landschaft hat sich eine Auto-Insel gebildet, der Motor eines Eisbüdchens rattert, und sogar ein kleines Hotel hofft auf Gäste, die sich von dem steinernen Wunderwerk nicht trennen können.
Saint-Guénolé, aus alten und modernen Vierteln bestehendes Hafenstädtchen, und Penmarc'h mit dem majestätisch aus den Wohnhäusern zum Himmel strebenden Phare d'Eckmühl sind lebhafte und unterhaltsame Siedlungen. Den für die Bretagne seltsamen Namen verdankt der Leuchtturm dem Umstand, daß er 1895-97 aus dem Vermögen des napoleonischen Marschalls Davout, Fürsten von Eckmühl, errichtet wurde. Über diesem auffälligen, eine weite Fernsicht gewährenden Bau vergißt der fremde Besucher leicht die sehenswerten Kirchen des Kaps: die gotische Eglise Saint-Nonna aus dem sechzehnten Jahrhundert in Penmarc'h selbst und Sainte-Thumette, das ein Jahrhundert später errichtete hüb-

sche Kirchlein des Fischerhafens Kerity. Zwischen Saint-Guénolé und Penmarc'h liegt an der Küste die Chapelle Notre-Dame-de-la-Joie (von der Freude) die alljährlich am 15. August zu ihrem Pardon eine große Menge von Landbewohnern versammelt – die beste Gelegenheit, die reizenden Kostüme dieser Gegend kennenzulernen und zu photographieren.

Auf guter Straße gelangen wir schnell durch die Dünen nach Pouldreuzic. Den Namen haben sich die Einheimischen mundgerecht gemacht, sprechen ihn vereinfacht aus. Penhors, der Weiler am Meer, gehört heute praktisch dazu, weil das Strandleben auch an der kühlen Westküste der Bretagne seine Bedeutung gewonnen hat und das regsame Pouldreuzic mit seinen netten Läden viele Kilometer von Strand- und Campinggelände gut versorgt.

In dem Streifen diesseits der Dünen haben sich große Bauernwirtschaften erhalten, wo die alten Familien der Landschaft sich unbeeindruckt vom sommerlichen Leben und Treiben standhaft bemühen, der dünnen Humusschicht Mais und Getreide abzuringen oder auf dem kurzen Dünengras ihr Vieh zu halten. Oft muß Wasser zur Viehtränke auf die Weide gefahren werden, und nicht selten sieht man Kühe, denen auf der unzureichenden Weide zusätzlich Kohl- oder Krautblätter vorgeworfen werden.

Die Höfe selbst vermögen nicht einmal bei Sonnenschein gefällig und ordentlich zu wirken. Das ist in Frankreich eben anders, die Bauern arbeiten darum nicht minder schwer als bei uns, sie setzen ihre Kräfte nur an anderen Punkten ein, haben vor allem auch nicht eine Maschinenausstattung, die sich mit Deutschland vergleichen ließe. Aber sie sind ein geistig sehr munteres

Volk, sie nehmen die Chancen wahr, die sich durch den Fremdenverkehr bieten, erwerben Strandgrundstücke und setzen Häuser darauf, die sie durch internationale Agenturen vermieten. Und – sie lesen! Sie interessieren sich für ihre eigene, die bretonische Sprache und sind stolz, wenn sie einen der Apostel bretonischer Sonderart in ihrer Mitte wissen wie etwa den Romancier Pierre Jakez Hélias: 1914 in Pouldreuzic geboren als Kind von Landarbeitern ohne Land, ist Hélias, heute Professor an der Ecole Normale du Finistère, ein Mann, der aussieht wie ein freundlicher Obersteuermann und der wie kaum ein anderer die zahlreichen Dialekte und Färbungen des Bretonischen kennt – und der dennoch französisch schreiben muß, damit Plon ihn verlegen kann.

Einen Ausflug in eine andere Welt bedeutet die Fahrt zur Ile de Sein, die vor der Pointe du Raz flach im Meer liegt als ein weißer Strich am Horizont, von dem man nicht ahnt, was er an Eigenart und Unvergeßlichem birgt. Zunächst freilich überwiegen die kleinen Unzukömmlichkeiten. Die Abfahrt der Dieselboote erfolgt nicht von jenem Hüttchen am Quai von Audierne, wo dies groß angeschrieben ist, sondern draußen am Strand von Saint-Evette, wo die Wasserstände günstiger sind. Das Brett, auf dem man an Bord der *Biniou II* balanciert, mag für Hühner komfortabel sein, dem Unglücklichen, der die *Biniou II* versichert hat, müßte es eigentlich den Schlaf rauben (wäre man nicht in der Bretagne, wo man so herrlich gesund und tief schläft). An Bord herrscht die größte Sorglosigkeit. Die alten Seebären, die nach einem Leben auf der Neufundlandstrecke nun auf der Achtzig-Minuten-Seefahrt zur Ile de Sein ihr Ruhegeld verbessern, verstehen unter rauher See etwas, was es im

Sommer vor Audierne überhaupt nicht gibt und verteilen die zweckdienlichen Papiertüten für Seekranke erst fünf Minuten vor dem Ende der Fahrt, wenn die beiden engen WCs bereits in einem grauenhaften Zustand sind. Von innen gesehen sind sie überhaupt die reinen Schreckenskammern, weil eine Wand vom Auspuff glühheiß ist, ohne daß man vermeiden könnte, dagegen geworfen zu werden, wenn der Seegang es will. Reinigungen zwischen den einzelnen Fahrten finden ebenfalls nicht statt, kurz, es herrscht keltische Desinvolture an Bord, und man beginnt erst wieder zu leben, wenn man den Fuß auf festen Boden setzt, und sei es auch nur der einzige Quadratkilometer der Ile de Sein.

Der Name hat mit dem französischen Wort für Busen nichts zu tun, sondern ist eine Verballhornung für das bretonische *sizun* (Woche, aber auch: siebenmal schlafen). Die sieben Schläfer der Insel sind – wie könnte es anders sein – jene toten Druiden, die man an der idyllischen Baie des Trépassés, der Bucht der Abgeschiedenen, den Fluten übergibt, die sie dann die kurze Strecke bis zur Todesinsel hinaustragen.

An diese alte Mythe, an den Glauben, daß im Westen, wo die Sonne versinkt, das Totenreich liegt und auf dem Weg dahin die kaum aus den Fluten ragende Druideninsel Enez-Sizun, erinnern neben der Kirche zwei Menhire, die, erstaunlich menschlich gestaltet, wie ein Pärchen nebeneinanderstehen und auf einem kleinen Hügelchen seit Jahrtausenden aufeinander einreden. Darum heißen sie auch *les Prégouriens*, was soviel bedeutet wie *les Causeurs*, die Plauderer. In der steinernen Nacktheit, in der sie vor uns stehen, in dem vom Ozean heranwehenden unendlichen Wind könnte man sie aber ebensogut Adam und Eva nennen, denn mit ihnen hat wohl die Be-

siedlung dieser Insel begonnen. Wann, weiß allerdings niemand zu sagen.
Sicher ist, daß die Ile de Sein, so nahe sie auch vor der französischen Küste liegt, jener Ort Europas ist, an dem das Heidentum sich am längsten gehalten hat. Noch im siebzehnten Jahrhundert wurde hier der Mond angebetet, nicht etwa die Sonne, die alle Insulaner ja abends im Meer versinken sahen, wenn der Mond als eine große, buttergelbe und geradezu strahlende Scheibe über der See aufging. Der Lebensunterhalt dieser Menschen war ihrem primitiven Glauben angepaßt. Sie fischten in den reichsten Gründen, die sich denken lassen, und sie beraubten die Schiffe, die in dem grausigen Rechen der Riffe zwischen der Pointe du Raz und der Insel scheiterten. Lebten noch ein paar erschöpfte Matrosen, so wurden sie mit Knüppeln erschlagen wie heute die Robben und die Ladung geborgen. In allen älteren Häusern der Insel finden sich Gegenstände von untergegangenen Schiffen, und das Mobiliar bestand bis an die Schwelle unseres Jahrhunderts so gut wie ausschließlich aus Beutegut oder war aus Schiffsholz verfertigt – Dinge, die wohl noch vorhanden sind, aber ungern gezeigt werden, weil die Bewohner der Insel sich begreiflicherweise nicht an diese vielleicht zweitausend Jahre währende Phase gottloser und räuberischer Existenz erinnern lassen wollen.
Einige mutige Jesuitenpatres wie Don Michel de Nobletz (1577-1654) und die geduldige Arbeit des Rektors François Guiecher, der viele Jahre auf der Insel lebte und Ar Sun genannt wurde, vollbrachten das Wunder, diese letzten Heiden, diese in ihrem Todesmut an Stürme und Riffe gewöhnten Männer nach und nach zu einer einigermaßen christlichen Lebensführung zu bewegen.

Zuwanderer vom Cap Sizun wurden aufgenommen und bildeten fortan ein friedliches, glaubenstreues Element unter der Bevölkerung, die vom Strandraub zum Sammeln angeschwemmten Strandguts überging und von den ertragreichen Fischzügen nicht schlecht lebte. Nur die Sturmfluten, die ein- bis zweimal in jedem Jahrhundert die an ihrer höchsten Stelle nur acht Meter über den Flutstand aufragende Insel heimsuchten, vernichteten immer wieder alten Baubestand und sind auch die Ursache dafür, daß sich die Insel heute weiß und reinlich präsentiert, nicht mittelalterlich-düster. Die Gassen allerdings sind schmal geblieben, einmal, weil der Grund hier so knapp ist wie nirgendwo sonst, zum andern aber, weil man im immerzu wehenden Wind in breiten Avenuen gar nicht zirkulieren könnte. So drängt sich auch der Fremde zwischen den Häusern hin in Gäßchen, die nach ein paar Schritten alle an einem Quai oder Strand enden, und rundherum ist das unendliche Meer, das diese kleine Enklave der Menschen nur widerwillig duldet.

Nach den schweren Überflutungen der Insel in den Jahren 1896/97 mußte auch die Kirche neu errichtet werden. Sie ist also keines jener alten Gotteshäuser, in denen Votivgaben an die frühe Seefahrt erinnern und Schiffsmodelle neben dem Allheiligsten von der Decke hängen wie etwa im verträumten Brouage, sondern wurde 1902 vom Bischof von Léon geweiht, nach Jahren heroischer Anstrengungen beim Bau: Die Frauen der Insel waren es, die auf den Köpfen Stein um Stein vom Hafen zum Kirchenhügel hinauftrugen, während die Männer auf dem Meer für den Lebensunterhalt sorgten.

Nicht weniger eindrucksvoll sind die Leuchttürme, von denen einer in vieljährigem Ringen mit der See auf ei-

Alte Mühle in Pont Aven (heute Restaurant)

Das Manoir der Grafen Moreau liegt mitten im Wald wie ein Dornröschenschloß (Cornouaille, nördl. Pleuven).

nem Riff errichtet wurde, das nur bei Ebbe aus dem Wasser ragt. Hier helfen nun seine Warnzeichen den grausigen *Raz de Sein* zu vermeiden, die Meeresstraße zwischen Insel und Pointe du Raz, in der eine schnelle Strömung die Schiffe in die Klippen zieht.

Ein anderer Turm wurde im Nordteil der Doppelinsel errichtet; er heißt Men-Brial und ragt unweit der Gador-Felsen auf, die nach der Überlieferung jener Ort waren, an dem die Seherinnen der Kelten ihre Orakel sprachen – eine von ihnen hat Chateaubriand unter dem Namen Velleda unsterblich gemacht.

Seither hat die Insel jedoch weniger romantische Schicksale erlebt. Als 1940 die ganze Bretagne von deutschen Truppen besetzt wurde, gingen die Männer der Ile de Sein – damals 144 an der Zahl – in ihre Boote und setzten nach England über, um sich de Gaulle zur Verfügung zu stellen. 36 kehrten nie wieder auf die Ile de Sein zurück. Und nach dem Krieg erwiesen sich die meergewohnten Fischer des alten Enez-Sizun als die tüchtigsten und mutigsten Rettungsboot-Besatzungen, die inzwischen einigen hundert Seeleuten aus Sturmnot und Schiffbruch halfen.

Das im Sommer so freundliche, mit kleinen Gärten und hübschen Cafés aufwartende Eiland läßt von all dieser fernen und nahen großen Vergangenheit nur noch vage Erinnerungen erkennen. Im Vorgarten der *Auberge des Sênans*, des besten Restaurants der Insel, hat eine hübsche Pariserin die bloßen Füße auf einen Tisch gelegt, während ein Romeo neben ihr auf der Gitarre klimpert. Auf den Quais spielen frische und muntere Kinder, gesund von Sonne und Wind, frei, weil man sie unbesorgt laufen läßt – es gibt kein einziges Auto auf der Insel, nicht einmal Mopeds. Die Hunde haben sich, da passender Zustrom ja nicht abgewartet werden kann, in der buntesten Weise gemischt, ja ein Exemplar sieht sogar wie eine Hund-Katzen-Kreuzung aus, und die kleinen Sénans schwimmen so unbekümmert im Hafen wie die braunen Kinder von Tahiti oder Bora Bora.

Eine Keimzelle der Zivilisation in dieser primitiven Insularität und schlichten Lebensfreude sind die Mairie, am Schnittpunkt einiger Winkelgäßchen gelegen, und das daran angebaute Doktorhaus mit einer kleinen Krankenstation. Nicht sehr weit davon entdeckt man sogar das H eines improvisierten Hubschrauber-Landeplatzes, und Berge von Flaschenkisten, leeren Propangasbehältern und anderem Zivilisationsmüll machen uns klar, daß auch auf der Insel der schlafenden Druiden die Zukunft bereits begonnen hat. Die Sénans nehmen diese aber nicht allzu ernst. Sie lassen zum Beispiel die Schiffe nicht etwa dort abfahren, wo sie ankamen, das wäre viel zu nüchtern, sondern ganz woanders, das ist viel spannender. Sie sitzen vor ihren Häusern in der Sonne und sehen dem Völkchen zu, das im Sommer Geld auf die Insel bringt, aber nach vier Stunden wieder verschwindet, und sie wissen bei all dem, daß sie im wesentlichen doch allein bleiben werden, in dem langen Winter mit den eisigen Stürmen, die auch die Versorgungsfahrten unterbinden, mit den Wogen, die zwischen den Häusern hinlecken und den Schrecken der Sturmflutnächte heraufziehen lassen.

Wie Cornwall in die Bretagne kam

Da England und Frankreich heute nicht sonderlich viel gemeinsam haben, ja in den europäischen Kommissionen nicht selten Front gegeneinander machen, vermag man sich den historischen Doppelaustausch gar nicht mehr vorzustellen, der sich zwischen diesen beiden Ländern begeben hat: Zwischen dem fünften und siebenten Jahrhundert erfolgte die große Einwanderung christlicher Briten hauptsächlich keltisch-romanisierter Herkunft auf der französischen Halbinsel Bretagne; und gleichsam *en révanche* kam es zwischen 1066 und 1270 zur Einwanderung französisierten normannischen Adels in die südlichen und mittleren Gebiete der britischen Insel. Daran schloß sich eine bis ins fünfzehnte Jahrhundert andauernde Phase, in der Kriege und übergreifende Herrschaftszonen diesen Austausch der Bevölkerung weiter begünstigten.

So wie wir in den Vereinigten Staaten eine Menge Städte mit europäischen Namen finden – sogar eine Stadt namens Berlin gibt es dort –, so haben offensichtlich die einwandernden Briten die neugegründeten bretonischen Klöster und Siedlungen mit Namen aus der verlassenen Heimat bezeichnet, und der ganze südwestbretonische Herrschaftsbereich eines offenbar bereits als mächtiger Mann eingewanderten Gaugrafen erhielt den Namen Cornwall, französisch Cornouaille.

Dieser Einwanderer hieß Gradlon, und die alten lateinischen Dokumente nennen ihn Gradlonus-Magnus, woraus hervorzugehen scheint, daß er doch etwas mehr Macht besaß als die anderen aus jener Zeit bekannten Fürsten, die Riwelen, Congar usw. hießen. Graf Grad-

lon unterwarf sich seit etwa 485 den ganzen Südwesten der Bretagne zwischen Crozon und Concarneau und wird in Sagen und Legenden darum König genannt. In seiner Residenz Kemper (bretonisch für Zusammenfluß), dem heutigen Quimper, gibt es eine Rue Gradlon, die auf den Dom zuführt. An der Domfassade selbst ist der König in Stein und zu Pferd zu besichtigen. Und darum kann ich nun endlich die Gradlon-Sage von der versunkenen Stadt Ys erzählen, die nach manchen in der Bucht von Douarnenez, nach anderen vor Penmarc'h zugrundeging: Gradlon hatte eine wunderschöne Tochter namens Dahut, die jedoch sittenlos dahinlebte. Auf Bitten eines ihrer Liebhaber (der in der Legende zum Teufel wird), stahl sie ihrem Vater den Schlüssel zu den Toren in dem großen Flutdamm, der den Hafen von Ys schützte. Der teuflische Galan öffnete das Riesentor, die Flut brach ein und verschlang die Stadt Ys. Gradlon selbst, dem Gerechten, gelang die Flucht vor den ihn verfolgenden Fluten erst, als er auf Geheiß einer himmlischen Stimme seine Tochter von der Kruppe des Pferdes in die Fluten gestoßen hatte.
Die Geschwindigkeit der Flut, die in der Bucht des Mont Saint-Michel tatsächlich ein Pferd zum Galoppieren zwingen könnte, weist auf eine der flachen Buchten als Entstehungsort der Sage hin, vielleicht sogar auf jene von Saint-Malo, in der ja ein Halbdutzend Dörfer zugrundeging. Gradlon jedenfalls wählte seine neue Residenz weit drinnen im Land, eben in Quimper, und nahm sich einen Berater von untadeligem Lebenswandel, den (ersten) Bischof Corentin. Nach ihm hieß die Stadt des Zusammenflusses von Odet und Steir bis vor zweihundert Jahren Quimper-Corentin, und da sie vor dem Beginn des Eisenbahnzeitalters tatsächlich unendlich weit

von Paris entfernt war, wurde sie im Volksmund beinahe zu einem Verbannungsort mehr komischen als furchtbaren Charakters, so etwa wie im alten Deutschen Reich die pommerschen Städte Stolp oder Schlawe.
La Fontaine machte dieses Verdikt sehr populär, aber wohl kaum je ist eine Stadt so ungerecht behandelt worden, denn Quimper ist trotz einer gewissen Industrieansiedlung, trotz der Ballung der Gebäude in engen Tallagen und zwischen schwer zu führenden Verkehrswegen eine außerordentlich hübsche und gut zu bewohnende Stadt. Die Odet-Quais sind freundlich, die Altstadt am rechten Ufer hat Charme und Leben, und die umliegenden Hügel leiten schnell über ins grüne Land. Auf dem Odet aber schaffen zahllose kleine und große Boote die Verbindung mit einer besonders malerischen Mündungslandschaft.
Als Tourenzentrum wohl etwas zu groß und verkehrsreich, wird Quimper von Touristen doch immer wieder aufgesucht, weil die Schnellstraße nach Brest und die guten Straßen nach Gourin (D 15), nach Quimperlé (N 165) und nach Concarneau (D 783) die ganze westliche und südliche Bretagne erschließen und nur über Quimper erreichbar sind. Leider gestattet die Hotellerie es noch nicht, sich in der Nähe dieser gut gelegenen, mit allem versorgten alten Bischofsstadt auf eine angenehme Höhe zu setzen. Wirklich gute, für einen Daueraufenthalt geeignete Hotels gibt es erst 12 bis 15 Kilometer südlich von Quimper in Bénodet oder in La Forêt-Fouesnant. Man weilt in Quimper also immer zu Besuch, man quält sich bei jedem Aufenthalt in der westlichen Bretagne wiederholt durch die Autoströme am Odet und sucht in der engen Stadt oft lange nach einem Parkplatz. Zu Fuß aber erschließt sich uns ein alter Stadtkern, der

seinen Charakter erstaunlich getreu über die Jahrhunderte und auch über den Zweiten Weltkrieg hinweg retten konnte. Aus dem anheimelnden Gewirr der dunklen Dächer und der Fachwerkbauten ragen hoch und schlank die beiden Türme der Kathedrale.
Sie ist die älteste gotische Domkirche der Bretagne, wurde 1240 nach normannischen Vorbildern begonnen und 1493 endlich vollendet. Die Turmspitzen wurden erst 1854 und 1856 aufgesetzt, haben aber inzwischen dank Wetter und Wind die Patina der älteren Partien angenommen. So wirkt die ganze noble Kirche homogen und würdig, trotz der Ungereimtheit des aus der Achse weichenden Chors, trotz der Büdchen ringsum und der Souvenirläden gegenüber. Ein größerer Vorplatz hätte der Kathedrale zu mehr Wirkung verholfen; so wie sie heute von Häusern umdrängt ist, erdrückt sie die Mairie und findet keinen rechten Frieden.
Ruhiger sind die engen Gassen an den Ufern des Flüßchens Steir; hier findet der Verkehr keinen Platz, nur Fußgänger verweilen auf den Brücken und betrachten die malerischen Ufer, den Blumenmarkt, das alte Quimper, das La Fontaine mit seinen Versen so gekränkt hat. Nur wer das Pech hat, Quimper während der morgendlichen oder nachmittäglichen Hauptverkehrszeit zu erleben und dabei mehr Abgase zu schlucken als während des ganzen übrigen Bretagne-Urlaubs, der braucht Trost. Dazu verhelfen ihm in Quimper weniger die Restaurants, die über das honnette Mittelmaß nicht hinauskommen, als ein unerwartet reichhaltiges Stadtmuseum am Domplatz, im Rathaus. Dort findet er neben den Marinemalern, denen man schon in Brest begegnete, noch andere französische, im Ausland aber weniger bekannte Talente wie den sinnlichen Chassériau, aber

auch Nicolas Lancret, Hubert Robert u. a. Interessante Spanier und Holländer der zweiten und dritten Kategorie gewähren uns die Bekanntschaft mit Meistern, wie sie bei uns – wenn überhaupt vorhanden – wegen der Überfüllung der berühmten Museen jahrzehntelang auf Speichern verstauben: Ein Antonio Gonzalez Velazquez (Kolumbus bietet den katholischen Majestäten die Neue Welt an), eine Fragonard-Skizze mit dem bei ihm seltenen mythischen Thema einer Opferung der Iphigenie, ein Boucher unerträglich frömmelnd mit einer glatten Flucht aus Ägypten, dazu Landschaften von Wynants, Avercamp, Cornelius Huysmans u. a.
In der rue Gradlon, südlich des Domes, vereinigt das Departements-Museum bretonische und galloromanische Altertümer, unter denen ein Menhir besonders interessant ist, auf dem später galloromanische Gottheiten in Halbreliefs eingehauen wurden. Auch zahlreiche Schätze aus Kirchen, vom Fenster bis zu den Grabtafeln, finden sich hier, um der Gefahr der Diebstähle zu begegnen.

Der Odet, stellenweise ziemlich breit, fließt ruhig dahin und ist beinahe mehr Verkehrsfläche als Fluß, mit stillen Ufern, die an der Mündung in die hübschen Landschaften des Bigoudin übergehen, sanfte Landvorsprünge, welche die Mündungsbucht begrenzen. Am rechten Odet-Ufer, also westlich, liegen Pont-l'Abbé und Loctudy, am linken Bénodet und Fouesnant. Pont-l'Abbé ist eine kleine, betriebsame Stadt mit dem alten Brückenschloß als Wahrzeichen und der romanischen Kirche von Loctudy in der Nachbarschaft. Dazwischen liegt das geschmackvoll restaurierte Schloß Kérazan (kleine Gemäldesammlung mit Genrebildern altbretonischen Lebens).

Bénodet, durch eine Mautbrücke mit Pont-l'Abbé verbunden, gewinnt von Jahr zu Jahr mehr Freunde und ist im Augenblick noch eine nicht allzu große, nicht zu mondäne und darum sehr angenehme Badestadt mit gemütlichem Familienstrand und anziehendem Blick, mit luftigen Villenvierteln und einem besonders reizvollen Hinterland. In großen Wäldern, die sich bis in die Gegend von Quimper und Rosporden erstrecken, kann man auf zum Teil abenteuerlich engen Straßen auf Entdeckungsfahrten ausgehen. Einer der lohnendsten Funde ist das große und stille Manoir du Stang, ein zum Hotel umgebautes Landschloß bei Forêt-Fouesnant, ein anderer, nicht minder überraschend, präsentiert uns auf einer Lichtung im tiefsten Dickicht das Manoir de Kreac'h-Keta, einst ein trotz seiner Einsamkeit wohlbewehrtes Schloß mit Graben und Wällen, heute ein charmanter Landsitz wie für Dornröschen gemacht. Die Gesellschaft, der wir uns aus dem Wald preschend plötzlich gegenübersehen, schläft jedoch keinen Zauberschlaf, sondern sitzt bürgerlich-gemütlich beim Kaffee. Der heutige Besitzer, ein Enkel jenes Schloßherrn, der die Wälle beseitigen ließ, hilft uns freundlich, die besten Standorte für Totalaufnahmen zu finden (obwohl wir doch ganz gerne eine der hübschen Comtessen groß im Vordergrund gehabt hätten). Auch hier, ins Waldesdunkel, hat die große Geschichte hereingeweht: Le Comte Moreau de Lizoreux ist ein Nachkomme jenes napoleonischen Generals Moreau, dessen republikanische Gesinnung dem großen Korsen jedoch um so unangenehmer war, als Moreaus militärischer Genius Napoleon selbst Konkurrenz machte. Moreau ging nach Amerika, kehrte schließlich auf einen Ruf des Zaren nach Europa zurück und fiel gegen Napoleon 1813, ein

Die Türme der gotischen Kathedrale Saint Corentin in Quimper, dem städtischen Zentrum der südwestlichen Bretagne.

Eglise Sainte=Croix zu Quimperlé: Krypta aus dem 12. Jahr=hundert, die Kirche ähnelt architektonisch der Hl. Grab=Kirche in Jerusalem.

Basilika Notre=Dame du Roncier in Josselin. Die Grabdeckel=figuren stellen Olivier de Clisson, einen der berühmtesten Heerführer Frankreichs, und seine Frau Marguerite de Rohan dar (15. Jh.).

Die Kirche von Kernascleden lag im Herrschaftsbereich des unglücklichen Marquis von Pont=Calleck. Sie gilt in der Ausführung als eine der vollkommensten der Bretagne (15. Jh.).

Offizier, dessen Tod Freund und Feind betrauerten. Seine Heimat Morlaix hatte ihm den Weg über den Ozean gewiesen, der für die Bretonen ja stets die Alternative zu Frankreich gewesen ist.

Auf der Weiterfahrt nach Osten – und damit nähert sich unsere Runde um die Halbinsel nun ihrem Ende – berühren wir Fouesnant, eine hübsche Etappenstadt für die nahen Strände, mit einer im achtzehnten Jahrhundert umgebauten romanischen Kirche. Ganz in der Nähe liegt still unter hohen Bäumen die reizende Chapelle Sainte-Anne nördlich des Städtchens.

Zu den besonderen Vorzügen der bretonischen Ferienlandschaft gehört, daß sie ihr eigenes Leben weiterlebt, ob sich nun Tausende von Touristen an den bretonischen Stränden tummeln oder nicht. Das französische Selbstgefühl würde es wohl gar nicht dulden, alljährlich auf die Fremden-Invasion zu warten wie auf das Manna vom Himmel, und bange zu registrieren, ob es in diesem Sommer ein paar Prozent mehr oder weniger sind, die ihr Geld in die Urlaubsparadiese tragen. Diese große Ruhe, auch ohne die Fremden leben zu können, auch ohne Touristen den Tag, die Woche und das Jahr zu erfüllen, das alles beläßt der Bretagne ihre Persönlichkeit, ihre Eigenart auch in den Wochen, in denen sich alle anderen Ferienländer immer stärker zu uniformieren beginnen.

Unter diesem bretonischen Eigenleben leidet naturgemäß die malerische Szene dort, wo Fabriken für Konserven den gewohnten Idyllen der Fischerhäfen Abbruch tun, und die aus vielen Gemälden des vergangenen Jahrhunderts vertraute schlichte Buntheit der kleinen Nester an der Küste des Cornouaille hat sich nicht überall bis auf unsere Tage erhalten lassen. Darum ist auch Concarneau, von begeisterten Heimatforschern die Perle des Atlantik genannt, heute in erster Linie ein großer und lebhafter Fischereihafen, einer der umsatzstärksten Frankreichs, und wenn man das bedenkt, so muß man sich sagen, daß eigentlich verhältnismäßig viel vom hergebrachten Bild dieses Städtchens dem Zugriff der Nützlichkeit entgangen ist. Die Häuserzeile selbst ist farbenfroh, lebhaft, abwechslungsreich und typisch bis hin zu der großen und modernen Halle am Quai de la Criée (die allerdings hätte sich unschwer mit einer weniger störenden Fassade versehen lassen). Das wohl berühmteste Kleinod der ganzen Bucht, die Insel mit der Festungsstadt, hat sich überhaupt nicht verändert, trotz der deutschen Besatzung, der amerikanischen Bomben und der hier besonders eifrig wallenden Touristen. Daß die mächtigen Wälle des Festungsbaumeisters Vauban jener Vernichtung widerstanden, die das größere und interessantere Saint-Malo heimsuchte, ist ein gewisser, wenn auch schwacher Trost. Die eine einzige Rue Vauban kann uns mit ihren Andenkenläden und ein paar hübschen Antiquitäten, mit dem animierenden Menschengewimmel und den gemütlichen Crêperien über den Verlust der winkeligen Seeräuberstadt Saint-Malo zwar nicht hinweghelfen, aber wenn wir schließlich die Remparts besteigen, wenn wir den Rundgang oben auf den Mauern absolvieren und die Bucht mit Hunderten schaukelnder Schiffchen vor uns sehen, dann geht uns doch ein wenig von jener alten Herrlichkeit auf, die das Meer bedeuten kann. Kräftiger Geruch von Seetang und Fischen, die Brise vom Atlantik, die ganze fröhliche Stadt im Hintergrund, das ist jene milde und heitere Bretagne, wie sie sich an ihrer Südküste

präsentiert, und man wird sie zwischen La Baule und Penmarc'h nirgends bunter und freundlicher finden als im alten Concarneau.
Bleiben wir also, trotz der neuen Halle am Quai de la Criée und trotz der Dächer einiger Konservenfabriken, einer Stadt treu, die ihrem Metier so standhaft die Treue hielt wie wenige andere: In der Sicherheit einer Insellage mitten in einer Bucht fanden die Fischer schon Schutz, als noch die ganze Bretagne von Frankreich beinahe sosehr getrennt war wie eine Insel. Nicht die Römer, nicht die Franken und schon gar nicht die Hunnen traten hier in Erscheinung, sondern nur die Piraten eines anderen Seefahrervolkes, der Briten. Nach halb legendären Überfällen, als deren Urheber piktische (also aus Schottland kommende) Seeräuber bezeichnet werden, gelang es Prinz Concar, einem Sohn des Bretonenkönigs Judicael, im siebenten Jahrhundert das wertvolle Eiland zu befestigen. Fortan hieß es Conq-Kerneos, die Stadt des Concar, und wurde zu einer Art Fluchtburg für die Bevölkerung der ganzen Umgebung, die unter den überraschenden Einfällen britischer und skandinavischer Seeräuber außerordentlich zu leiden hatte.
Der britisch-französische Gegensatz beherrschte (was man in Deutschland oft vergißt) jedoch nicht nur das Mittelalter mit dem Hundertjährigen Krieg, sondern auch die Neuzeit bis herauf zum Kolonialzeitalter. Die südbretonischen Häfen waren gegenüber den britischen Kanalhäfen zwar nicht so exponiert wie etwa Saint-Malo oder Dieppe, aber es kam doch immer wieder zu britischen Angriffen auf Concarneau und die vorgelagerten Iles de Glénan. Den vollständigsten Sieg in diesen Auseinandersetzungen errang 1373 der harte, aber umsichtige Duguesclin, Urbild des Condottiere, in Frankreich

Connetable genannt. Er bemächtigte sich der von den Engländern besetzten Stadt so schnell, daß kein einziger der Feinde entrann.
Seit 1451 wurden die Befestigungen der heutigen *Ville close* den neuen militärischen Verhältnissen angepaßt, wie sie die Feuerwaffen geschaffen hatten. Auch Anne de Bretagne, die große Königin, leistete dazu ihren Beitrag, aber das heutige Bild der Festung schuf doch der Sonnenkönig, also kein bretonischer, sondern bereits ein französischer Herrscher, durch die Hand des genialen Vauban.
Bei Ebbe wird die wahre Wucht dieser Mauern voll sichtbar, die einen kleinen und engen Wohnbezirk zu einem einzigen Fort machten. Heute tragen sie nur noch eine Promenade und sind Touristenattraktion und Sonnenplattform, von der aus man die schönsten Ansichten von Hafen und Städtchen machen kann. Die Konservenfabriken liegen dann unsichtbar in unserem Rücken, ein entschuldbarer Selbstbetrug zugunsten des alten Frankreich . . .

Die Straßen, die von der Halbinselstadt Concarneau zurück ins Land führen, sind zum Teil abenteuerlich schmal, gelegentlich auch steil und schneiden schon wenige Kilometer vor der Stadtgrenze verträumte Täler an, aber auch großzügige Villenviertel mit alten Besitzungen. Hier brauchte so mancher nicht auf den Touristenboom zu warten, um reich zu werden, und der Bentley unter diesen verschwiegenen Luxusbehausungen ist zweifellos Schloß Kériolet, das in den Führern teils aus Diskretion, teils aber auch, weil eine Besichtigung ohnedies unmöglich ist, gar nicht erst erwähnt wird. Es liegt breit und weiß hingelagert hinter hohem Stacheldraht,

der sich zudem mit sehr deutlichen Warnungen vor bissigen Hunden geziert hat. So etwa muß Trotzki – welch ein Vergleich – gewohnt haben, als er sich in Saint-Palais seinen Mördern zu entziehen hoffte.
Freundlicher empfängt uns die D 783 nach Pont Aven, Quimperlé und Lorient, und wenn wir den Minutenumweg nach Nizon auf uns nehmen, lohnt uns dies eine der originellsten Kirchen der Bretagne, mittelalterlich-schlicht, diskret restauriert, mit einer heiligen Quelle an der Fassade und einem Calvaire mit Pietà, den wir aus einem Gemälde von Paul Gauguin kennen.
Das Innere ist sehr stimmungsvoll, ein Gotteshaus, zu dem man sogleich Vertrauen faßt, denn hier fehlt alles Beiwerk, hier wirken die alten Steine und der blasse Lichteinfall zusammen, um eine stille Zelle der Frömmigkeit zu schaffen. Den Namen von Ort und Kirche erfahren wir aus einem maschinengeschriebenen Zettelchen, das der Pfarrer an eine Säule gesteckt hat. Saint-Nizon, ist darauf zu lesen, sei zwar kein anerkannter Heiliger und vielleicht nicht einmal eine geschichtliche Persönlichkeit: »Wir jedoch glauben an seine Legende, an seine Landung im Jahr 317 (!) auf der Landspitze von Trévignon, und damit hat sich's!« (Tatsächlich fehlt St. Nizon nicht nur in Stadler-Heims Heiligenlexikon, sondern sogar in den bretonischen Kompendien).
Bald nach Nizon senkt sich die Straße in einer Steilkurve nach Pont Aven hinab, und wir befinden uns beinahe plötzlich im Herzen einer kleinen Brückengemeinde mit reizendem Stadtplatz, hinter dem die Wohnviertel schon wieder an den Hängen hinanklimmen. Der Aven, ein Flüßchen mit ähnlich breitem und ruhigem Mündungstrichter wie der Odet, treibt zwar keine Mühlen mehr, aber vor hundert Jahren soll es hier beinahe mehr

Mühlen als Häuser gegeben haben. Diese Idylle zog eine Menge Maler an, unter denen der uns vor allem von seinen Südsee-Bildern her bekannte Paul Gauguin der bedeutendste war.

Die Gruppe wurde, obwohl sie sich an verschiedenen Orten wie Huelgoat und Le Pouldu aufhielt, unter dem Namen Pont Aven zu einem kunstgeschichtlichen Begriff, vermutlich, weil diese Phase nicht nur für Gauguin künstlerisch entscheidend blieb. »Zunächst betätigte sich Gauguin nur als Sonntagsmaler«, schreibt G. Bazin, »dann schuf er unter Anleitung Pissaros schlichte impressionistische Landschaften. Erst als er etwa vierzig Jahre alt war, trat – in der einfachen, ursprünglichen Atmosphäre der Bretagne – seine geniale Begabung hervor . . . Seine bretonischen Bilder sind von unterschiedlichem Wert. Die schönsten von ihnen lassen eine bestimmte Systematik erkennen: Die sogenannte Pont-Aven-Periode war für Gauguin . . . eine selbstauferlegte Disziplin, um sich von der impressionistischen Auffassung frei zu machen«.

Die Gruppe zählt ein Dutzend guter Namen, von denen Serusier, Maurice Denis, Verkade und andere heute noch genannt werden, wenn auch natürlich nicht so oft wie ihr Meister; in einem kleinen, nur sommersüber geöffneten Museum im Rathaus kann man den meisten von ihnen begegnen. Leider sind die berühmtesten Bilder längst in aller Welt verstreut, darunter auch das Portrait der schönen Tischlersgattin Angèle (heute im Louvre), das Monsieur Satre, den jähzornigen Schreiner, dazu hinriß, dem Maler mit bösen Worten die Tür zu weisen.

Die Häuser, in denen sich dies begab, liegen auf dem kleinen Platz von der Brücke aus gesehen rechts. Das

Haus, das der Maler bewohnte, beherbergt heute die Messagerie de la Presse mit zweifellos mehr Unruhe, als ihm lieb gewesen wäre, und eine der malerischen Mühlen am Aven dreht sich heute für die Besucher eines Luxusrestaurants. Unter dem Schild *Moulin du Rosmadec* kann man hier von 45 Francs aufwärts sein Menü verzehren und nachher bekennen, was Léon Blum einige Kilometer weiter in Quimperlé mit einem Seufzer in ein Gästebuch schrieb: »Beinahe beschämt, so wunderbar diniert zu haben . . .« Die wenig bekannte Adresse scheint unter Spezialisten die Runde gemacht zu haben, denn auf dem kleinen Kiesvorplatz standen nicht wenige deutsche Wagen, von denen einige eine Reparatur gewiß nötiger hatten als ihr Besitzer das große Freßvergnügen.

Als sich nach einer Weile die mit der Eisenbahn in die Bretagne gelangten Touristen allzudicht um das Hotel Julia drängten, in dem die Maler bei ihrer charmanten Gastgeberin Julia Guillou für wenig Geld untergekommen waren, blies Gauguin zum Aufbruch und man zog ein paar Kilometer weiter nach Le Pouldu an der nächsten Flußmündung, bei Quimperlé.

Folgen wir seinen Spuren, so überqueren wir zunächst den Belon, das Flüßchen mit dem aus den Austernkarten wohlbekannten Namen, kommen dann über eine luftige Höhe bei Moelan-sur-Mer und erreichen schließlich in dem Städtchen Clohars-Carnoet den Punkt, wo sich die Wege zu den kleinen Hafenorten verzweigen. Die ganze Halbinsel ist reich an megalithischen Denkmälern und an malerischen Miniatur-Buchten, an denen die Kenner aus Quimper und Quimperlé ihre Wochenenden verbringen. Der Massentourismus hat sich diese reizenden Nester glücklicherweise noch nicht erschlossen, und so ist man auch an dem etwas engen Strand von Le Pouldu noch völlig unter Habitués. Oben am Hang, auf den Verkehrsflächen, hat die neue Zeit schon Einzug gehalten, aber die Treppenwege hinunter zum Meer sind halsbrecherisch, zwischen den vielen kleinen schwarzen Riffen muß man höllisch aufpassen, und das einzige Hotel mit seiner großen Terrasse wirkt so familiär, daß selbst die hübschesten Frauen dort ihre Aggressivität verlieren. Das sind noch echte Geheimtips, Ferienorte, die diese Bezeichnung wirklich verdienen und die durch die reizende Umgebung – etwa den malerischen kleinen Hafen von Doëlan – das hinzugewinnen, was ihnen an Mondänität und Vielfalt der Möglichkeiten vorerst noch fehlt.

Daß man hundert Meter von dieser Badebucht eine kunstvoll und mühselig hierherverpflanzte und wieder errichtete gotische Kapelle aus Nizon besichtigen kann, zeugt für das unerschütterliche Vertrauen der Bretonen. Sie sind der festen Meinung, daß – wer immer zu ihnen komme – einen Ort nur dann bemerkenswert finden könne, wenn auch ein sehenswertes Gotteshaus vorhanden ist. So haben denn die Herren Le Moal und Manessier neue Buntglasfenster für das Kapellchen geschaffen, und der Architekt Pierre Brunerie hat die Steine aus dem fünfzehnten Jahrhundert hier, ein Dutzend Kilometer vom ursprünglichen Standort, zwischen Villengärten und unter Bäumen getreulich wieder aufgeschichtet. Nur am Gras und an der Steinfarbe erkennt man, daß sie nicht immer schon hier lagen. Der Calvaire neben der Kapelle hingegen ist alt, aber das sind Unterschiede, die niemand wahrnimmt. Eine Gruppe junger Leute hat sich vom schattenlosen Strand hier herauf zurückgezogen, die Burschen rauchen mit betont gleichgültigen Gesten, die Mädchen, in weißen und schwarzen Mini-Bikinis, blinzeln unter ihren wohlfrisierten Bubiköpfen zu den Heiligen hinauf, die mit ihren grauen Steingesichtern dem allen zuzusehen scheinen.

Zwischen Le Pouldu und Quimperlé breitet sich eine Erholungslandschaft aus, wie vor allem die Franzosen sie lieben. Das Flüßchen mit dem wohlklingenden Namen Laita trägt Boote und birgt Fische, und der Wald von Carnoet ist für das Picknicken so geschaffen wie kaum ein anderer: nicht so dicht, daß man nicht hineinfahren könnte, nicht so licht, daß man in ihn hineinsehen könnte. Man muß sich fragen, ob angesichts solcher Versuchungen – Fluß, Wald, Strand – in der warmen Jahreszeit im ganzen Städtchen überhaupt jemand arbeitet. Denn Quimperlé mit seinen 12000 Einwohnern ist ein Städtchen, wenn es sich auch mit breit geführten Ein- und Ausfallstraßen den Gestus eines großen Gemeinwesens gibt.

Kommt man vom Süden, also aus jenen Uferwäldern, die man mit einigem Recht das Arkadien der Bretagne nennt, so ist man zunächst ernüchtert, aber der erste Eindruck täuscht. Kaum hat man die moderne Schale durchstoßen und befindet sich im Kern des alten Quimperlé, wird die Stadt gleich wieder angenehm, ruhig, ja malerisch. Auch sie entstand am Zusammenfluß zweier kleiner Gewässer, weswegen auch sie Kemper hieß und das *lé* wohl von dem einen der beiden Flüsse, der Ellé, beibehielt, die vereint dann Laita heißen. Daß die Siedlung sehr alt ist, erklärt sich aus dieser geschützten Lage, und dieses Alter weht uns sogleich an, wenn wir durch tiefe Finsternis in die Krypta der sehr eigenartigen Eglise Sainte-Croix hinabstolpern. Diese Unterkirche hat sich

aus dem Bau von 1083 erhalten und nahm im fünfzehnten Jahrhundert zwei Gräber auf, deren eines dem heiligen Gurloes zugehören soll. Aus dem siebzehnten Jahrhundert stammte der später zusammengestürzte Glockenturm, und dieses Ereignis bot den Anlaß zu umfassenden Erneuerungsarbeiten, die bis ins neunzehnte Jahrhundert währten. Die in dieser Landschaft etwas unvermittelt wirkende Rundform bezog man von der Kirche vom Heiligen Grab in Jerusalem.
Vertrauter, weil europäisch, mutet uns die Eglise Notre-Dame in der Oberstadt an, deren vierkantiger Turm sich aus dem Gewirr der Dächer erhebt. Auch hier hat ein hohes, schlankes Türmchen den Zeiten nicht getrotzt und ist 1763 zusammengebrochen, aber der Renaissanceturm mit seiner luftigen Galerie sitzt recht solide auf dem Kirchenschiff aus dem dreizehnten Jahrhundert. Auch die Leute von Quimperlé scheinen sich in Notre-Dame heimischer zu fühlen als in der menschenleer in der Unterstadt liegenden Eglise Sainte-Croix, denn Notre-Dame hat viele Namen: Notre-Dame-de-l'Assomption (von der Auferstehung), oder auch Notre-Dame-et-Saint-Michel, oder auch kurz l'Eglise, als gebe es nur die eine. Das Volk hat zu ihrem Schmuck mit naiven Skulpturen beigetragen, von denen man einige in den Nischen bewundern kann; die Apostelstatuenvom Nordeingang sind jedoch bis auf drei verschwunden.
Wandert man zwischen Unter- und Oberstadt unschlüssig durch die schmalen Gassen, deren einige noch zwischen Holzhäusern oder Fachwerkbauten verlaufen, dann erkennt man, daß Quimperlé mit seinen drei Flüssen, mit den grünen Hügeln in der Umgebung und den alten, ein wenig verkommenen Häusern an den Flußufern, wohl nicht mehr allzulange so leben wird. Die

starke Feuchtigkeit und das hohe Alter der Bauten werden Sanierungen erzwingen, die das Gesicht des Städtchens verändern müssen. Denn Quimperlé ist nicht Venedig, und keine Bank der Welt, geschweige denn die Weltbank, wird für diesen verträumten Winkel der alten Bretagne ein paar Millionen locker machen.
Und da wir schon bei den traurigen Gedanken sind, da uns die Vergänglichkeit nun einmal anrührt, schließen wir an die Idylle von Le Pouldu einen jener Ausflüge an, wie sie die Führer stets bei jenen Städten empfehlen, in denen man mangels eigener Strände zu ein wenig Bewegung genötigt wird: über Le Faouet und Kernascléden zum Scorff.
Le Faouet ist ein ähnliches Zentrum wie Huelgoat, vielleicht ein wenig weicher, südlicher, wohl auch, weil die bizarren Felsen und die Bergwerke fehlen. Das Städtchen selbst ist mit seinem von Bäumen beschatteten Platz und der alten Markthalle aus dem sechzehnten Jahrhundert an sich ein lohnendes Ausflugsziel, eröffnet aber seinerseits wieder eine sehr friedliche, auf Hochflächen und Hügeln ziemlich unberührt gebliebene Erholungsregion. Eine besonders ansprechende Lage hat die gotische Chapelle Sainte-Barbe (drei Kilometer von der Stadt, auch auf angenehmem Fußweg zu erreichen). In entgegengesetzter Richtung, also südlich von Le Faouet, liegt die etwas ältere Chapelle Saint-Fiacre mit einer jener hölzernen Emporen, von denen sich nur wenige bis heute erhalten haben. Die von Saint-Fiacre ist heute immerhin fünfhundert Jahre alt.
Auf der streckenweise landschaftlich sehr schönen D 769 überqueren wir die Ellé, zweigen auf die D 782 ab und erreichen Kernascléden am Scorff. Die einstige Kapelle ist heute Pfarrkirche und beherrscht auch tatsächlich die

ganze Nordhälfte des Ortes mit ihrer freien Lage zwischen den Straßen. Äußerlich wie im Innern ist sie eine der berühmtesten Kirchen der südlichen Bretagne, ein gotischer Bau von 1420 mit auffallendem Vorhof und – in der Bretagne seltenen – Wandmalereien. Ihr Thema sind insgesamt vierundzwanzig Szenen aus dem Leben der heiligen Jungfrau und Jesu Christi. Vom Motiv her noch seltener sind ein Totentanz und die Höllenszenen beim Ansatz des südlichen Querschiffs. Der Hauptaltar aus Stein wurde im fünfzehnten Jahrhundert gefertigt.

Kernascléden ist für die Bretonen ein besonderer Ort düsterer Erinnerungen, denn hier, zwischen Lignol, Kernascléden und dem Wald von Pontcallec, endet zwischen 1718 und 1720 eine Rebellion des bretonischen Adels gegen die Zentralgewalt in Paris. Führer der Erhebung war Clément de Guer-Malestroit, Marquis de Pontcallec, ein junger Edelmann von großem Mut, dessen Herrschaftsgebiet sich südlich von Kernascléden am Scorff hinzog. Als 1715 Ludwig XIV. starb und sich rund um die Madame de Maintenon eine Opposition gegen den Regenten bildete, der das Reich bis zur Großjährigkeit Ludwigs XV. verwaltete, glaubten auch die Bretonen ihre Stunde gekommen: Sie wollten den Anschluß an Frankreich, der nur den großen Adelsfamilien wie den Rohan Vorteile gebracht hatte, wieder rückgängig machen. Pontcallec sammelte nicht nur andere Unzufriedene um sich, sondern trat über die Maintenon auch mit dem spanischen Gesandten in Paris, einem Fürsten Cellamare, in Verbindung. Spanien schickte ein Schiff mit Geld und Soldaten, das in der Mündung des Scorff ankerte. Aber ein Attaché der spanischen Botschaft, der sich bei einem galanten Rendezvous verspätete und dem für ihn reservierten Freudenmädchen – um sich zu entschuldigen – von wichtiger Kurierpost redete, verriet alles. Die Geheimpolizei des Regenten fing den Kurier ab, die Verschwörung wurde entdeckt, und die in die Bretagne entsandten Truppen trieben die Aufständischen schließlich vor Schloß Pontcallec zusammen. Nach verlorener Schlacht rettete sich der Marquis zwar in die Abtei von Lignol, wurde aber verraten und im März 1720 mit einigen Gefährten in Nantes hingerichtet. Das Schloß am Teich von Pontcallec ist nicht mehr das seine, sondern ein Neubau aus dem späteren achtzehnten Jahrhundert.

Der Scorff, ein oft recht schmales und langsam fließendes Gewässer, bahnt sich seinen Weg ziemlich mühsam bis Pont Scorff, wo er etwas breiter und brackig wird und die Nähe des großen Hafens Lorient sich ankündigt. Dort endet allerdings auch der Zauber der großen Wälder von Pontcallec, in denen sich die Erinnerung an die Heldentaten vor zweihundertfünfzig Jahren so erstaunlich lebendig erhalten hat, daß ich mit einem jungen Tankwart eine Viertelstunde lang über den unglücklichen Marquis plaudern konnte.

Pont Scorff bietet die südlichste Möglichkeit einer Umfahrung von Lorient, das sich in den letzten Jahren außerordentlich schnell entwickelt hat und sich nicht mehr mit dem rechten Scorff-Ufer begnügt, sondern wie ein rauchender und rasselnder Polyp auch noch die Trichtermündung bei Port-Louis und der gegenüberliegenden Zitadelle in die Agglomeration miteinbezogen hat. Für den Touristen bietet Lorient wenig, obwohl die Stadt lebhafter ist als das beim Wiederaufbau zu groß geratene Brest. Die für den zeitgeschichtlich interessierten Deutschen sehenswerten U-Boot-Bunker dürfen nur von Franzosen besichtigt werden, eine relativ kuriose Vorschrift, haben doch die deutschen Eroberer eben diese Betonunterstände 1940 in Rekordzeit errichtet und bis 1943 dann so ausgebaut, daß nur die Sechs-Tonnen-Bomben eine gewisse Wirkung erzielten. Ähnliche Vorschriften gelten für das Arsenal und die Docks.

Interessant ist jedoch die historische Rolle dieses heute vor allem den Neukonstruktionen dienenden Kriegshafens, denn er ist der jüngste der Bretagne nicht nur, weil er nach 1944 völlig wiederaufgebaut werden mußte, sondern weil man ihn erst seit 1700 angelegt hatte. Als im siebzehnten Jahrhundert England, Holland, Portugal und Spanien die Meere und den Welthandel beherrschten, mußte der Kardinal Richelieu dem jungen Ludwig XIII. eröffnen, daß Frankreich mangels einer Flotte außerstande sei, sich an diesem Wettrennen zu beteiligen (»Sire, Ihr königlicher Vater besaß kein einziges Schiff«). Nach jahrzehntelangen Versuchen und großen Verlusten in Le Havre und Bayonne fiel die Wahl des genialen Ministers Colbert auf das rechte Ufer der Scorff-Mündung. Dort gab es einen ausgedehnten Adelssitz namens Le Faouedic-Lisivy, der zum Hafen der von Ludwig XIV. begründeten staatlichen *Compagnie des Indes-Orientales* ausgebaut wurde. In der goldenen Spekulationsepoche unter dem schottischen Schwindler Law blühte der neue Hafen der Orient-Schiffe schnell auf und wurde bald nur L'Orient genannt. Der Zusammenbruch des Lawschen Aktien-Imperiums brachte zwar einen Rückschlag, aber der Hafen war nun einmal da und hätte im handelsfreudigen achtzehnten Jahrhundert auch wieder aufblühen können, wären die Generale Ludwigs XV. tüchtiger gewesen und der König selbst ernsthafter an seinem Überseereich interessiert. Lorient schlug zwar 1746 den Angriff der Briten ab, die

im nahen Le Pouldu etwa 7000 Mann an Land gesetzt hatten, erlangte größere Bedeutung jedoch erst, als Frankreich im neunzehnten Jahrhundert afrikanische Kolonien erhielt und seine Flotte ausbauen mußte. Aus dem Inferno von 1940-44 stieg Lorient ähnlich wie Le Havre und glücklicher als Brest wie der Phönix aus der Asche und weist für den an moderner Architektur Interessierten einige sehenswerte Lösungen auf.
Als Stützpunkt für die Ausflüge in eine in vieler Hinsicht besuchenswerte Umgebung ist Lorient-Lanester mit annähernd 100000 Einwohnern zu groß und zu laut. Die Küstenstrecke zwischen Guidel und der Citadelle von Lorient bietet jedoch besonders viele Ausblicke und auch manche hübsche Badebucht und mündet mit einer autobahnähnlich ausgebauten Straße ins Stadtzentrum. Lorient ist allerdings auch für die Bootsausflüge den Scorff aufwärts der unerläßliche Ausgangspunkt, und zur Ile de Groix mit ihren Klippen und Megalith-Denkmälern bestehen vom Quai de l'Estacade in Lorient aus die häufigsten Verbindungen. Nur wenn man von Osten (aus der Richtung Vannes-Auray) kommt, kann man auch in Port Louis in die Ausflugsschiffe zusteigen.
Das Hinterland von Lorient erschließt sich uns auf angenehmere Weise, wenn wir als Standquartier einen der mit Hotels gut versorgten Küstenorte zwischen Belz und Carnac wählen oder aber – wenn es nicht so sehr ums Baden geht – die hübsche alte Fischerstadt Auray mit ihrem reizvollen Ortsbild und der Nähe berühmter Kapellen, von der aus im Sommer Boots-Rundfahrten durch den Golf von Morbihan möglich sind.
Das binnenländische Ausflugsgebiet nördlich von Lorient oder Auray erstreckt sich bis ins Herz der Bretagne und begleitet im wesentlichen den Blavet stromauf-

wärts, danach aber den Canal de Nantes à Brest. Die dicht aufeinanderfolgenden sehenswerten Kirchen, die Orte mit stark besuchten Pardons, die Schlösser und die kleinen ländlichen Zentren mit so hübschen alten Häusern wie sie etwa Pontivy oder – weiter nördlich – Quintin noch besitzen, beweisen uns in ihrer Gesamtheit, daß sich die alten Siedel- und Kulturzonen doch weitgehend an die Wasserläufe anschlossen. Angesichts der dünnen Besiedlung waren die Überlandfahrten mit dem Karren in der Bretagne noch mühsamer und noch ärmer im Ertrag als anderswo, und die kleinen Boote, die hier jeder besaß, bildeten durch Jahrhunderte die Verbindung auch der inneren Bretagne mit den Küstenorten.
Ob man sich für Vorgeschichte interessiert und die Venus von Quinipily bei Baud photographiert, ob man die Kirchen und Kapellen von Saint-Adrien, Saint-Nicodème, Quelven oder Stival besuchen will, man wird hier geruhsam autobummelnd nicht weniger auf seine Rechnung kommen als der Landschafts-Liebhaber, dem die schönen Talstrecken von Hennebont über Melrand nach Pontivy ebenso behagen werden wie die Aussichtspunkte von Castennec bei Bieuzy oder am Lac de Guerlédan bei Saint-Aignan. Die Rohan, die hier das Zentrum ihrer Herrschaft hatten und sich auf die mächtigen Schlösser von Josselin und Pontivy stützen konnten, genossen angesichts dieses herrlichen Herzlandes ihrer Macht wohl zu Recht in Paris und Versailles die Ehren ausländischer Monarchen auch dann noch, als die Bretagne längst Teil des französischen Königreiches geworden war.

Wesentlich bekannter und auch beliebter als diese Binnenland-Ausflüge sind jedoch die Ziele, die sich südlich

Ist manches Städtchen auch sehr still, an der Hafenzeile herrscht immer Leben, mit Cafés, Crêperies, Hotels und Läden.

Mitten im Land, in dem alten Josselin, liegt das Schloß, von dem aus das Geschlecht der Rohan weite Teile der Bretagne beherrschte.

Vitré, die alte Festungsstadt am Ostrand der Bretagne, hatte eine starke protestantische Gemeinde. Mit ihr setzten sich die Priester mit Hilfe einer Außenkanzel auseinander, weil die Hugenotten nicht ins Kircheninnere durften (Eglise Notre=Dame, 15. und 16. Jh.).

Kirche und Friedhof von Brasparts in den Monts d'Arrée

von Auray bieten: die Steinsetzungen von Carnac, die Halbinsel von Quiberon und die größte der bretonischen Inseln, Belle Ile genannt.
Carnac dürfte, was den heute so oft zitierten Bekanntheitsgrad betrifft, hinter dem Mont Saint-Michel nicht sonderlich zurückstehen, aber während das Inselkloster seine Besucher beim ersten Auftauchen über dem Horizont verblüfft, entzückt und bei gewissen Beleuchtungen für ein Leben begeistert, sind die ausgedehnten Menhir-Felder von Carnac eher dazu angetan, jenen zu enttäuschen, der sie nur von Bildern kannte und sie zum erstenmal in natürlicher Größe vor sich sieht. Zu dieser Enttäuschung trägt zweifellos bei, daß ein einzelner Menhir, in der Landschaft oder auf dem Bild, seinen kultischen und archaischen Charakter bewahrt und selbst in gleichgültigen Umgebungen noch von einer gewissen Aura umgeben ist. Angesichts der reihenweise und zu Hunderten in die Ebene gesetzten, weder phantasievolle Gruppen noch Figuren bildenden Steine erinnert sich jedoch jedes nicht allzu romantisch veranlagte Gemüt an eine Baumschule.
Natürlich tun wir den unschuldigen Steinsetzlingen damit unrecht. Sie *sind* alt, sie sind keineswegs der Laune eines pedantischen Rektors aus Auray oder dem Spleen eines alten Admirals aus Lorient entsprungen. Sie sind nur so rätselhaft und so sehr ohne Aussage, daß die meisten Besucher – unschlüssig bald links, bald rechts ausschauend – so lange zwischen ihnen herumfahren, bis einem die Geduld reißt und die Fahrt im üblichen Reisetempo fortgesetzt wird.
Schuld an solchem Mißvergnügen ist meist die mangelnde Unterrichtung. Denn wenn wir auch bei weitem noch nicht alles von den Megalithen wissen, so steht

heute doch eines fest: sie waren die erste und durch Jahrtausende auch die einzige gemeinsame Ausdrucksweise der europäischen Küstenvölker, sie bekunden ein gemeinsames religiöses Gefühl und vielleicht sogar eine religiöse Verwandtschaft zwischen den Alteuropäern an den Meeresküsten von Bornholm bis Malta, von Stonehenge bis Filitosa.

Zwischen 3000 und 1000 vor Christus wurden an den Küsten, aber auch an zum Meer führenden Flußtälern und auf weithin sichtbaren Höhen Großstein-Denkmäler aufgestellt, in Halbkreisen (Cromlechs), als Grabkammern in Form von Tischen (Dolmen), einzeln aufragend (Menhire) oder in linearen Kombinationen mit astrologischem Bezug. Die Orte des Mondauf- und-untergangs und die Punkte, von denen aus man die Sonne im Meer versinken oder aus ihm aufsteigen sah, spielten bei der Platzwahl und bei der Anordnung der Steine eine besondere Rolle. Da es allein in der Bretagne zwei Dutzend Menhire gibt, die höher als vier Meter sind, da die schwersten dieser Monolithe 350 Tonnen wiegen und dennoch aufgestellt wurden, geben die so urtümlich wirkenden Steinsetzungen uns auch einen sicheren Hinweis darauf, daß die Megalith-Völker nicht nur die Meere befuhren, sondern auch mit Winden, Flaschenzügen, Hebeln und anderen Behelfen umzugehen verstanden.

Denkt man darüber nach, schreitet man bei Sonnenuntergang zwischen den tausend Steinen von Le Menec bei Carnac hindurch, dann begreift man schon eher, daß hier mit menschlichen Mitteln eine Annäherung an Gottheiten und Gestirne versucht wurde. Und vollends ergriffen sind wir, sobald wir an der Landspitze von Locmariaquer den großen Menhir und hinter ihm die sogenannte Table des Marchands erblicken, die großen Steine an der Einfahrt zum Kleinen Meer (Mor-Bihan), Wahrzeichen und Orientierungspunkte, gewiß aber auch Stätte der Dankopfer für Menschen, die so früh die Meere befuhren, daß wir uns ihre Schiffe kaum vorzustellen vermögen.

Die Halbinsel von Quiberon ist in der Bretagne ein Unikum schon in der Form, denn sie gleicht nicht den Landspitzen, die wir aus Finistère kennen, sondern wirkt eher wie eine Miniaturausgabe der Halbinsel von Malakka mit Quiberon an der Stelle von Singapore. Das milde Klima ringsum, die einladenden Küsten zwischen Benodet und La Baule erleiden hier eine Unterbrechung, denn der lange Landsporn von Quiberon wirkt eher karg mit seinem spärlichen Pflanzenwuchs und den Klippen auf der Seeseite, bei dürftigen Dünenlandschaften am östlichen Rand, also auf der Seite der Bucht. An der schmalsten Stelle, hart südlich der Plage de Penthièvre, ist die Sandaufschüttung nicht viel breiter als die Straße selbst, und eine schwere Sturmflut könnte hier den früheren Zustand wiederherstellen, nämlich Quiberon wieder zur Insel machen.
In den letzten Jahren, seit die Badeurlaube viele Tausende von Menschen in die früher nur von einer interessierten Elite besuchte Bretagne führen, haben sich die langen Strände der Halbinsel mit Hotels bedeckt, und die Bademöglichkeiten sind hier auch ausgezeichnet. Geschützte Lagen bieten relativ ruhige Aufenthalte, weil der Verkehr über den Isthmus am Abend erlischt und die Durchgangsstraßen überhaupt fehlen. Der Fremdenverkehr ersetzt der Fischerbevölkerung die Ausfälle, die sie durch den Rückgang des Sardinenfangs erlitt.

Trotz des unbestreitbaren Reizes der Côte sauvage, trotz des Charmes der vielen kleinen Boote und alten Kutter im Hafen von Quiberon, kommen viele Fremde vor allem hierher, weil die Schiffe nach Belle-Ile von hier abfahren. Die große Insel kennt jeder, der *Die drei Musketiere* auf dem Bildschirm gesehen hat und sich an den Tod des braven Porthos in der Grotte von Locmaria erinnert. Belle Isle, die Insel, die im siebzehnten Jahrhundert der unermeßlich reiche Finanzminister Fouquet befestigen ließ, um hier seine Millionen zu verteidigen, ist ein Erlebnis für sich.
Im Jeu de Paume in Paris, in der Sammlung der Impressionisten, hängt eine Reihe von Bildern, die Landschaften in der Umgebung von Paris darstellen: das Argenteuil, wo sich Monet Anfang der siebziger Jahre des vorigen Jahrhunderts niedergelassen hatte und das er nicht müde wurde, immer wieder zu malen, wird man heute vergeblich suchen – die weiten Mohnfelder, durch die Monet seine Spaziergänger führte, sind nun funktionellen Betonhäusern gewichen. Ganz anders steht es mit Belle-Ile: die drei Gemälde von Manet, welche die Côte sauvage dieser Insel darstellen, sprechen nicht von einer unwiederbringlichen Vergangenheit, sie sind Gegenwart. Belle-Ile ist eine Schönheit, der die Zeit nichts anhaben konnte.
In den Sommermonaten herrscht reger Schiffsverkehr zwischen Quiberon und Belle-Ile. Doch sollte man den August meiden, wenn man diese größte der bretonischen Inseln nicht nur zu Zelt- und Badeferien besuchen, sondern dem Rauschen von Wasser und Wind und dem Schrei der Möwen lauschen will, wenn man zwischen Ginster und Heidekraut auf einsamen langen Wegen von Bucht zu Bucht wandern möchte.

Saint-Amant, der erste große Dichter, der um 1620 nach Belle-Ile gefahren ist, schrieb dort eine Ode, die den bezeichnenden Titel *Le Contemplateur* trägt; später folgten ihm Flaubert, Daudet, Gide, die Colette und viele andere.

Außerhalb der Hochsaison fahren nur drei oder vier große Boote täglich, im Winter manchmal nur ein einziges nach Belle-Ile hinüber. Jede Ankunft in Le Palais, der kleinen Hauptstadt der Insel, ist ein Ereignis: von ferne sieht Le Palais wie ein weißer, ruhender Punkt aus. Je näher man herankommt, desto deutlicher erkennt man die einzelnen kleinen Hotels, die der Quiberon-Seite zugekehrt sind, die Fischerboote, den Quai, die lebhafte bunte Menge, die neugierig harrt, was das Schiff heute bringen wird. Bei einem kurzen Aufenthalt läßt man seinen Wagen am besten in Quiberon stehen und leiht sich ein Gefährt bei den *Cars verts* oder den *Cars bleus* in Le Palais aus – die Preise sind niedriger als auf dem Festland. Auch Fahrräder stehen zur Verfügung.

Aber bevor man sich in oder auf ein Fahrzeug setzt, sollte man einen Rundgang durch Le Palais selbst machen. Proust und Reynaldo Hahn sind hier 1895 angekommen und im Hotel Atlantic (das nur im Sommer geöffnet ist) abgestiegen. Der berühmteste Gast dieser Insel aber war die große Tragödin Sarah Bernhardt, die von der Schönheit der Landschaft so begeistert war, daß sie vierzig Jahre lang jeden Sommer wiederkam. In dem sehr sehenswerten Museum, das in der Festung hoch über Le Palais untergebracht ist, liegen eine Reihe von Bildern und Dokumenten aus, welche Sarah im Kreise ihrer zahlreichen Freunde auf Belle-Ile zeigen.

Sarah Bernhardt kam im Juni 1893 zum erstenmal nach Le Palais – in Begleitung des Dichters Edmond d'Haraucourt und des Malers Georges Clairin, genannt Jojotte, der zu ihren intimsten Verehrern gehörte. Sie mieteten ein Pferdegespann, um die Insel zu besichtigen, und ihrer Route sollte man folgen. Sie führte zunächst nach Sauzan, einem zauberhaften kleinen Hafen, der damals, 1893, noch Port Philippe hieß, zur Erinnerung an die Ausbauarbeiten, die König Louis-Philippe dort vorgenommen hatte. Erst zwei Jahre später gelang es den Bewohnern von Sauzan, den alten Namen wieder zurückzuerobern, und dabei ist es dann geblieben. Heute gibt es in Sauzan ein hübsches kleines Hotel, wo man auf einer Terrasse mit Blick aufs Meer die besten Fischgerichte zu sich nehmen kann. Nur ein paar Schritte weiter liegt ein winziges Lokal, in dem man üppige *plats de fruits de mer* serviert: man braucht gut und gern eine ganze Stunde, bevor man Krebse, Krabben, Seespinnen, Seeigel, Muscheln und Austern verzehrt hat. Und dabei sind das nur die Vorspeisen!

Von Sauzan führt ein sehr schöner Weg auf die andere Seite der Insel, eben jene Côte sauvage Manets. Sie ist ein beliebtes Ausflugsziel wegen der *Grotte de l'Apothicairerie* (die Apotheken-Grotte), die ursprünglich die Pferdegrotte hieß, *Croh-en-Huer* auf bretonisch. Beide Namen haben ihre kleine Geschichte: als die Grotte noch wenig besucht war, bauten dort die Seemöwen ihre Nester in so regelmäßiger Folge, daß man zur Brutzeit den Eindruck hatte, vor den weißen Behältern auf den Regalen einer Apotheke zu stehen. Pferdegrotte aber wurde sie genannt, weil Monsieur Huchet dort Wagen mit Pferden verlieh. Dazu betrieb er eine kleine Herberge, die heute ein baufälliger Schuppen ist. 1901 wurde daneben ein neues Hotel gebaut, das damals großes Aufsehen erregte, denn es zeigte einen ungewöhnlichen

Stil, ein flaches Dach, das auf Säulen ruht – man glaubte sich in Marokko und hat sich bis heute mit dem Bau nicht so recht abfinden können. Dieses Hotel de l'Apothicairerie, das so aussieht, als sei es das ganze Jahr geschlossen, wird heute von den beiden Enkelinnen des Monsieur Huchet geführt, zwei Schwestern, 90 und 93 jährig, die auf allerbeste Küche und auf einen guten Weinkeller achten. Überdies zeigen sie mit Stolz ihr *Livre d'or*, in dem sich eine Reihe prominenter Namen findet, und erzählen gern von ihren Erinnerungen: Deutschen Besuchern berichten sie von dem Philosophen Keyserling, der lange bei ihnen gewohnt hat und von dem sie mehrere Photos hervorholen. (Der Abstieg in die Grotte ist übrigens nicht ungefährlich, die Schwestern erwähnen ungerührt die jährlich eintretenden tödlichen Unfälle.) So herrlich der große Speisesaal ist mit seinen alten bretonischen Möbeln, so dürftig sind die Zimmer im Obergeschoß: von den Wänden löst sich die Tapete, in der Decke klaffen Risse; aber das Warmwasser funktioniert, und im Winter wird gut geheizt. Nach der Abfahrt des letzten Schiffes, gegen 18 Uhr, wird es hier still und einsam; der Mond glitzert über einer unendlichen Wasserfläche, an deren anderem Ende Amerika liegt, die Möwen schweigen bis zum ersten Frühlicht, ehe sie mit einer Art Katzengejammer den Tag begrüßen.
Von der Apothicairerie aus geht man auf einem Fußweg zur Pointe des Poulains, wo Sarah Bernhardt bei ihrem ersten Besuch ein ausgedientes Fort entdeckte, das zum Verkauf stand. Zwei Jahre später war es zu einer luxuriösen Sommerbehausung ausgebaut, mit Badezimmer und orientalischen Möbeln versehen. Bis zum Jahre 1924 verbrachte die große Tragödin hier ihre Ferienmonate, und das Panorama, das an die Pointe du Raz erinnert,

mag die rechte Kulisse gewesen sein für die Frau, deren Schönheit und deren Genie die Welt begeisterten: hier hielt Phädra Hof, die Kameliendame atmete die zu würzige Luft, Hamlet stand melancholisch auf einem Felsvorsprung. Hier rührte die extravaganteste Frau von ganz Paris, an deren Tisch Leoparden saßen und die sich im Leichenhemd in einem Sarg photographieren ließ, in einem bretonischen Butterfaß und brachte doch nie die salzige bretonische Butter zustande, sondern immer nur eine Art Weißkäse. Hier kaufte die skandalumwitterte Schöne das Manoir du Penhoët, das sie 1914 bezog und acht Jahre lang bewohnte, hier ließ sie für ihren Liebling Clairin ein Atelier bauen und für ihren Sohn Maurice ein Sommerhaus. Hier ging der berühmteste Dandy aus dem Paris der Jahrhundertwende aus und ein, der Comte de Montesquiou; Schriftsteller, Musiker, Maler, Schauspieler kamen zu Gast. Immer mehr weitete Sarah Bernhardt ihre Besitzungen aus, nichts davon ist erhalten geblieben außer dem alten Fort, das heute aus leeren Fensterhöhlen abweisend aufs Meer hinausblickt.

Von der Pointe du Poulain, die bei Hochwasser vollkommen von der übrigen Insel getrennt ist, fährt man durch das Inselinnere zur Plage du Donnant, einer der schönsten Buchten, die man sich denken kann, aber auch eine der gefährlichsten: das Baden ist hier nicht ratsam, nicht einmal für den geübten Schwimmer; baden kann man am besten in den zahllosen kleinen Sandbuchten oder an den Grands Sables, wo der Ozean friedlich und lieblich heranplätschert, und wo man stundenlang einsam am Strand liegen und träumen kann.

Nach der Plage du Donnant kommt man zu einem charmanten kleinen Hafen, dem Port du Goulphar an einer zersplitterten Felsenküste. Heute erheben sich hier zwei

Château des Rochers südöstlich von Vitré, der Alterssitz der Marquise de Sévigné.

Fachwerkbauten in Guerche de Bretagne

Stadtplatz von Vitré mit der gotischen Hauptkirche

Luxushotels, die dem Besucher ganzjährig jede nur wünschenswerte Bequemlichkeit bieten, vom geheizten Meerwasser-Schwimmbecken bis zum nahen Segel- und Motor-Flugplatz.
Schließlich sollte man es nicht unterlassen, bis zu dem kleinen Ort mit dem verlockenden Namen Locmaria vorzudringen, dem entlegensten Dorf auf der Insel, das vor sich hinzuschlafen scheint. Es hat keine Hotels zu bieten, aber zwei Bistros, in denen man billig und gut riesige Sandwiches verzehren kann, wobei man die Zeit vergißt und vieles andere auch. Durch Felder gelangt man hier zu stillen Wiesenplätzen, sieht sich von blauen Disteln und gelbem Ginster umgeben und taucht in eine Symphonie von Farben und eine Harmonie der Elemente ein, wie dies selbst in der Bretagne nur noch an ganz wenigen Orten möglich ist.

Das kleine Meer und die großen Städte

Der Kampf gegen das Meer ist bretonisches Schicksal, aber er hat der Halbinsel auf sehr verschiedene Weise mitgespielt. Im äußersten Westen, wo sich widerstandsfähiges Urgestein den Wogen entgegenschiebt, behauptet sich das Land noch weit draußen mit schwarzen Riffen und ganzen Insel-Säumen. Im Südosten hingegen, wo sich weiche Schwemmterrassen gebildet haben, erzielte das Meer immer wieder tiefe, lagunenartige Einbrüche in das Land und konnte nördlich von Etel, nördlich und südlich von Pénestin, vor allem aber bei Vannes große Enklaven bilden. Sie sind flach, denn der Meeresboden ist hier jung und liegt relativ hoch. Sie füllen sich bei der Flut schnell und auf wechselnden Wegen mit Wasser, und sie trocknen beim Ebbstrom in einem manchmal wie zauberisch wirkenden glucksenden Ablaufen des Wassers wieder aus – bis auf einige, die Küstenlinie dann völlig verändernde komplizierte Verästelungen des verbleibenden Meeres.

Die große auf diese Weise entstandene Beinahe-Lagune nennen die Bretonen seit alters Mor Bihan, das kleine Meer. Heute, da man mit dem Hubschrauber aus der Luft photographieren und danach kartographieren kann, ist man sich endlich klar darüber geworden, wie sich Inseln, Halbinseln und Sandbänke auf den etwa hundert Quadratkilometern dieses seltsamsten aller Meere verteilen, aber noch immer ist die Kenntnis der beim Gezeitenwechsel auftretenden Strömungen und der Fahrrinnen eine Geheimwissenschaft.

Im Norden reicht das Morbihan bis Vannes, im Süden wird es durch den für die Fluten unbezwinglichen

Gneis- und Granitrücken der Halbinsel von Rhuys begrenzt. Das Ein- und Ausströmen des Ozeans erfolgt in dem schmalen Durchlaß zwischen Locmariaquer, genauer der Pointe de Kerpenhir und der gegenüberliegenden Pointe de Port Navalo. Beide Punkte sind auf guten Straßen erreichbar, und dem Schauspiel des Gezeitenwechsels hier beizuwohnen, ist tatsächlich ein Erlebnis. Das Morbihan selbst lernt man jedoch ungleich besser auf einem der zahlreichen Bootsausflüge kennen, die man von Locmariaquer oder auch von Vannes aus unternehmen kann.

Vannes ist nicht so stark gewachsen wie etwa Lorient, hat jedoch längs der Durchgangsstraßen viel Verkehr und ein für den Autofahrer reichlich enges altes Zentrum. Hier liegen die Sehenswürdigkeiten beisammen: die Kathedrale Saint-Pierre, die, ähnlich wie der Kölner Dom, zwar im dreizehnten Jahrhundert begonnen, aber erst im neunzehnten vollendet wurde. Der Kirchenschatz im Kapitelsaal und die Tapisserien aus dem frühen siebzehnten Jahrhundert sind sehenswert, aber nicht immer zugänglich. Hingegen kann man den Spaziergang auf dem erhaltenen Ostteil der alten Stadtmauern nach Belieben vornehmen. Auch diese Stadt hat sich zwar mit einem grauen Meer gleichgültiger Bauten umgeben müssen, aber einzelne alte Gassen wie die Rue des Halles oder die Place Henri IV. zeigen auch heute noch ein Bild altbretonischen Lebens.

Während sich vom alten Herzogsschloß der Stadt Vannes nur die hübsche Promenade de la Garenne (einst Schloßpark) erhalten hat, finden wir auf der Fahrt rund um das kleine Meer nicht weniger als vier Schlösser, die sogar besichtigt werden dürfen – man ist hier im Südosten also weniger exklusiv als draußen in Finistère. Das

erste ist Trémohar, über die D 104 und D 7 von Vannes aus in kurzer Ostfahrt erreichbar (nördlich der Einmündung einer kleinen Straße von Lauzach). Näher am Meer, auf der Halbinsel Rhuys, liegen Kerlévenan, Suscinio und Truscat.
Kerlévenan hatte offensichtlich freundlichere Schicksale als Trémohar, das zunächst von den Spaniern niedergebrannt und später noch von den Revolutionären der Grande Nation geplündert wurde. Kerlévenan liegt auf der mit mildem Klima gesegneten Halbinsel beinahe in mediterranem Licht vor uns. Das kommt wohl auch daher, daß man es nicht aus bretonischem Granit, sondern aus den hellen Steinen der Touraine errichtete, die auf der Loire herangeschafft wurden. Um so verwunderlicher, daß eine schöne junge Kreolin aus der Familie Peyrac, die der Schloßerbauer, ein Marquis de Gouvello, heimgeführt hatte, schon nach der ersten bretonischen Nacht mit Kälte und Nebeln inständig bat, wieder nach Paris gebracht zu werden. Offensichtlich hatte der Marquis die falsche Jahreszeit für die erste Begegnung gewählt, denn im Sommer friert man zwar gelegentlich in Finistère, gewiß aber nicht am Golf von Morbihan. Das Schloß mit seinen Kunstsammlungen kann gegen schriftliches Ersuchen besichtigt werden.
Fünfhundert Meter vom Dorf Saint-Colombier, wenn man eben Kerlévenan erblickt hat, zweigt links eine kleine Straße nach Suscinio ab, wo sich noch fünf von den einst acht Türmen jener alten Festung erheben, die Pierre de Dreux im zwölften Jahrhundert errichtete. Hier weilten die Herzoge der Bretagne vor allem in unsicheren Zeiten mit besonderer Vorliebe.
Seit Kerlévenan von seiner Bucht durch eine moderne Schnellstraße getrennt ist, hat Truscat unstreitig die

schönste Lage von allen Schlössern auf der Halbinsel. Es liegt dort, wo das Gemeindegebiet von Sarzeau an das kleine Meer stößt, wendet aber der Wasserfläche den Rücken, was ein heutiger Bauherr kaum mehr tun würde. Bei tiefer Ebbe liegt Truscat an einem Schlickmeer von kilometerweiter Ausdehnung, bei hoher Flut greifen die Wellen bis an die Ränder des Parks. Das 1702 errichtete, aber mit seinem niedrigen Wohngeschoß und den hohen Dächern älter wirkende Gebäude gehörte lange Zeit einer standhaft königstreuen Familie des Parlamentsadels, aus der auch bedeutende Kirchenfürsten hervorgegangen sind. 1890 verkauften die Francheville schließlich an die Familie Dumoulin de Paillart, in deren Besitz sich Schloß und Umland heute noch befinden (keine Besichtigung, doch ist die reizvolle Gesamtlage von der Straße Sarzeau-Bénance aus zu erkennen).

Der interessanteste Ort der Halbinsel ist, obwohl in der Einwohnerzahl inzwischen von Arzon überflügelt, das alte Saint-Gildas-de-Rhuys, ein Klosterdorf, das ins sechste Jahrhundert zurückreicht. Hier vergrub Abälard sich vor der Welt, als der eifersüchtige Oheim seiner geliebten Heloise ihm die bekannte Schmach zugefügt hatte. Doch hatte der feine und gebildete Pariser Abbé seine Rechnung ohne die Mönche von Saint-Gildas gemacht, eine damals (1132) recht rauhe Horde, die sich ihr unvorstellbar zügelloses Leben nicht durch einen Aufpasser beschneiden lassen wollte. Vor ihren Mordanschlägen mit Gift floh Abälard und machte durch sein beredtes Lamento der Welt klar, wie es in so manchem abgelegenen Kloster damals zuging. Indessen ist die Abtei von Rhuys auch aus früheren Jahrhunderten berühmt, denn Gweltas (Gildas), der 498 aus England kam und sich zunächst auf der Insel Houat niederließ, verfaßte in Rhuys seit 530 den unschätzbaren Bericht über seine und seines Volkes Auswanderung auf den Kontinent.

Die Halbinsel Rhuys bildet die nördliche Flanke jenes Chenal du Nord, durch den die Schiffahrt den Flottenstützpunkt Saint-Nazaire und den großen Handelshafen Nantes erreicht. Um so erstaunlicher ist der Umstand, daß sich hier, wo Kriegsschiffe, Tanker und Containerpötte am Horizont dahinziehen, die am stärksten frequentierte Badezone der Bretagne entwickeln konnte – die allerdings, dies sei gleich gesagt, sehr wenig Bretonisches an sich hat und von der eigentlichen Schönheit der Halbinsel, vor allem aber von ihrem besonderen Charakter, nur sehr flüchtige Vorstellungen vermittelt.
Diese Zone beginnt an den freundlichen und klimatisch außerordentlich milden Gestaden von Quimiac und Kero, wo der *Parc Naturel Regional de Brière*, also eine Naturschutzzone, die tiefe Bucht bei Assérac anschneidet. Piriac-sur-Mer mit seinem reizenden Ortsbild und dem Aussichtspunkt am Kap gehört bereits zum Ausflugsbereich der Feriengäste von La Baule, obwohl sich die Küste noch lange bis dahin zieht. Südwestlich des alten Städtchens Guerande bildet sie ein weiteres kleines Meer und setzt schließlich zu jener lido-ähnlichen Halbinsel an, die mit Le Croisic, Batz-sur-Mer und Le Pouliguen inzwischen zu einer mehr oder minder losen Kette von Vororten des endlosen Hotelstrands von La Baule geworden ist. Wer meint, aus klimatischen Gründen nur hier und nicht weiter westlich selig werden zu können, der findet in diesen kleinen Orten westlich von La Baule und auch in dem reizenden Villenort Pornichet östlich der Hotel-Phalanx noch ein wenig bretonische und atlantische Stimmungen. Im Herzen der Agglomeration

selbst herrscht sterile Internationalität, gewürzt durch täglich mindestens zweimal zusammenbrechenden Verkehr. Auch Guérande, ein noch von seinen Mauern umgebenes malerisches Städtchen über den salzigen Marschen, erstickt in den sich langsam durchquälenden Autokolonnen. Außerhalb der Saison wird man dort vor allem an Samstagen fröhliches Markttreiben finden und kann dann auch auf eigene Erkundungsgänge gehen, denn manche alte Kirche wurde inzwischen halb verbaut, mancher uralte Winkel stützt die Vermutung, daß Guérande tatsächlich bereits in galloromanischen Zeiten eine kleine Stadt war.

Zu- und Abstrom der Fremden in den Raum La Baule vollziehen sich auf neuen, wenn auch noch nicht voll ausgebauten Umfahrungsstraßen, die das Weichbild von Nantes und Saint-Nazaire nur anschneiden. Für technisch Interessierte bietet Saint-Nazaire – das ähnlich wie Brest und Lorient nach 1944 völlig wieder aufgebaut werden mußte – die imposantesten französischen Werften, auf denen große Passagier- aber auch Kriegsschiffe von Stapel liefen. Die Organisation Todt hatte hier, wie in Lorient, Wunderdinge zum Schutz der deutschen Unterseeboote gegen die britischen Bomberverbände verrichtet und sogar das Unikum einer unterseeischen Hafenausfahrt geschaffen.

Nantes, Mündung der Loire und seit alters her Umschlagplatz zwischen Hochsee- und Binnenschiffahrt, ist die Stadt, von der aus Frankreich die Bretagne zu beherrschen versuchte. Seit der Neuordnung der Verwaltung und der Gliederung in Departements nicht mehr zur Bretagne gezählt, weist Nantes auch wenig auf, was man bretonisch nennen könnte; selbst die Kirchen sind nicht aus Granit, sondern aus dem weißen Touraine-

Stein errichtet. Die Hauptsehenswürdigkeit der Stadt, die Kathedrale Saint-Pierre-et-Paul, die seit 1434 in jahrhundertelanger Arbeit erbaut wurde, erlitt schwerste Schäden, als am 28. Januar 1972 im Chor der Kirche ein Brand ausbrach, der bald auch auf das Querschiff übergriff und jahrelange Restaurierungsarbeiten notwendig machte.

Hingegen hat das alte Schloß der Herzöge der Bretagne, südlich der Kathedrale am Rand der Altstadt gelegen, die bewegten Zeiten und schließlich auch noch den Zweiten Weltkrieg recht gut überstanden und gibt uns eine Vorstellung jener großen Epochen, in denen Ludwig XII. hier Anne de Bretagne heiratete (1499). Heinrich IV. unterzeichnete hier 1598 das berühmte Toleranzedikt von Nantes, das Ludwig XIV. auf Betreiben der Konvertitin Maintenon wieder aufheben ließ. Zweimal also war der Name der Stadt entscheidend in Frankreichs Geschichte aufgeklungen, und die nach der Aufhebung des Toleranzedikts einsetzenden Hugenottenverfolgungen waren es, die im späten siebzehnten und frühen achtzehnten Jahrhundert den Auswanderungsstrom Tausender tüchtiger Familien vor allem nach Deutschland lenkten.

Folgt man den Gartenanlagen südlich des Schlosses in westlicher Richtung, so gelangt man in die sogenannte Ile Feydeau; sie ist nach Zuschüttung eines Loire-Arms heute keine Insel mehr, sondern nur noch ein Stadtteil. Die Abgrenzung hatte hier immerhin eine Schutzzone geschaffen, der wir die Erhaltung zahlreicher Häuser aus dem achtzehnten Jahrhundert verdanken. Damals war Nantes durch den Handel eine der reichsten französischen Städte; die trügerische Kolonialherrlichkeit unter John Law und dem Regenten hatte hier gleichsam über

Nacht große Vermögen entstehen lassen, und diese kleinadeligen oder bürgerlichen Neureichen folgten dem Beispiel des Intendanten Feydeau, sich auf jener Insel prächtige Stadtpaläste zu errichten.
Ein Teil der künstlerischen Reichtümer, die eine lebenslustige Gesellschaft im Lauf der Jahrhunderte in die Stadt geholt hatte, ist heute in dem sehr reichhaltigen Musée des Beaux-Arts zu sehen (zwischen Kathedrale und Jardin des Plantes). In der Napoleonischen Gründung sind große Privatsammlungen früherer Jahrhunderte ebenso aufgegangen wie die Zukäufe an moderner Kunst, für die sich eine sehr aktive Gesellschaft der Freunde des Museums einsetzt.
Städte, in denen neue Schichten zu Vermögen gelangen und schließlich das öffentliche und kulturelle Leben tragen, sind stets ein besonders günstiger Nährboden auch der Literatur. So kann man sich zum Beispiel von einem Original-Genie wie Jules Verne kaum vorstellen, daß er anderswo in Frankreich zur Welt gekommen wäre als auf der Ile Feydeau von Nantes, inmitten der noblen Stadtwohnungen, die aus Fernhandelsgeldern und Kolonial-Revenuen errichtet wurden. Und daß eine der belebtesten Straßen von Nantes nach Crébillon benannt ist, dem Vater-und-Sohn-Gespann, von dem zumindest Crébillon-Sohn die skandalösesten Romane geschrieben hatte, die es bis zur *Histoire d'O* in Frankreich gab, ist ebenfalls ein Faktum, zu dem man Pendants in anderen Städten vergeblich suchen würde (oder sollte es in Wien irgendwo eine Mutzenbacher-Gasse geben?). Andere bedeutende Begabungen aus Nantes sind Jules Vallès, der große Vorläufer der europäischen Arbeiterdichtung, und die in unserem Jahrhundert zu Ruhm gelangten Romanschriftsteller Julien Gracq oder Paul Nizan. Ari-

stide Briand, elfmal Premierminister von Frankreich und Träger des Friedens-Nobelpreises von 1926, war 1862 in Nantes zur Welt gekommen und über die Journalistik zu einer großen politischen Laufbahn gelangt.

Auch die Umgebung der Stadt ist reich an literarischen Reminiszenzen, die von Descartes über Madame de Sévigné (vgl. S. 226) bis zu dem Romancier Alphonse de Chateaubriant reichen; er war mit Claudel und Céline einer der wenigen bedeutenden Schriftsteller, die offen mit den Deutschen kollaborierten, emigrierte darum aus dem Frankreich de Gaulles und starb 1951 in Tirol.

Das alte Nantes ist heute ein winziger Kern einer Halbmillionen-Agglomeration, und die Bretagne erscheint unendlich weit. Auch die neue Hauptstadt der Bretagne – genau genommen freilich nur Hauptstadt eines Departements – ist außerordentlich schnell gewachsen. Rennes hat heute doppelt soviel Einwohner wie 1945, nämlich 200000, und liegt mit seinen zehn großen Zufahrtsstraßen wie eine Spinne im Netz auf dem Ostteil der Bretagne-Karten.

Aus dem Raum La Baule haben wir eine Anfahrtstrecke von etwa 130 Kilometern vor uns, die sich ein wenig verlängert, weil selbst hier im bretonischen Osten, wo die Sehenswürdigkeiten nicht mehr so dicht aufeinanderfolgen wie auf den engen Landspitzen im Westen, ein paar lohnende Etappen berücksichtigt werden sollten.

Die erste ist, vom Süden kommend, La Roche-Bernard, eine alte kleine Werften-Stadt in besonders malerischer Lage über der unteren Vilaine: ein Hügel mit der alten Oberstadt und unten am Fluß die Quartiere, von denen das Städtchen lebte, ehe sich die Schwerpunkte der Industrie und des Schiffsbaus nach Saint-Nazaire und Nantes verlegten. Die Gassen verlaufen hier nicht selten über Treppen, um beide Stadtteile miteinander zu verbinden, und die Häuser aus dem 16. und 17. Jahrhundert sind teils gut erhalten, teils geschmackvoll restauriert. Hat man in den überfüllten Küstenbädern kein Etappenquartier bekommen, so bietet La Roche-Bernard die beste Chance (zum Beispiel, bei ausgezeichneter Küche, im *Deux Magots*).

Auch Questembert, das nächste Städtchen, erfreut uns nicht nur durch ein hübsches und altertümliches Ortsbild, sondern empfängt uns im *Hotel de Bretagne* mit einer der besten Küchen der ganzen Halbinsel – bei 4500 Einwohnern ein sicheres Zeichen dafür, daß man sich auf die Kennerschaft der Durchreisenden verläßt.

Rochefort-en-Terre liegt wie für einen motivsuchenden Maler auf einen Hügel getürmt, eine Reihe schmucker altertümlicher Häuser im bretonischen Granit, mit jener urtümlichen Kraft, die den Blumenschmuck braucht, um nicht festungsartig zu wirken. Ein wenig unterhalb der Straße findet sich die mit ältesten Teilen aus dem zwölften Jahrhundert stammende Kirche Notre-Dame de la Tronchaye, die bereits alles hat, was den von Osten in die Bretagne vorstoßenden kunstsinnigen Touristen an den Côtes du Nord und in Finistère erfreuen wird: die alten schmiedeeisernen Gitter, die holzgeschnitzte Orgelempore, das den ganzen Raum belebende und erhebende Licht der Kirchenfenster, den steinernen Schmerzensmann als Mahnung vor dem Gotteshaus.

Nicht mehr so einheitlich im Gesamteindruck ist Redon, das zu seinem alten Kern eine moderne Industriestadt hinzugenommen hat, weil die Binnenwasserstraßen sich hier sehr günstig kreuzen. Der Haken, den wir nach Osten geschlagen haben, lohnt sich dennoch, denn Saint-Sauveur, die Kirche aus dem elften Jahrhundert,

niedrig und geheimnisvoll wie ein Bethaus aus den Zeiten der Christenverfolgungen, ist ein unvergeßlicher Eindruck.
Damit sind wir auf der D 177 nach Rennes, die leider nicht im Vilaine-Tal geführt wurde, in dem die Eisenbahn durch reizende Landschaftsbilder rollt. Immerhin können wir bei Pont Réan einen Blick talauf und talab werfen. Am nächsten Kreuzungspunkt (Launay) kann man links abbiegen zum Schloß Blossac, in dessen Kapelle mit anderen Mitgliedern der Familie auch Mahé de la Bourdonnais (1699-1753) ruht, eine der größten, aber auch tragischsten Gestalten der französischen Kolonialgeschichte. Er war der durch Intrigen zu Fall gebrachte bedeutende Gouverneur der Insel Boubon im Indischen Ozean, Sieger von Madras und dennoch drei Jahre in der Bastille inhaftiert, aus der man ihn, da sich alle Anwürfe als haltlos erwiesen, schließlich freiließ. Der enttäuschte und gebrochene Mann starb jedoch schon im darauffolgenden Jahr. (Keine Besichtigung des Schlosses, das sich in Privatbesitz befindet).

Rennes empfängt uns mit seinem südlichen, neuen Teil. Aber auch die Altstadt am nördlichen Ufer der Vilaine datiert erst von 1720, dem Jahr, in dem ein fürchterlicher Brand das mittelalterlich-enge Rennes vernichtete. Ein betrunkener Tischler hatte ihn mit seiner Öllampe entfacht. Die nach dem Brand solide aus Stein erbauten, an geraden Straßen aufgereihten Häuser waren für die Bevölkerung als Wohnstätten einfach zu teuer, weswegen man die Wohnungen einzeln verkaufte: die Eigentumswohnung wurde also aus Flammen geboren.
Die Stadt ist freundlich-provinziell, mit Verstand angelegt, gut zu befahren und zweifellos ein sehr angeneh-

mer Aufenthalt für ihre Bewohner, nur ein wenig arm an Persönlichkeit, an dem, was der Franzose *cachet* nennt. Lediglich bei der Eglise Saint-Sauveur und in dem Quartier zwischen der Kathedrale und Saint-Anne hat sich altbretonischer Häuserbestand erhalten, weil diese Gegend von dem großen Brand verschont geblieben war (Place Saint-Anne, Rue du Pont-aux-Foulons, Rue Saint-George, Place des Lices u. a.).

Das, was für den Franzosen den Ruhm von Rennes ausmacht, ist auch gebildeten Deutschen meist unbekannt: die große Juristentradition der Stadt und ihres Parlaments und der heroische Bürgermeister Leperdit, der 1793 die gefangenen Adeligen gegen den Bluthund Carrier verteidigte – jenen Unmenschen, der die berüchtigten Noyaden von Nantes veranstaltete, das Aneinanderbinden und Ertränken Hunderter unschuldiger Bürger, die nichts verbrochen hatten als eben das eine: keine Revolutionäre zu sein. Auch Duguesclin, von dem in diesem Buch schon mehrfach die Rede war, hat sich in die Geschichte der Stadt Rennes eingetragen, denn hier war es, daß der wegen seiner Häßlichkeit selbst von seinem Vater mißachtete Sohn, in bäuerlicher Kleidung und auf einem Ackergaul anreitend, sich in einem Turnier so sehr auszeichnete, daß sein Vater ihn beschämt und gerührt in die Arme schloß und ihm den Weg zum Waffenruhm öffnete.

Ein wenig ist Rennes wieder in jene Rolle zurückgefallen, die es in früheren Jahrhunderten spielte. Die Stadt, die lange Zeit nur Verwaltungszentrum war, gewinnt von Jahr zu Jahr mehr Bedeutung für die junge Intelligenz der ganzen Bretagne. Die neuen Wissensgebiete, denen die Hochschulen alten Stils weder personell noch räumlich gewachsen sind, haben in und um Rennes ihre

Stätte gefunden. Moderne Institute, Forschungsstätten und Spezial-Industrien sind der Stadt zugewachsen und haben ihren Charakter verändert; sie werden in den nächsten Jahrzehnten auch ihre Bevölkerungsstruktur langsam verwandeln. In einem gut ausgestatteten *Musée de Bretagne* kann man sich über all das informieren, was Rennes in seiner langen Existenz an Schicksalen durchlaufen hat, und wie Historie und Brauchtum der Landschaften beschaffen sind, deren Hauptbezugspunkt Rennes in all diesen Epochen gewesen ist. Die steinernen Zeugen stehen im Justizpalast, in den Kirchen, in den vornehmen Stadtpalästen noch vor uns.

Das *Musée des Beaux-Arts*, nach schweren Bombenschäden von 1944 wieder aufgebaut und im Museums-Palast mit den bretonischen Sammlungen vereinigt, wetteifert in seinem unerwarteten Reichtum mit Nantes und Le Havre, ist aber weniger auf die französischen Meister konzentriert und auch an bedeutenden Werken aus der Gegenwart der Malerei nicht so reich. Die Stärke der Sammlungen von Rennes sind die Niederländer und einige große Italiener wie Paolo Veronese, Bassano, Tintoretto, Annibale Caracci, Luca Giordano, Tiepolo und ein sehr stimmungsvoller Guardi.

Obwohl kaum anzunehmen ist, daß sich Bretagne-Fahrer gerade Rennes als Stützpunkt wählen, seien noch ein paar lohnende Ausflüge in die Umgebung genannt. Im Zeichen der deutsch-französischen Zusammenarbeit kommen vielleicht Ingenieure oder Studenten hierher, die sich neben ihren Besprechungen und Studien im Land ein wenig umsehen wollen. Sie finden an der Straße, auf der wir gekommen sind, das nach einem Bombardement im rustikalen Zeitlos-Stil, aber nicht ohne Charme wiedererrichtete Städtchen Bruz (D 177/D44) mit einer bemerkenswert gelungenen Kirche, die es an Schönheit, Harmonie und Stimmung des Innenraums tatsächlich mit ihren oft um sehr viel älteren Schwestern aufnehmen kann. Andere Ausflugsziele liegen im Vilaine-Tal weiter südlich, oder aber im Norden, sind doch Saint-Malo und der Mont Saint-Michel nur eine gute Autostunde entfernt.

Beinahe noch näher aber liegt die Ostgrenze der Bretagne, die einzige Land-Grenze der langgestreckten Halbinsel, an der die Herzöge darum auch ihre stärksten Befestigungen schufen: die Burgen von Fougères, Vitré und Châteaubriant. Die drei Festungen liegen beinahe auf dem gleichen Längengrad, so als habe der Hofastronom ihre Standorte ermittelt. Vitré, auf der Höhe von Rennes, ist am schnellsten zu erreichen. Man sollte sich aber das Stündchen eines kleinen Umweges gönnen, der uns nach Champeaux führt, einem Dorf an der D 29, acht Kilometer westnordwestlich von Vitré gelegen. Schon der Dorfplatz ist nämlich reizend, ein ungestörtes Häuserrund, so als habe es Kriege und Revolutionen niemals gegeben, und die Kirche aus dem 14. und 15. Jahrhundert ist nicht nur wegen ihrer Renaissance-Innenausstattung sehenswert, ein Stil, der in dieser mutigen Klarheit sich in Gotteshäusern selten durchsetzt. In der Dorfkirche finden sich die Erbbegräbnisse der alten Familie d'Espinay, und in einem Fall hat man Mann und Frau – nach der Sitte der Renaissance – ungeachtet der Heiligkeit des Ortes in nackten Gisants dargestellt. Die Gruft wurde im Volksmund zum Hochzeitsgemach, und aus der ganzen Umgebung kommen Paare, die ihre Vereinigung erbitten wollen, zu den vor Jahrhunderten in die Ewigkeit eingegangenen Espinays, um zu beten.

Das Schloß dieser interessanten Familie liegt hart südlich

von Champeaux in einem romantisch verwilderten Ensemble von Wiesen, Bäumen, Alleen und gepflegten Rasenflächen. Neben den Ruinen eines mächtigen Turmes aus dem dreizehnten Jahrhundert haben die als Bischöfe von Dol de Bretagne und von Bordeaux zu Vermögen gelangten Männer des Geschlechts neuere Wohngeschoße hingesetzt (1570). Charles d'Espinay ist insofern eine bemerkenswerte Erscheinung, als seine Sonnette die Bewunderung vieler Zeitgenossen fanden und von keinem Geringeren als Ronsard eifrig nachgeahmt wurden. Und obwohl in diesen Gedichten von sehr weltlichen Dingen und Genüssen die Rede ist, wurde ihr Verfasser 1558 zum Bischof von Dol gemacht, ein Renaissance-Kirchenfürst in der frommen Bretagne!

Die Liebe und die Poesie herrschen noch in Fougères, dem Burgstädtchen, das ein großer Dichter mit einem Löffel verglichen hat: die mächtige Burg mit ihren Riesentürmen sei der Löffel selbst, der Häuserschwanz hingegen entspreche dem Löffelstiel. Tatsächlich haben viele Jahrhunderte ihre Mühen aneinander gereiht, ehe das klobige Gewirr der Türme und Mauern entstehen konnte, das wir heute vor uns sehen. Seit dem zwölften Jahrhundert setzte man hier Stein auf Stein, um abwehrbereit zu sein, und seit dem frühen neunzehnten Jahrhundert bemühte man sich, die jeder Spitzhacke trotzenden Festungsmauern an einen kapitalkräftigen Industriellen loszuwerden. Wenn das nicht gelang, wenn Fougères – das auch zwei schöne Kirchen und die malerischen Häuser der Place Marchix vorzuweisen hat – sich inzwischen mit einigem Stolz seines großen Schloßes annimmt, so liegt das an den Dichtern, die für jeden Franzosen ein Ruhmestitel sind: Victor Hugo unterhielt mit Duldung seiner Frau eine jahrelange, zeit-

St. Georg (Kirche von Guerche)

Rochefort=en=Terre: Alte Häuser im charakteristischen braunen Granit der Bretagne.

weise sehr stürmische Beziehung zu der schönen, aus Fougères stammenden Schauspielerin Juliette Drouet. Als sie einmal meinte, ihn nicht mehr ertragen zu können, floh sie vor ihm in die Bretagne. Hugo holte sie in Brest (!) ein, und die beiden verbrachten versöhnt glückliche Tage in Fougères. Das Städtchen und das Schloß spielen sowohl in Hugos Roman *Quatrevingttreize* als auch in Balzacs *Chouans* eine große Rolle. Soviel literarischer Ruhm führt in Frankreich allemal zum Denkmalsschutz . . .

Vitré, die erste bretonische Stadt auf dem Weg von Paris, hatte ein beinahe ebenso mächtiges Schloß wie Fougères, das auf uralten Fundamenten im dreizehnten, vierzehnten und fünfzehnten Jahrhundert neu errichtet wurde. Trotz seinem dreieckigen Grundriß bot es Raum genug, um flüchtende Landbewohner aufzunehmen, und die alten Rundtürme über dem heute trockenen Graben zeugen von einer beträchtlichen Abwehrkraft. Auch Vitré hatte – wie Espinay – in der Renaissance seine große Zeit. Schloß und Herrschaft gehörten damals den Coligny, die als Führer der Hugenotten in die Geschichte eingegangen sind, und auf dem Schloß trafen sich die besten Geister der Zeit mit den begabtesten Künstlern und Dichtern der Epoche. In den Pestjahren der Bretagne zog sich sogar das Parlament von Rennes hierher zurück.

Aus jener Zeit behielt Vitré – ein Unikum in der katholischen Bretagne – eine alte und seit jeher geduldete Hugenottengemeinde, und es spricht sehr für die Toleranz der Kirche zumindest an diesem Grenzplatz, daß man nicht mit Feuer und Schwert gegen die Andersgläubigen vorging, sondern sich in Rede und Gegenrede mit ihnen auseinandersetzte. Dies freilich konnte nicht in der Kirche selbst geschehen, einem ehrwürdigen Gotteshaus aus dem fünfzehnten und sechzehnten Jahrhundert, sondern von der charakteristischen und sonst wohl unerklärlichen Außenkanzel aus, die heute noch zu sehen ist.

Als sich die Wogen dieser Auseinandersetzungen geglättet hatten, kam auch eine Frau nach Vitré, der ganz Frankreich inzwischen die größte Verehrung entgegenbringt und um die sich Paris, die Provence und die Bretagne streiten: die viel reisende und viel schreibende Marie de Rabutin-Chantal, Marquise de Sévigné (1626-96). Sie ließ das Manoir, das seit 1410 im Besitz ihrer Familie war, zum Schloß ausbauen und die Parks nach der Mode von Versailles pflegen. Im übrigen aber scheint sie sich hier vor allem aufgehalten zu haben, um zu sparen, denn in ihren letzten Lebensjahren machte sich die Verschwendungssucht ihres Sohnes, aber auch von Tochter und Schwiegersohn schon ruinös bemerkbar. Die geistvolle Frau rühmt zwar in einigen ihrer schönsten Briefe die sie umgebenden Wälder, die Stille und die Herrlichkeiten der Natur, scheint jedoch ebenso wie ihre in Vitré oder Rennes lebenden Freundinnen vor Langeweile beinahe umgekommen zu sein. Die Bretagne von damals war offensichtlich nicht einmal auf den schönsten Schlössern erträglich.

Wir Stadtkinder, die uns auf der D 88 (Vitré-Argentré) dem Schloß nähern, vermögen dies freilich nicht zu begreifen. Für uns liegt es mit seinen kräftigen Türmen, dem braungrauen Granit und den uralten Bäumen wie eine Fluchtburg vor uns, in der man allen Unfrieden und noch einiges mehr vergessen könnte.

Über das kleine, alte Guerche-de-Bretagne mit windschiefen Fachwerkbauten und einer aus dem zwölften Jahrhundert stammenden Kirche gelangen wir zu der südlichsten der drei Grenzbefestigungen, in das eng um den Burgberg gedrängte Châteaubriant (Kommt man aus Rennes, so hat man die sehenswerte romanische Kirche Saint-Jean-du-Béré rechts von der Einfahrtstraße, ehe man zum Schloß weiterfährt).

Die zwei Teile der Schloß-Anlage sind eigentlich zwei selbständige Schlösser, die außer der Nachbarschaft keinerlei Gemeinsamkeiten aufweisen. Die alte Zwingburg aus dem zehnten Jahrhundert, mit Efeu bewachsen und aus leeren Fensterhöhlen ins Land blickend, ist im Grund bereits Ruine, wenn auch die dicken Mauern den Zeiten noch trotzen. Das Leben wich aus ihnen jedoch schon im sechzehnten Jahrhundert, als in der lebenslustigen Epoche der Valois-Herrscher ein Renaissanceschloß danebengesetzt wurde, das man sich eher an der Loire als in der Bretagne denken könnte. Die Beziehungen Jean de Lavals – der das Schloß erbaute – zum König wurden denn auch bald unerwartet eng, denn Franz I., einer der eifrigsten Schürzenjäger unter den französischen Königen, hatte sich in Françoise de Foix verliebt, obwohl sie Jean de Laval, Comte de Châteaubriant, angetraut war. Die einige Jahre hindurch sehr heftige Leidenschaft der beiden füreinander wurde durch die Gefangenschaft des Königs in Spanien zunächst unterbrochen, durch seine Hinwendung zu Anne de Pisseleu schließlich beendet (1526). Die neue Geliebte ließ dem König keine Ruhe, bis er die herrlichen Geschmeide zurückerbat, die er Françoise geschenkt hatte. Da auf einigen dieser Schmuckstücke jedoch Liebesverse eingraviert waren, die Marguerite de Navarre, die Schwester des Königs, gedichtet hatte, gab Françoise den Schmuck nicht heraus, sondern sandte dem König den Gegenwert in Goldbarren. Die unglückliche Gräfin hat den Verlust des königlichen Geliebten jedoch nie verwunden, und auch ihr Tod ist noch von düsteren Gerüchten umgeben: Von (reichlich später) Eifersucht befallen, soll der Graf seine Gemahlin so stark oder so oft zur Ader gelassen haben, daß sie schon 1537, in relativ jungen Jahren, an Entkräftung starb. Das Motiv findet sich in einem der Romane des Marquis de Sade zweihundert Jahre später mit zweifellos erfundenen Einzelheiten weiter ausgeschmückt.

Seltsame Stimmungen liegen also über diesen östlichsten bretonischen Schlössern. Frankreich, das Land der Liebe, drängt hier stark in die fromme Bretagne herein, in der man seine Gefühle verschweigt und höchstens stumm die Hände faltet, und auch der nahe Hof, die nicht mehr ferne große Stadt Paris gewinnen Einfluß: Nicht mehr in Paris und doch noch nicht völlig in der Bretagne, sind die Herren und Damen, die hier leben, unzufriedene Geschöpfe, verglichen mit der entschlossen ihr hartes Leben angreifenden Fischer- und Bauernbevölkerung weiter im Westen. »Tatsächlich«, schreibt die Marquise de Sévigné, »diese Alleen sind von einer Schönheit, einer Ruhe, einem Frieden, an die ich mich einfach nicht gewöhnen kann.« Ob sie ahnte, daß spätere Jahrhunderte sie um solch ein Refugium beneiden würden?

Sie konnte es nicht ahnen, denn auch den Vorstellungen einer so klugen Frau sind Grenzen gesetzt. Und wenn wir heute beim Verlassen der Bretagne ganz andere Gefühle haben als jene Menschen, die erleichtert aus dem allzutiefen Frieden dieser seltsamen Halbinsel in die höfische Welt von Paris zurückkehrten, dann mag das auch

daher kommen, daß wir alle ja nur zu Besuch auf diesem Felsenblock weilen, daß wir nur die Koffer zu packen brauchen, um die Stürme und die Nebel hinter uns zu lassen, die hier im Herbst Einzug halten, und die Lichter und die Wärme der großen Städte wiederzufinden.
Aber es gibt Herbste in der Bretagne, in denen späte atlantische Hochdruckbrücken noch bis Ende Oktober wolkenfreien Himmel über Finistère schaffen. Dann glänzt das Meer in den frühen Sonnenuntergängen wie kochendes Gold, und zwischen den Felsen hängt eine ganz unwirkliche Wärme, so daß man meint, sich im Kalender geirrt zu haben. Breizh, die alte Bretagne, bleibt eben unergründlich, es sei denn, man widme ihr ein ganzes Leben und wage sich in den gnadenlosen Rhythmus der vier Jahreszeiten am großen Meer.

Stichworte

zum Reisen in Frankreich
und im besonderen in der Bretagne

ABENDESSEN(*Diner*)jene wichtigste Mahlzeit des Tages, von der französische Hoteliers zu leben behaupten. Ist man nicht bereit, zu dinieren, bekommt man keine Zimmer. Stellen Sie sich also schon mittags darauf ein, abends noch ausgiebig essen zu müssen (weswegen die Franzosen mittags so gerne an der Straße eine Kleinigkeit essen und nach kurzer Rast weiterfahren).

BENZIN (*Essence* bzw. *Super*) scheint in Frankreich im allgemeinen weniger Oktanzahlen zu haben als vergleichbare deutsche Motorsäfte. Autos, die in der BRD klaglos mit Normalbenzin laufen, klingeln mit Essence erbärmlich. Also sollten vorsichtige Fahrer zumindest mischen, wenn sie in der BRD Normalbenzin tanken, und auf bestes Super achten, wenn ihr Wagen auch zu Hause Super gewöhnt ist.

BIER (*bière*. Ein Bier: *Un demi*) Dafür bekommt man nicht etwa einen halben Liter, sondern ein 2 cl-Gläschen. Immerhin ist Bier, wie man so sagt, im Vormarsch in Frankreich, es gibt gute deutsche und dänische Marken sogar schon vom Faß (*à la pression*). In der Bretagne besonders verbreitet: Stella Artois, ein etwas zu mildes belgisches Bier.

CALVAIRE, wörtlich Kalvarienberg, ist die Bezeichnung für steinerne Bildstöcke, wie sie seit den Kreuzzügen vor den Kirchen errichtet wurden. Sie zeigen Szenen der Passion u. a. Figuren zur Unterrichtung und Erbauung jener Gläubigen, die nicht selbst ins Heilige Land ziehen konnten.

DOLMEN sind ungefüge aus Steinen errichtete Tische, die jedoch als (Grab) Kammern dienten und nicht selten zu Gängen aneinandergereiht wurden.

FISCHEN auf dem Meer ist in den meisten Küstenorten möglich, die *Syndicats d'Initiative* geben darüber Auskunft. Sie kennen auch die Zonen der Flußmündungen, an denen ohne Erlaubnisschein gefischt werden darf. Fischereibedarf ist in allen größeren Orten erhältlich, schwieriger ist es schon, die richtigen Tips zu bekommen (welcher Fisch auf welchen Köder anbeißt). Der ADAC bietet Ferien in einer ganzen Anglersiedlung an, auch die Aulne (vgl. S. 39, 129, 133, 136) gilt als Anglerparadies.

FKK, frz. *Naturisme*, ist etwas, was zum frommen Sinn der Bretonen nicht sonderlich paßt. Die wenigen FKK-Zentren werden daher auch abgeschirmt wie Leprastationen. Eine besonders schöne Lage hat das Centre-Hélio-Marin westl. Roscoff (Hinweisschilder an der Straße Roscoff-Santec), das in deutschen FKK-Führern meistens fehlt. Im Binnenland im Raum schöner Wälder gelegen: Koad-Ar-Roch (F-56820 Néant-sur-Yvel, über Ploermel).

GARNI: Hotel ohne Restaurant, meist mit Frühstück. Eine sehr angenehme Lösung, weil man hinsichtlich der Mahlzeiten und damit auch der Ausflüge völlig frei ist. Leider in Frankreich ziemlich selten. In den frz. Führern durch den Vermerk ›s.rest.‹ gekennzeichnet.

GELD führt man in ländlichen Gegenden Frankreichs entgegen allen anderen Ratschlägen am besten bar und in frz. Frcs. mit sich. Was Banken in kleinen und größeren Orten an Umständen machen, ehe sie einen Reisescheck einlösen, ist für den deutschen Bankkunden kaum vorstellbar, auch ist mit deutschsprechendem Personal nur in den größten Badeorten zu rechnen. Verwirrend kommt hinzu, daß in der Bretagne meist noch in alten Francs gerechnet wird (100 alte = 1 neuer Frcs.); mancher deutsche Gast ist schon blaß geworden, wenn die Kellnerin nach einem guten Mahl 20000 Francs verlangte, obwohl es sich doch nur um 94 DM handelte.

HAFEN auch in kleinen Orten meist die betriebsamste und hübscheste Gegend, wo es stets offene Bars, kleine Cafés, Crêperien und Fischrestaurants gibt. Selbst das Parken ist nächst dem Kirchenvorplatz am Hafen am leichtesten.

HOTEL für den deutschen Geschmack oft etwas dürftig, aber kaum je tatsächlich schmutzig, überwiegend noch mit dem zweischläfrigen Grand Lit ausgestattet und im allgemeinen billiger als in der BRD. Die wenigen Luxushotels der Bretagne nehmen es jedoch mit den ersten deutschen Häusern auf und sind zudem weit persönlicher und höflicher geführt. Es wird erwartet, daß der Gast die Abendmahlzeit im Hôtel einnimmt.

LIBRE SERVICE soviel wie Selbstbedienung (in Läden).

LUFTVERKEHR in die Bretagne – von Charterbuchungen abgesehen – nur über Paris möglich, dann aber in der Saison nach vielen auch kleineren Orten (Dinard, Quimper, Rennes, Brest u. a.). Auf allen Flugplätzen Mietwagen. Achtung: nicht alle Linien werden täglich bedient. Auskünfte über alle Air-France-Büros.

MEGALITHEN nach der wissensch. griech. Bezeichnung: Vorgeschichtliche Bauten und Denkmäler aus großen Steinen. Sammelbezeichnung für Dolmen und Menhire. Näheres im Text auf S. 201–203.

MENU zunächst soviel wie Speisekarte, vor allem aber: Speisenfolge. Da der Franzose diese Folge wohlüberlegt hat und unwandelbar liebt, ißt man auch in der Bretagne am besten eines der vorgeschlagenen Menus, von denen meist zwei bis drei angeboten werden. Das billigste ist in der Regel auf drei Gänge beschränkt (Hors d'oeuvre, Plat de viande, Dessert; auf Deutsch = Vorspeise, Fleischgang als Hauptgericht, Käse oder Obst als Dessert). Für nur 3 oder 4 Francs mehr gibt es oft ein Menu mit Entrée (Fisch oder Omelette zwischen Vorspeise und Hauptgang). Die nächste Steigerung sind dann zwei Desserts (Käse und Obst, Käse und Süßspeise). Darüber hinaus gibt es das *Menu gastronomique* mit Preisen zwischen 48 und 80 Francs, das Schalentiere einschließt. Der Franzose gibt relativ mehr Geld für das Essen aus als wir, weswegen die Mahlzeiten auf den ersten Blick teuer wirken; rechnet man am Ende aber zusammen, was man für die ganze Speisenfolge einschließlich Wein und Kaffee ausgegeben hat, so wird man staunen, wie weit man unter dem deutschen Preis für vergleichbare Leistungen geblieben ist. Achtung: Spirituosen sind in Restaurants oft verblüffend teuer. Das gleiche gilt für das Essen à la Carte.

MIETAUTO in der ganzen Bretagne leicht und zu relativ günstigen Preisen zu haben. Für die oft engen Straßen empfehlen sich die flinken R 5-oder R 4-Wagen.

MINIKINI oder »Oben-Ohne-Bräunen« ist in der Bretagne – zum Unterschied von anderen französischen Stränden selbst großer Städte – noch nicht üblich, daher nur an einsamen Buchten empfehlenswert, deren es allerdings genug gibt.

ORTSTAFELN sind in der Bretagne dürftiger vertreten und sparsamer beschriftet als im übrigen Frankreich. Oft entdeckt man sie erst im Rückspiegel. Das kommt daher, daß sie bei einseitiger Beschriftung so orientiert sind, daß der aus Richtung Paris Kommende sie lesen kann (wer z. B. aus Quimper kommt, kennt sich ohnedies schon aus, denkt sich der Bretone).

PICKNICK vor allem mittags empfehlenswert. Es gibt auch in kleinen Orten gute Weine, Käse, Wurstwaren und wohlschmekkende Brotsorten zu kaufen, so daß man durch eine Rast am Weg nicht nur Geld spart, sondern vor allem Zeit und zwei Stunden mehr in Luft und Sonne ist. Wer warm essen will, die zwei Stunden aber nicht zu opfern gedenkt, kann sich in Crêperien aus der Affaire ziehen.

POLIZEI ist in der Bretagne relativ dünn gesät, daher Vorsicht bei der Rückfahrt durch den Raum von Paris. Mancher hat im stillen Finistère vergessen, wie scharf die frz. Verkehrspolizei ist und muß das letzte Restchen Urlaubsgeld an einer Kreuzung der Ile de France als Strafe erlegen.

RESTAURANT vgl. Menu. Im übrigen gilt: Je voller, desto besser. Leere Restaurants sind im Land der Fisch- und Muschelgerichte lebensgefährlich, weil mangelnder Umsatz soviel bedeutet wie: wenig frische Ware. Übrigens: man wählt den Tisch nicht selbst, sondern nennt dem Chef de Salle die Personenzahl und läßt sich führen.

SCHLÖSSER zählen in ganz Frankreich zum Schönsten, was man sehen kann, sind aber in der Bretagne schwerer zugänglich als etwa an der Loire, wo inzwischen viele von ihnen in die Hände von Bürgerlichen gelangt sind. Die alten bretonischen Geschlechter sind nicht einfach arrogant, sondern so vornehm, daß ihnen auch Publicity, Schickeria, Mode, Festivitäten usf. gleichgültig sind. Wenn sie ihr Leben hinter Mauern und turmhohen Bäumen verbergen, ist das nicht Snobismus, sondern die Absage an eine Welt und somit ein Weltbild ... *hélas*!

SEGELN kann man an allen Küsten der windigen Bretagne wie kaum irgendwo sonst in der Welt. An der Nordküste liegen die Reviere erfahrener Segler, an der Südküste findet der Anfänger ein Eldorado der geschützteren Buchten und Segelstrekken. Über die 130 Segelschulen und Yachtclubs der Bretagne informiert das *Comité Régional de Tourisme*, 1 rue Poullain-Duparc, F-35 RENNES. Besonderen Ruf genießen die ganz im Zeichen des Segelsports stehenden Iles de Glénan südlich von Concarneau.

SPRACHE: Frankreich ist zwar eines der schönsten Länder der Welt, aber es weigert sich, ein Touristenland zu sein. Ein paar Worte Französisch sind unerläßlich. Verfügt man über einen Basis-Sprachschatz von 200-400 Worten, wird man die Franzosen doppelt so hilfsbereit und dreimal so höflich finden. Aber es wird sie nicht daran hindern, nach dem zweiten Glas mit dem Bretonisch-Unterricht anzufangen (und damit beginnen dann tatsächlich die Schwierigkeiten).

STRASSEN: Das Netz der Straßen ist in der Bretagne nicht ganz so dicht wie im übrigen Frankreich. Manche Waldstraße ist sehr, sehr eng, andere Straßen wieder sind hoffnungslos überlastet und in der Trassierung veraltet. Gute Karten sind darum wichtig, sie weisen Nebenwege und führen von ihnen auf Schnellstraßen zurück, sobald sich solche anbieten wie im Raum Quimper-Brest-Morlaix. Die Straßen zu den Sehenswürdigkeiten verzeichnet am besten das *Institut Géographique National*, und zwar auf den Blättern im Maßstab 1:250000. Die Blätter im Maßstab 1:100000 sind eine wichtige Ergänzung, machen aber die wegen ihrer Symbole ungemein praktischen Übersichtskarten nicht entbehrlich. Die Institutskarten sind in der Saison oft ausverkauft, man sollte sie daher schon vor Beginn der Reise besorgen.

TAUCHEN ist in der Bretagne wegen der starken Gezeitenströmung sehr gefährlich. Wer es dennoch nicht lassen kann, lasse sich vom Comité Régional (Adresse oben unter SEGELN) günstige Plätze nennen; es sind nicht allzu viele, und man ist im wesentlichen auf sich selbst gestellt. Mehr oder weniger aktive Tauch- und Unterwasserjagd-Clubs finden sich in den Orten Saint Malo, Plérin-Rosaires (bei Saint Brieuc), Trebeurden, Morlaix, Carantec, Saint Pol de Léon, Lechiagat (bei Penmarc'h), Larmor-Plage (bei Lorient), auf der Ile de Groix, auf der Halbinsel Quiberon und in Le Croisic.

YACHTHÄFEN, Liegeplätze usw: Schreiben Sie an das Comité Régional du Tourisme, 3 rue d'Espagne, F-35100 RENNES (Prospekt: Bretagne-Nautisme).

Register

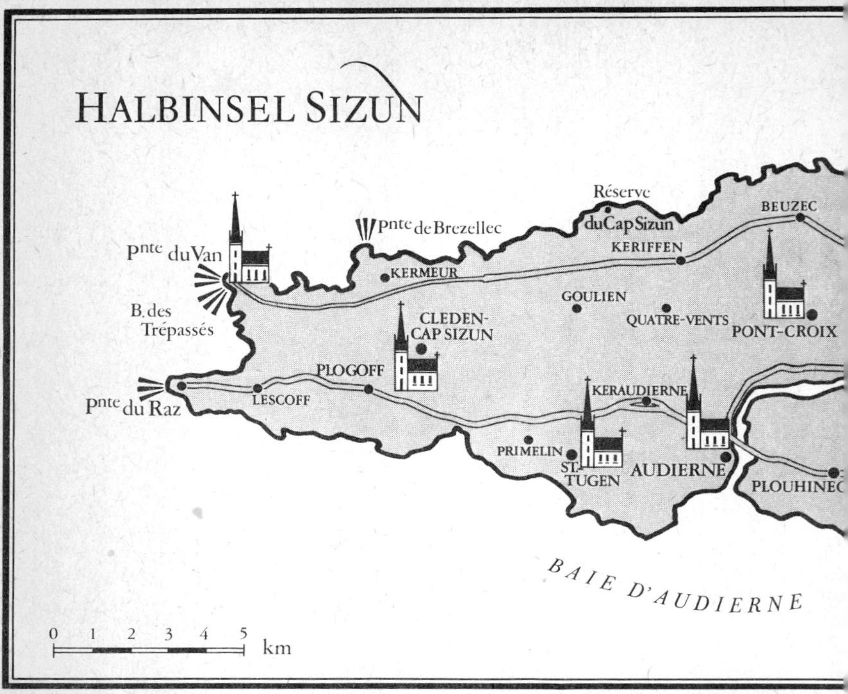
HALBINSEL SIZUN
Pnte du Van
B. des Trépassés
Pnte de Brezellec
KERMEUR
Réserve du Cap Sizun
BEUZEC
KERIFFEN
GOULIEN
QUATRE-VENTS
PONT-CROIX
CLEDEN-CAP SIZUN
PLOGOFF
Pnte du Raz
LESCOFF
KERAUDIERNE
PRIMELIN
ST-TUGEN
AUDIERNE
PLOUHINEC
BAIE D'AUDIERNE
0 1 2 3 4 5 km

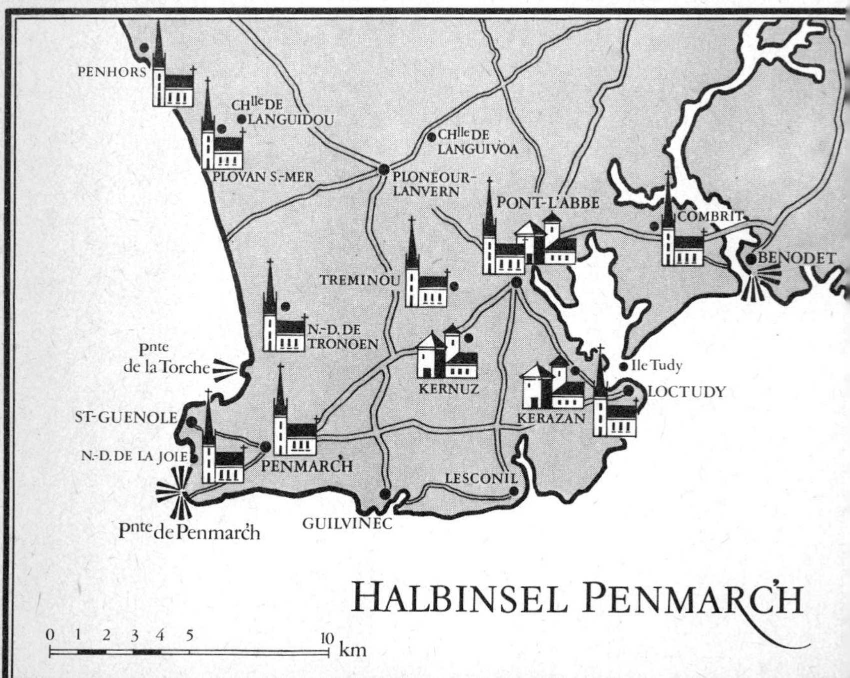
PENHORS
CHlle DE LANGUIDOU
CHlle DE LANGUIVOA
PLOVAN S.-MER
PLONEOUR-LANVERN
PONT-L'ABBE
COMBRIT
BENODET
TREMINOU
N.-D. DE TRONOEN
KERNUZ
Ile Tudy
LOCTUDY
KERAZAN
Pnte de la Torche
ST-GUENOLE
N.-D. DE LA JOIE
PENMARC'H
LESCONIL
GUILVINEC
Pnte de Penmarc'h
HALBINSEL PENMARC'H
0 1 2 3 4 5 10 km